중·고교 선생님을 위한

토론 수업

34차시

중·고교 선생님을 위한 토론 수업 34차시

초판 1쇄 펴냄 2017년 2월 8일
　　　9쇄 펴냄 2024년 11월 22일

지은이 배광호

펴낸이 고영은 박미숙
펴낸곳 뜨인돌출판(주) | 출판등록 1994.10.11.(제406-251002011000185호)
주소 10881 경기도 파주시 회동길 337-9
홈페이지 www.ddstone.com | 블로그 blog.naver.com/ddstone1994
페이스북 www.facebook.com/ddstone1994
대표전화 02-337-5252 | 팩스 031-947-5868

ⓒ 2017 배광호

ISBN 978-89-5807-626-1 03370

"중·고교 선생님을 위한"

토론 수업

배광호 지음

34차시

뜨인돌

토론 수업을 하시려는
모든 선생님들께

　이 책은 토론 수업을 하시려는 모든 선생님들을 위한 책입니다. 국어는 물론 윤리나 사회, 과학, 심지어는 수학 교과에서도 토론으로 수업을 해 보려는 선생님들이 많은 것 같습니다. 이런 분들뿐만 아니라 자유학기제에 토론 수업을 운영하려는 선생님이나 독서, 문학, 시사, 과학 등의 전문 분야 토론 동아리를 운영하는 선생님들께도 이 책이 직접적인 도움이 될 수 있길 기대합니다.

　토론 수업이 좋은 건 알겠는데 엄두가 안 난다는 말씀을 많이 하십니다. 이런 선생님들께 제가 수업한 방법이나 자료를 소개하고 따로 파일도 보내드리곤 하지만, 토론에 대한 본질적인 생각이나 수업 전체의 구성, 구체적인 진행 방식과 학생들의 반응 등을 모두 전할 수는 없었습니다. 그럴 때마다 제가 실제로 수업한 자료들을 책으로 내어 공유함으로써 토론 수업이 여기저기서 활발히 일어나는 데 조금이라도 도움이 되면 좋겠다는 생각을 했습니다. 이참에 제 수업에 대한 의견과 비판도 듣고 더 좋은 수업을 만들기 위한 기회로 삼으면 그 또한 좋은 일이겠다 싶었습니다.

　토론의 이론과 기법에 대한 훌륭한 책이 많이 있고, 수업 사례와 방법 또한 널리 소개되어 있습니다. 이 책은 이런 기존의 성과들을 바탕으로 하면서 세 가지 정도의 특징을 갖고 있습니다.

첫째, 여기 실린 내용은 모두 제가 실제로 수업했던 사례와 자료라는 점입니다. 즉 많은 시행착오를 거쳐 한국 교실에 최적화된 토론 수업입니다. 산발적으로 해 오던 토론 수업을 정식 교육과정으로 편성해 일주일에 한 시간씩, 일 년 34차시 동안 오롯이 수업하게 된 때가 2010년도입니다. 부랴부랴 이 책 저 책에서 자료를 모으고, 토론 수업의 근본적 의미와 이론에 대해 다른 선생님들과 토론하면서 활동을 만들고, 학생들의 의견을 들으며 토론 수업의 커리큘럼을 짰습니다. 그때 해 놓았던 일들을 해마다 수업을 거듭하며 깁고 고친 것이 이 책의 내용과 체계의 뼈대가 되었습니다. 이런 작업은 앞으로도 계속될 것입니다.

다음은 철학과 실용을 함께 갖추려 했다는 점입니다. 철학 없이 방법이 나올 수 없습니다. 철학 없는 방법은 기교나 기법에 불과합니다. 기교나 기법이 나쁜 것은 아니지만, 그것을 가르치는 데에만 치중하다 보면 토론 수업은 말싸움에서 이기는 수법을 배우는 시간 정도에 그치기 쉽습니다. 토론은 인간의 이성적 사고에서 나온 것입니다. 때문에 토론에는 인간이 발전, 진화시켜 온 생각의 이치와 무한한 가능성이 담겨 있습니다. 먼저 그것을 명확히 공부하는 게 중요합니다.

마지막은 모듈식 수업을 제시했다는 점입니다. 학교마다, 선생님마다 수업 여건은 전부 다릅니다. 토론에 대해서 한 시간 동안 소개 수업만 하는 경우도 있을 것이고 너댓 시간 정도 소단원 수업을 하는 경우, 여덟 시간 내지 열 시간 정도로 대단원 수업을 하는 경우도 있을 것입니다. 자유학기제나 동아리 활동으로 한 학기 이상, 일 년까지 수업을 하는 상황도 있을 것입니다. 때문에 마치 어린아이들이 블록 장난감을 조립해서 놀듯이, 그때그때 상황에 맞게 여러 유형에서 수업 모듈을 골라내어 필요한 시간만큼 짜 맞춰 수업할 수 있게 했습니다.

요즘은 어른 아이 할 것 없이 공부를 참 많이 합니다. 학생들은 말할 것도 없습니다. 어찌 보면 그게 당연한 일이고 행복한 일입니다. 마땅히 공부해야 할 시기에 공부에만 전념할 수 있는 환경이라니 얼마나 다행인가요. 공부를 하고 싶어도 못 하는 아이들이 많은 여러 나라의 현실을 생각하면 더욱 그렇습니다.

그러나 실제 교육 현장에서 보는 학생들은 늘 몸과 마음이 피곤하고 황폐합니다. 물기 하나 없는 땅에 배배 틀려 겨우 서 있는 어린나무 같습니다. 팔리기 위해 좁은 사육장에서 스트레스를 견디며 모이를 쪼는 양계 같기도 하고요. 이런 환경에서 토론 지식과 기술을 측정하여 누가 더 잘하나 줄을 세우는 토론 수업을 한다면 그 수업은 학생들에게 또 하나의 짐 덩어리에 지나지 않을 것입니다.

토론 공부는 생각의 이치를 배워서 스스로 생각하여 판단하고 책임지는, 곧 자기 삶의 주인이 되는 힘을 키우는 공부입니다. 사회가 바라는 논리대로만 생각하는 것은 아닌지, 매스컴에서 떠드는 대로만 세상을 보는 것은 아닌지, 남이 말하는 대로만 살아가는 것은 아닌지를 따져 보고 깨어 있기 위해 하는 공부입니다. 서로 다름을 인정하고 모두 옳을 수 있음을 받아들이는 유연함을 갖추어 끊임없이 새로운 논리를 만들어 내되, 결국에는 논리 자체를 뛰어넘는 자유로움을 터득하여 행복하게 살아가려는 공부입니다. 학교 및 토론 공부에서 정작 해야 할 공부는 바로 이것이며, 교과목은 이러한 삶의 자세를 갖추기 위한 연습 재료일 뿐이죠.

토론 생태계의 복원을 위하여

토론이 국가와 교육의 화두이던 때가 있었습니다. 사상과 표현의 자유가 살아나면서 다양한 형편에 처한 사람들의 목소리가 터져 나오고, 비난과 비판의 구분이 모호하긴 했지만 그래도 비판의 잣대를 들이대는 것이 두렵지 않던 때가 있었습니다. 그로부터 세상이 몇 번 바뀌는 사이, 해서는 안 되는 말들이 생겨나기 시작했습니다. 질문과 소통은 사라지고, 갑작스런 결정만이 선전포고처럼 발표되고, 그 사이를 괴담들이 돌림병처럼 흉흉하게 퍼져 나갔습니다. 논리를 상실한 말들이 편 가르기와 뒤집어씌우기에 동원되어 멋대로 날뛰었습니다. 그러면서 우리 사회에서 제대로 된 토론을 찾기 어렵게 되었습니다. 토론이 멸종 위기에 놓이면서 우리 사회는 엄청난 손실과 대가를 치르고 있습니다.

토론이 죽는 것은 온몸의 신경계가 마비되는 것과 같습니다. 그러면 팔이 잘려 나가도 모르게 됩니다. 생명체 자체가 죽을 수도 있습니다. 교육뿐만 아니라 정치, 경제, 사회, 과학, 문화, 예술, 기술 등의 모든 분야에서, 그리고 교실과 직장과 가정에서 토론이 살아나야 합니다. 건전한 논리를 갖추어 자신의 생각을 마음껏 말하고, 그것에 대해 얼마든지 비판할 수 있으며, 그로 인해 다양한 계층의 처지가 충분히 드러나는 사회. 그런 사회가 건강하고 인간다운 사회가 아닐까요? 이를 위한 토론 생태계의 복원이 바로 토론 수업에서 시작됩니다. 느리고 미약한 것처럼 보일지는 모르나 금방 세상을 아름답게 피워 낼 것입니다. 곧 돋아 나올 새싹이 그러하듯이.

모든 현상은 우주적인 것이라 생각합니다. 이 책도 그렇습니다. 감사하지 않은 존재가 없습니다. 만약에 바람 한 줄기일지라도 없었더라면 이 책은 나오지 못했을 것입니다. 특히 이 책의 주인공인 경북여고와 시지고의 학생들, 수업의 뼈대를 함께 고민했던 경북여고의 '사대천왕' 고춘화, 김소연, 전윤정 선생님, 소중한 자료와 조언을 아끼지 않으시는 학남고의 김미향 선생님, 귀한 자료를 보내 주신 부산남고의 박인정 선생님, '나율' 수업 모임 선생님들께 감사드립니다. 그리고 우리 가족과 이 책의 산실인 제주도의 윤호네 가족, 거친 원고를 다듬어 작품으로 만들어 주신 뜨인돌출판사의 편집자 님, 감사합니다.

2017년 1월
배광호

CONTENTS

+ 이론 편

토론 수업의
토대

01 — 토론은 억울하다

토론을 가르치면 아이들이 까칠해진다?

 교사 **토론 연수장**

"토론을 가르치니까 아이들이 까칠해지더라!"
어떤 선생님의 말씀입니다. 동시에 여기저기서 많은 선생님들이 고개를 끄덕이네요.

"그래요? 그럼 선생님은 '토론'하면 생각나는 말이 무엇인가요?"
"글쎄요…. 100분 토론, 찬반, 승패, 싸움?"

"그럼 토론을 잘하려면 어떻게 해야 할까요?"
"유창하게 말해야 하고, 예리하게 공격해야 하고, 목소리가 커야 하고…."

교실 수업 주

#1. 학생들끼리

"너희 모둠 발표 내용은 근거가 이상한 거 같은데?"
"아니거든? 니들이 더 이상하거든?"
"야, 적당히 해. 그러다 괜히 싸움 날라."

#2. 교사와 학생 사이

"토론이라고 하면 어떤 말이 생각나나요?"
"말싸움, 트집 잡기, 말꼬리 물고 늘어지기, 욱한다, 머리 아프다…."
"저는 싸우는 걸 싫어해서요. 토론은 별로 하고 싶지가 않아요."

교사나 학생 모두 '토론'이라고 하면 '말싸움' '대결' '승패' 같은 말들을 가장 먼저 떠올리는 것 같습니다. 토론은 '대립적인 말싸움에서 이겨야 하는 것'이고 그러기 위해서는 설득력 있는 논리와 표현, 전략 등을 배워야 하는데 그것을 배우는 시간이 토론 수업이라고 생각하는 거죠. 그러니 토론 수업을 열심히 들으면 토론 기술과 기법을 연마하여 최후의 승리를 거머쥐는 싸움닭이 될 수 있다는 겁니다. 그런데 과연 우리는 싸움닭을 키워 내기 위해 토론 수업을 하는 걸까요? 토론 수업을 하면 진짜 학생들이 그렇게 될까요?

하긴 우리 사회의 누구도 토론을 제대로 배우거나 해 본 적이 없습니다(그런데도 가

르쳐야 하니 그것도 딱한 일이긴 합니다). 그러니 내 주장은 절대로 굽히지 말되, 상대의 약점은 끝까지 공격해서 굴복시켜야겠다는 생각으로 토론이 시작됩니다. 심한 경우에는 언성이 높아져 싸움 직전까지 가야 제대로 토론한 것 같은 기분이 들 정도입니다.

토론에 대한 이런 일반적인 생각은 토론을 "어떤 논제에 찬성자와 반대자가 각자 논리적인 근거를 제시하면서 자기 의견의 정당함과 상대방 의견의 부당함을 주장하는 말하기 유형이다"[*]라고 정의한 교육과정상의 내용과 거의 비슷합니다. 논리적 근거를 제시해야 한다고 조건을 걸어 두기는 했지만 자신의 정당함과 상대방의 부당함을 완강하게 대립적으로 보는 면에서는 같습니다. 학생들이 토론에 대해 부정적인 인상을 가지게 된 것은 이런 학교 교육과정에도 책임이 있지 않을까요?

「2009 개정 교육과정에 따른 고등학교 국어과 교육과정해설」(교육과학기술부)

사회적으로도 토론을 하자고 하면 반대를 위한 반대, 시비 걸기, 발목 잡기라고 몰아붙이고 국론 분열, 유언비어 유포, 갈등 조장이라는 말로 겁박합니다. 토론은 소모

적이고 비생산적인 언쟁이므로 토론이 아니라 국론 결집, 사회 통합, 국정 협조를 해야 한다고 외치기도 합니다.

왜 이렇게 토론에 대한 부정적인 인식이 넓게 퍼져 있을까요? 토론을 제대로 배워 보지도 못하고 해 보지도 못한 탓도 있겠지만, 토론을 기피하고 두려워하는 사람들이 씌운 누명 때문이기도 합니다. 자신만이 옳고 자신이 생각한 대로 결론을 내야 한다는 독선과 조급함에 싸여 있는 사람들이 토론을 부정적으로 보게 하는 것입니다. 그래서 토론은 억울합니다.

국론 결집, 사회 통합, 국정 협조를 하지 말자는 것이 아닙니다. 신속한 결정으로 한 올 흐트러짐 없이 일을 추진하는 게 나쁘다거나 그걸 하지 말자는 것도 아닙니다. 토론을 하지 않으면 사안에 대한 충분한 검토가 이루어지지 않고 한쪽의 입장만 반영된 상태로 섣부른 결정을 하게 됩니다. 그러면 묻혀 있던 문제점이 실행 과정에서 불거져 나와 사전에 문제를 바로잡았을 때보다 더 큰 대가를 치러야 합니다. 토론을 통해 양측의 논증을 면밀하고 철저하게 검증하면 그 손실을 막을 수 있습니다. 합의점에도 손쉽게 다다를 수 있습니다. 시행착오도 줄어들 테므로 오히려 시간도 절약되고 효율도 올라갑니다.

토론을 할 때 결론은 내지 않고 싸움만 하는 것처럼 보이는 것은 오히려 정상입니다. 그렇게 보이는 이유는 토론의 본질적 목적과 상관이 있습니다.

토론의 목적은 설득이다?

흔히 토론의 목적을 설득이라고 합니다. 국어과 '화법' 과목의 교육과정 해설을 보면 토론을 "어떠한 공동의 문제에 대하여 긍정하는 쪽과 부정하는 쪽이 각각 자신(들)의 주장을 받아들이도록 설득하는 경쟁적 의사소통 활동"●이라고 정의하고 있습니다. 읽기만 해도 서로 자신의 주장을 받아들이게 하려고 다투는 우격다짐의 분위기가 느껴지지 않나요? 이런 관점은 토론 지도의 중점을 "상대방을 | 앞의 자료

15

설득하는 방법을 익히도록 한다"[*]고 밝힌 「2015 개정 교육과정」에서도 이어집니다.

그런데 설득은 토론의 **목적**이 아니라 **결과**입니다. 토론이 설득과 관련이 없다거나, 상대를 설득할 필요가 없다는 말이 아닙니다. 설

「2015 개정 교육과정 (별책 2) 초등학교 교육과정」 (교육부)

득을 토론의 목적이라고 하는 것은 여행의 목적을 두고 '무사히 집에 돌아오는 것'이라고 한다거나 직업의 목적을 두고 '돈을 많이 벌려고'라고 하는 것과 비슷한 논리입니다. 토론이 제대로 진행되면 자연스럽게 설득에 이르게 됩니다. 여행의 목적이 경험이고 직업의 목적이 가치 실현이듯 토론의 목적도 그 과정 중에 얻는 것이어야 합니다.

주위에서 토론으로 상대방을 설득하는 경우를 볼 수 있던가요? 아마 드물 것입니다. 토론의 기능이나 목적은 설득이 아니라는 실제 증거입니다. 설득하기 위해 토론하는 것은 상당히 비효율적이고 비효과적인 방법입니다. 설득을 위해서라면 논리적인 토론보다는 따뜻한 말 한마디가 더 나을 수도 있습니다. 사람의 마음을 움직이는 데에는 감성의 힘이 꼭 필요하니까요.

토론은 합의나 결정을 목표로 하지도 않습니다. 최선의 합의에 이를 수 있도록 따져 보기만 할 뿐입니다. 마치 씨앗이 잘 싹틀 수 있게 땅고르기 작업을 하는 것처럼요. 토론 도중 어떤 결과나 합의에 이르러 문제가 해결되면 더할 나위 없이 좋은 일이지만, 그런 경우는 거의 없습니다. 날카롭게 맞서는 주장과 이유, 근거 등을 빈틈없이 헤아려 보는 일이 쉽게 끝날 리 없기 때문입니다. 교육 토론에서는 더욱 그렇습니다. 교육 토론의 유형으로는 표준 토론, 교차조사 토론('반대 신문 토론' 또는 '세다 토론'), 링컨-더글러스 토론, 의회식 토론, 칼 포퍼 토론, 모의 법정 토론 등이 있는데, 모두 자신의 논리를 개발하는 능력과 상대의 논증을 분석, 검토하는 능력을 기르는 것이 목적이지 결론과 합의에 이르는 것은 목적이 아닙니다.

학생들 간의 대립을 우려하여 협력 토론이나 협상 토론 위주로 수업을 하는 경우도 있는데, 토론의 대립성 자체를 부정적으로 볼 필요는 없을 것 같습니다. 결론 도출이라는 결과에 얽매이지 않고 치열하게 양측의 논점을 검토, 검증하는 것이 진정한 토

론 활동의 모습이라고 생각합니다.

그렇다면 토론은 왜 하는 걸까요? 목적이 무엇이라고 생각하시나요?

토론은 검증하고 토의는 결정한다!

토론의 목적은 **검증**입니다. 토론은 논제를 증명하거나 해결하기 위해 양측에서 개발한 논리를 펼쳐 놓은 다음, 질문과 반론을 주고받으며 논리의 타당성과 신뢰성, 합리성 등을 검증하는 과정입니다. 이 과정을 거치면서 논리의 강점과 약점이 낱낱이 드러나고, 토론에 참여한 사람들은 어떤 논리를 받아들여야 할지 객관적으로 판단하게 됩니다. 서로의 논리를 깊이 이해하게 되므로 더 높은 수준의 소통에 이르러 효율적으로 결론을 내릴 수 있습니다.

목적을 '설득'에 두면 토론은 결과지향적이고 강압적인 분위기에서 진행되겠지만, 목적을 '검증'에 두면 과정을 중시하는 합리적인 분위기 아래서 진행될 것입니다. 정반대의 입장과 이해관계를 가진 사람들 사이에서 이루어지는 것처럼 보이지만 사실 토론은 공유하는 가치를 바탕으로 이루어지므로 토론만 잘되면 검증은 저절로 이뤄질 것이고, 그렇다면 어느 한쪽이 자동으로 설득당하게 돼 있습니다.

예를 들어 정부가 핵 폐기장이나 군사시설 등을 특정한 곳에 배치하기 위해 그 필요성과 이유를 설명하여 대부분의 지역 주민에게 공감을 얻었다고 합시다. 그렇게 한 것만으로도 일을 추진할 설득력과 정당성은 생기겠지만, 그래도 공개적인 토론은 반드시 필요합니다. 혹시라도 있을 수 있는 여러 문제들을 빈틈없이 따져 볼 기회를 갖기 위해서입니다. 시설 배치를 반대하는 사람은 날카로운 질문과 반론으로 다양한 측면에서 그 결정을 검증할 것입니다. 물론 그 사람도 자신의 논리에 근거를 제시해야 하고 반증을 이겨 내야 합니다. 이러한 과정을 통해 어떤 의견이 더 합리적이고 타당하며 모두에게 이득이 되는지 확인이 이루어집니다. 그러므로 어떤 결론이 나든 처음 의견보다는 더 합리적일 것입니다. 토론에 참여한 사람들도 토론 전에는 '왜 저러는지 모르겠다, 도대체 말이 안 된다'고 생각하다가도 토론을 통해 '그런 이유가 있었구나, 그런 면도 생각해 봐야겠군' 하면서 이해의 폭을 넓힐 수 있을 것입니다.

실제로 스위스에서는 어느 지역이 사용후핵연료 처리장의 후보지로 선정되면 그곳에서만도 한 해에 50차례 이상 토론회가 열린다고 합니다. 모든 정보를 공개한 뒤 주민과 전문가, 행정 당국이 모여 문제점과 의문을 묻고 따져 소통하여 10년 뒤에 최종 결정을 내립니다. 토론으로 철저히 검증함으로써 저절로 설득과 합의, 결정에 이르는 과정을 잘 보여 주는 예입니다.

선거 토론을 보더라도 후보자는 상대 후보를 설득하기 위해 토론하는 것이 아닙니다. 검증이 핵심입니다. 유권자는 선거 토론을 후보자의 토론 실력이나 설득력을 살피기 위해서 보지도 않고, 설득을 당하기 위해서 보지도 않습니다. 토론 과정에서 나타나는 후보자들의 세계관과 비전, 정책 방향 등을 자세히 검증하려고 보는 것입니다. 후보자들도 자신의 철학과 능력과 비전을 드러내어 검증해 보이려고 최선을 다합니다. 토론의 목적이 검증임을 잘 보여 주는 사례입니다. 법정 변론이나 공청회나 청문회도 마찬가지입니다.

토론과 토의는 제기된 문제를 함께 생각하고 검토하는 말하기 유형(집단 화법)이라는 점에서 같지만, 다루는 문제의 성격이나 진행 과정, 도달점이 다릅니다. 예를 들어 '체험 활동을 어디로 갈까?'라는 주제로 한참 대화하다가 갑자기 누군가 '체험 활동을 꼭 가야 하나?'라는 의문을 던지면 대화의 방향은 달라집니다. 토의에서 토론으로 바뀌는 거죠. 토의는 기본 입장에 대한 합의를 바탕으로 구체적인 실행 방안을 검토, 결정하기 위해 하는 것이고 토론은 토의로 넘어가기 이전에 선결문제에 대한 상반된 입장을 검토, 검증하기 위해 하는 것입니다.

그런데 만약 '체험 활동을 간다'는 원칙이 합의되지도 않았는데 '어디로'라는 논제를 제시한다면 거기에는 상대방을 혼란스럽게 하려는 불순한 의도가 있다고도 볼 수 있습니다. '체험 활동을 어디로 갈까?'라는 논제는 '체험 활동을 간다'는 원칙, 선결 쟁점이 합의되었음을 전제로 성립합니다. 이때 선결 쟁점을 **공유 가치** 혹은 **상위 가치**라고 합니다. 공유 가치와 상위 가치에 대한 토론과 합의 없이 토의 단계로 넘어가서는 최선의 결론에 이를 수 없습니다. 시간이 조금 걸리더라도 이전 단계로 돌아가 다시 토론해야 합니다.

토론과 토의는 진행 과정에도 차이가 있습니다. 제시된 의견을 분석하고 검토한다는 점은 비슷하지만, 토론이 훨씬 엄격합니다. 토론에서는 참가자 사이의 의견 차이도 클뿐더러 결과가 논점이 되는 사건에 큰 영향을 미칩니다. 토론 참가자는 자신의 주장과 이유, 근거 사이에 논리적으로나 실제적으로 문제점과 오류가 없음을 스스로 입증하려 합니다. 반면 토의에서는 참가자들의 기본 입장이 같으므로 최선의 결과를 얻기 위해 서로 정보를 제공하여 그것을 하나하나 검토하는 과정을 거칩니다. 협력적인 분위기에서 상대적으로 유연한 규칙이 적용됩니다.

도달점도 다릅니다. 토론의 목적이 검증이라면 토의의 목적은 합의 도출입니다. 토론을 할 때에는 검증하는 것만으로도 충분하지만 토의를 할 때에는 일치된 결론에 도달해야 합니다. 이 부분이 토론과 토의의 가장 분명한 차이점입니다. 토론은 상이한 입장 사이에서 서로 공유하는 가치를 찾아내고, 토의는 그렇게 찾아낸 가치를 기반으로 구체적인 사항을 결정합니다.

대체적으로 토론 뒤에 토의가 이루어집니다. 둘을 섞어 생각하면 혼란스럽습니다.

구 분	토 론	토 의
의제의 성격	의견이 서로 대립됨	구체적인 방안을 제시
참여자의 입장	서로 상반되는 의견을 가짐	기본 입장은 같음
참여자의 역할	논점의 입증 및 비판	정보의 제공 및 검토
진행 규칙	엄격	유연
도달점(목적)	검증	결정, 합의 도출
구체적 사례	법정 변론, 공청회, 청문회, 선거 토론, 국회의 상임위 활동, 세미나, 포럼 등	각종 회의, 협의회 등

토론과 토의의 차이

토의의 주체는 곧 결정의 주체입니다. 그런데 토론의 주체는 결정의 주체일 때도 있고 아닐 때도 있습니다. 교육 토론을 보면 토론은 토론자들이 하지만 결정은 심사 위원이나 청중의 토의 및 표결을 통해 이루어지지요. 법정에서는 원고 측과 피고 측 혹은 변호사와 검사가 토론한 뒤 배심원이나 판사가 판결을 내리고, 선거 토론에서는 후보자들이 토론하고 결정은 유권자가 하게 됩니다. 한편 의회 토론을 보면 야당, 여당의 국회의원이 토론도 하고 의결도 하므로 토론과 토의의 주체가 같습니다. 위의 예에서도 토론의 주체들은 검증을 통해 토의의 주체들을 설득하려 한다는 것을 알 수 있습니다. 토론의 목적은 검증입니다.

토론의 유형		토론의 주체	토의의 주체(설득의 대상)
교육 토론		토론자들	심사 위원, 청중
일반 토론	법정 토론	원고 측 : 피고 측	배심원, 판사
	선거 토론	후보자들	유권자
	의회 토론	여당 : 야당(상임위원회)	국회의원(본회의), 국민 여론
	기타 일상적 토론	참가자들	

토론과 토의의 주체

실제 토론 상황에서는 안건의 검증뿐 아니라 합의나 결정까지 해야 하는 경우도 많습니다. 토론이 자동으로 토의로 이어지는 거죠. 이때 토론이 제대로 되었다면 토의가 원만하게 이루어지겠지만, 그렇지 않았다면 토의가 제대로 이루어지지 않겠죠. 심하면 다시 토론으로 돌아가야 할 것입니다(옆 그림에서 점선으로 표시된 'No-1'). 이런 일을 막기 위해서라도 토론을 중요하게 여겨야 합니다. 국회에서 심심찮게 볼 수 있는 것처럼 토론은 날림으로 하고 무조건 다수결로 정하는 방법은 많은 오류와 문제점을 남기므로 좋지 않습니다.

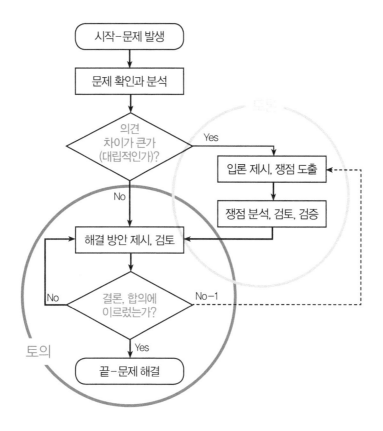

개념의 범위로 보면 토의가 토론보다 넓습니다. 토의 안에는 간략한 토론이 있을 수 있으나 토론 안에는 토의가 있기 어렵기 때문입니다.

알파고에게 오목만 가르치면?

토론을 공부하면 이점이 많습니다. 자신감이 생기고 추론적, 비판적 사고력도 커집니다. 논제와 연관된 배경지식이 풍부해지며 민주적 태도가 갖추어지고 자신과 세상에 대한 성찰이 깊어지기도 합니다. 직간접적으로 입시에도 도움이 됩니다.

요즘에는 이런 토론의 이점이 널리 알려진 데다가 학생 주도 수업, 활동 중심 수업을 강조하는 상황까지 더해져 토론 수업이 더욱 활발하게 이루어지고 있습니다. 토론 수업에 관한 책이 많이 출판되는 것만 보아도 그런 분위기와 성과는 충분히 확인할 수 있습니다.

그러나 실제 토론 수업이 이루어지는 상황을 살펴보면 아쉬운 점이 많습니다. 「2009 개정 교육과정에 따른 성취기준·성취수준(고등학교 국어)」에 보면 "토론의 본질과 원리를 이해하고, 쟁점별로 논증하여 공동체의 문제를 합리적으로 해결한다"＊고 하여 토론의 본질부터 과정 그리고 목표까지 간단히 언급하였으나, 정작 그 '토론의 본질과 원리'가 무엇인지는 서술되어 있지 않습니다. 「2015 개정 교육과정」에는 위의 서술마저도 사라졌습니다. 그래서 그런지 실제 토론 수업이나 토론 관련 서적도 거의 토론 기법에만 중점을 두고 있는 실정입니다. 토론 기법을 공부하는 게 잘못은 아닙니다. 그것만으로도 학생 개인이나 사회에 이득이지만, 지금 우리는 알파고에게 오목만 가르치고 있는 게 아닐까 하는 안타까움이 크다는 것입니다.

＊「2009 개정 교육과정에 따른 성취기준·성취수준(고등학교 국어)」(교육과학기술부)

2016년 3월, 알파고라는 인공지능 시스템과 이세돌이라는 인류 대표의 바둑 대국은 우리가 이미 인류사의 새로운 시대에 진입했음을 일깨워 주는 상징적인 사건이었습니다. 이 사건을 보는 관점과 의미는 다양하겠지만, 한 가지 재미있는 점은 당시 신문 기사의 제목을 보면 '알파고에게 186수 만에 불계패' '알파고에게 불계승' '알파고에게 없는 것' '알파고에게 명예 9단증 수여' 등 알파고 뒤에 '에게'라는 조사가 붙고, 독자들도 그것을 어색해하지 않았다는 점입니다. 사람이나 동물 뒤에만 붙는 '에게'라는 조사가 알파고 뒤에 자연스럽게 붙는다는 것은 우리가 알파고를 단순한 기계 덩어리가 아니라 어떤 인격체나 생명체로 생각한다는 증거입니다.

이러한 현상이 나타나는 이유는 알파고가 가지고 있는 '딥러닝'이란 능력 때문인 것 같습니다. 그 능력으로 아마추어 기사들의 기보만을 가지고 학습하여 세계 최고의 프로 기사를 쩔쩔매게 한 것입니다. 알파고의 이러한 능력은 "구성 요소가 개별적으로 갖지 못한 특성이나 행동이, 구성 요소를 함께 모아 놓은 전체 구조에서 자발적으로 돌연히 출현하는 현상"*을 말하는 '창발^{emergence}'이란 개념을 떠올리게 합니다. 알파고에 어떤 자료를 입력하거나 어떤 내용을 가르치면 인류가 평화롭게 살 수 있는 해결책을 알려 주는 것은 아닐까 기대도 하게 됩니다. 그런데 이런 딥러닝 능력을 갖춘 알파고에게 오목 기보 자료만 입력한다면 어떨까요? 너무나 큰 손실이 아닐까요?

『이머전스』(스티븐 존슨, 김영사)

토론 공부도 마찬가지입니다. 학생과 교사가 어떤 관점이나 정보를 기반으로 학습하는가에 따라 학생들의 수준도 달라질 것입니다. 토론 공부 시간을 단지 토론 기법을 익히는 데에만 쓴다면 더 큰 이득을 얻을 수 있는 공부를 작게만 하고 있는 것입니다. 오목만 잘 두는 알파고가 되는 셈이죠.

자율성을 키워 자유롭게 살기 위해

그렇다면 토론 공부를 더욱 잘 활용하는 방법은, 다시 말하면 **토론 수업에서 정작 해야 할 중요한 공부**는 무엇일까요? 자신을 참으로 이해하고 자율성을 키워 자유롭게 살아가고자 하는 마음을 기르는 것입니다. 이것이 실상 모든 교육의 궁극적 목적이라고 생각합니다. 토론 수업에서 이 목적을 실현하기 위해서는 **토론의 바탕 원리**와 **토론 정신**을 알아야 합니다. 토론 방법이나 기법만을 익히는 수업도 분명 학생들에게 도움이 되지만, 이 두 가지를 명확히 인식하면서 기법까지 익힌다면 차원이 다른 발전과 변화가 시작될 것입니다.

02 ── 토론의 바탕 원리

토론은 어디에서 시작되었을까요? 사람들은 흔히 그리스를 떠올립니다. 아크로폴리스, 아고라, 직접민주주의, 이런 몇 개의 낱말만으로도 그리스의 웅장한 돌기둥 사이에서 왁자하게 벌어지는 토론 장면이 떠오릅니다. 그런데 사실 토론은 인간의 역사와 함께 시작되었습니다. 격식을 갖춰 공식적으로 하는 것만이 토론은 아닙니다. 구석기 시대에도 어디에 가서 어떤 동물을 어떻게 사냥할지, 누가 어떤 역할을 할지, 사냥물은 어떻게 나눌지, 머물 곳은 어떻게 정하고 언제 떠날지 등을 모닥불 주위에 앉아 함께 이야기했을 것입니다. 그 자리에서 지혜가 모이고 다음 세대로 이어졌을 것입니다. 그래서 오늘날의 우리도 있는 것이지요. 이 과정이 토론이고 토의였다고 볼 수 있습니다.

우리의 사소한 일상도 마찬가지입니다. 외식을 할 건지 말 건지, 어떤 음식을 먹을 건지, 어떤 영화를 볼 건지 등에 대한 결정도 간략하지만 토론이고 토의라고 할 수 있습니다.

시대와 지역과 형식과 무관하게 어떤 토론이든 그것을 성립하게 하는 바탕 원리가 있습니다. 이 원리를 알고 토론 공부와 토론 활동을 한다면 토론도 잘하게 되고 내면의 힘과 세상을 보는 안목도 함께 키울 수 있을 것입니다.

1) 사람의 생각은 모두 다르다 : 논리의 개별성

제목을 붙여 보자

수업 시간에 작품에 제목 붙이기 활동을 하고는 합니다. 다음 작품에 제목을 정하고 그 이유를 말해 보라고 하면 뭐라고 하시겠나요? 한번 해 보세요.

학생들과 해 보면 형태에서 유추한 답변이 가장 많이 나오기는 하지만 엉뚱한 의견도 꽤 나옵니다.

어떤 제목이 나올지는 알 수 없지만 확실하고도 당연한 것은 매우 다양한 제목과 의견이 나온다는 것입니다. 한 반에서 해 보면 같은 제목이 나오는 경우가 거의 없습니다. '평화'와 '위기'처럼 정반대 뜻의 단어가 나오는 경우도 많습니다. 물론 작품이 추상적이라 그렇기도 하지만, 토론에서 다루는 구체적이고 현실적인 논제들에 대해서도 사람들의 생각은 다양합니다.

사람의 생각이 참 다르다는 사실은 여행을 하면 더욱 생생하게 느낄 수 있습니다. 몇 년 전, 인도의 바라나시에 있는 갠지스 강가에서 화장火葬하는 모습을 본 적이 있습

링컨센터 야외 전시 작품

니다. 장작 위에 시신을 바로 얹어서 태웠습니다. 장작이 충분하지 않아 불길이 그리 세지는 않았습니다. 죽은 자의 형편이 넉넉하지 않았던 모양입니다. 주위에 사람도 별로 없었으며 눈물을 흘리지도 않았습니다. 시신이 잘 타도록 한 사람이 긴 꼬챙이로 주검을 뒤적이기도 하고 찌르기도 했습니다. 나중에야 알게 됐는데 상주가 나무 막대기로 시신의 머리를 깨뜨려야 죽은 이의 영혼이 자유롭게 된다는 생각에서 그리한다고 합니다. 또 티베트 사람들은 독수리가 먹기 좋게 시신을 토막 내고 뼈와 살을 발라 벌판에 버리는 천장天葬을 한다고 하지요. 시신이 재가 되는 과정을 눈앞에서 직접 보며 삶과 죽음에 대한 생각에 깊이 빠지기도 했지만, 동시에 사람들의 생각에 따라 전혀 다른 문화가 나타난다는 사실을 확인할 수 있었습니다. 개인의 생각이 모여 문화가 생기고 그것이 다시 개인의 생각에 큰 영향을 끼치면서 집단이나 개인의 생각은 매우 다양하게 살아 움직입니다.

생각이 모두 다르기 때문에 토론과 토의가 생겨난다

사람이 있고 생각이 있는 한 생각은 모두 다를 수밖에 없습니다. 이런 원리를 **논리의 개별성**이라고 이름 짓겠습니다(앞으로 논리란 단어는 쉽게 '생각의 연결'이라는 뜻으로 쓰려고 합니다. 어떤 생각이든 앞뒤 없이 단독으로 생겨나는 것은 없기 때문입니다. 그 생각이 이치에 맞는가 안 맞는가 하는 문제가 있긴 하지만, 모든 생각이나 말은 나름의 일리를 갖는다고 유연하게 생각해 본다면 모든 생각이나 말은 논리라고 봐도 될 것 같습니다).

'논리의 개별성'은 토론과 토의를 성립시키는 바탕 원리 중 하나입니다. 우리가 혼자 산다면 자신의 생각대로만 살아도 아무 문제가 없습니다. 그런데 여러 사람이 어울려 살아가다 보니 의견이 서로 다를 때가 많이 생깁니다. 이때 저절로 토론이나 토의가 시작됩니다. 만약 사람의 생각이 모두 같다면 토론이나 토의는 필요하지도 않겠죠. 토론과 토의는 인류의 역사와 함께 있습니다. 토론이다, 토의다 명시적으로 이름 붙이지 않았더라도 실질적으로는 그런 형식 안에서 이어져 온 것입니다.

하나의 종이 유전적으로 다양할수록 적응력, 생존력이 높아지는 것처럼 어떤 문제에 대한 의견은 다양하고 많을수록 좋은 결론이 나올 확률이 높아집니다. 새로운 아이디어를 끌어내기 위한 브레인스토밍이나 브레인라이팅 기법도 우선은 서로 다른 의견을 최대한 끌어내기 위해 하는 것입니다.

중대한 문제일수록 의견이 많이 나와야 합니다. 아예 정반대이거나 엉뚱한 의견까지 나와야 합니다. 물론 이 과정에서 갈등이 거세지거나 일시적으로 혼란스러운 상태가 올 수도 있습니다. 그러나 다양한 의견을 존중하는 환경이 되어야 다양한 관점으로 문제를 검토, 검증하여 최선의 결론에 도달할 수 있습니다. 이것이 토론의 힘이며 곧 그 사회 민주주의의 수준과 역량입니다.

논리의 개별성이 존중되지 않으면 인권도 민주주의도 없다

'논리의 개별성'을 인정하지 않고 존중하지 않으면 토론과 토의는 물론 인권도 민주주의도 존재할 수 없습니다. 국론 분열 때문에 사회가 혼란스러운 것이 아니라 다양한 의견 표출을 억지로 막고 토론에 부치지 않기 때문에 혼란스러운 것입니다. 문제가 있는 결론을 일방적으로 밀어붙이기 때문에 갈등이 커지고 사회가 불안해집니다. 논리의 개별성을 존중하는 태도는 개인의 행복과 사회의 평안을 위해 필수적입니다.

2) 모든 생각에는 일리가 있다 : 논리의 자기 완결성

무엇이 다를까

다음은 버스 정류장의 안내판 사진입니다. 무엇이 다를까요? '동네 이름이 다르네.' 이런 건 말고요.

A

B

아마 여러 의견이 있을 것 같습니다. 재미로 기이한 것을 찾아내는 분도 계시겠죠. 사람의 생각은 모두 다르니까요.

제가 바라는 대답은(정답이 아니라) 이전과 다음 정류장을 가리키는 도형의 방향이 서로 다르다는 것입니다. A 사진에서는 서로 다른 쪽을 가리키는데, B 사진에서는 같은 쪽을 가리킵니다. 어떤 게 맞을까요? 정답은 없습니다. 표시를 한 방향으로 한 데에도, 양방향으로 한 데에도 다 나름의 이유가 있을 것입니다. 여러분은 어떻게 생각하시나요? 두 정류소를 디자인한 사람들은 뭐라 할까요? 어떤 말을 할지는 잘 모르겠지만 설명을 듣고 난 뒤에 대부분의 사람들은 '둘 다 일리가 있네!'라는 반응을 보이지 않을까요?

다르지만 일리는 있다

우리 속담에 '안방에 가면 시어머니 말이 옳고 부엌에 가면 며느리 말이 옳다'란 말이 있습니다. 겉으로 보기에는 정반대의 말일지라도 각자 나름대로는 그럴 만한 사정이 있고 이유가 있다는 말입니다. 무슨 말을 하려는지 아셨을 것 같습니다. 모든 생각이나 행동에는 나름대로 타당한 이유, 일리가 있다는 것입니다. 전혀 이해가 안 되더라도 말입니다.

기본적으로 논리는 전제와 결론, 주장과 이유, 근거(사례)로 이루어집니다. 전제가 달라지면 결론도 달라지고 이유에 따라 주장도 달라지는 법입니다. 같은 대상을 보고도 결론과 주장이 다른 것은 마음속에 갖고 있는 전제와 이유가 다르기 때문입니다. 예를 들어 80점이라는 점수를 놓고 '이것밖에?'라고 생각하는 학생도 있고 '이만큼이나!'라고 생각하는 학생도 있겠죠. 각자 기대한 점수가 다르기 때문일 것입니다. 아니면 '시험 문제가 쉬웠구나/어려웠구나' '운이 좋았구나/나빴구나' 등의 생각을 할 수도 있겠죠. 결론이 다르더라도 각자가 세운 전제하에서는 모두 일리가 있는 것입니다. 이런 원리를 이해한다면 아무리 이해가 안 되는 사람의 언행도 일단은 받아들일 수 있을 것입니다.

모든 생각에 일리가 있기 때문에 토론과 토의가 생겨난다

어떤 결론이든 자체 전제하에서는 타당성을 가진다는 원리를 **논리의 자기 완결성**이라 하겠습니다. 모든 논리는 나름대로 일리가 있다는 것이죠. 그런데 '논리의 자기 완결성'이 왜 토론의 바탕 원리일까요? 상대방의 의견도 일리가 있다는 생각 없이는 토론이 성립되지 않기 때문입니다. '네가 하는 말은 이치에 맞지 않으니 들어 볼 필요도 없고 이야기할 필요도 없다'고 생각하면 어떻게 토론이 될 수 있을까요? 상대방을 인정하지 않고는 토론이 될 수 없습니다.

과학사를 보면 갈릴레오 갈릴레이는 자신이 개량한 망원경으로 천문 현상을 관측하여 기존의 천동설을 반박하고 코페르니쿠스의 지동설을 입증합니다. 그런데 당시에는 교황청은 물론 과학자들마저도 갈릴레이의 관측을 기괴한 것으로 여겼다고 합니다. 천동설을 불변의 진리로 믿던 사람들이 갈릴레이의 학설을 들어 볼 필요도, 생각해 볼 가치도 없는 허무맹랑한 헛소리이거나, 위험하고 불경한 이단의 말이라고 단정한 것이지요.

천동설도 나름대로 일리가 있으니 그때까지 오랜 세월 동안 인정되었던 것이고, 새로 등장한 지동설도 그것대로 일리가 있기 때문에 주장한 것입니다. 당대 사람들이 지동설도 일리가 있을 거란 생각을 했다면 갈릴레이의 말을 무조건 무시하지는 않았을 것입니다. 그러면 더 일리 있는 이론이 무엇인지 저절로 드러나게 되어 인류의 과학과 지혜는 더욱 일찍 발전했겠지요.

턱없는 말도 들어 보는 것이 토론의 시작이다

상대방의 의견이 전혀 말이 안 되는 것 같고 이해가 안 되어도 나름대로는 이유가 있을 거라고, 도대체 무슨 이유로 저런 말을 하는지 들어나 보자고 생각하는 자세를 갖는 것이 '논리의 자기 완결성'의 실천입니다. '논리의 자기 완결성'은 상대의 말을 있는 그대로 받아들이는 태도입니다. 비난이나 비판하지 않고, 그렇다고 찬양이나 맹신도 하지 않고 듣는 것입니다. 그런 마음으로 듣다 보면 자신이 미처 생각하지도 못했던 반짝이는 내용을 찾을 수 있습니다. 이때 토론의 가치가 빛나게 됩니다.

여기에서 경청의 근거도 찾을 수 있습니다. 토론이라고 하면 '말하기'만 생각하는 경우가 많으나 본격적인 토론은 '듣기'에서 시작합니다. 입론은 준비를 많이 해서 차근차근 하면 됩니다. 그러나 질문이나 반론은 상대의 말을 잘 듣지 않으면 할 수 없습니다. 이때 '논리의 자기 완결성'을 이해하면 저절로 잘 듣게 될 것입니다. 듣기는 토론의 시작입니다.

상대를 악마로 만들면 토론이 사라지고 토벌이 시작된다

토론을 할 때 사람들은 상대방의 논리도 일리가 있다고 생각하기를 매우 꺼려합니다. 설혹 그렇게 생각하더라도 그것을 인정하거나 표현하지는 않습니다. 인정하면 패배하는 것이라고 생각하기도 합니다. 그래서 끝까지 자신은 옳고 상대는 틀렸다는 흑백 논리를 밀어붙입니다. 승패가 걸려 있는 경우에는 더욱 그런데요. 그렇게 하지 않아도 멋진 토론을 보여 줄 방법은 많습니다. 상대의 논리를 포용하면서 합리적이고 새로운 관점을 제시한다면 논리적 설득력은 더욱 커질 것입니다.

상대의 논리를 무시하고 받아들이지 않는 모습은 사회적인 안건을 다룰 때 더욱 두

드러집니다. 자신과 다른 논리를 들어 보기는커녕 처음부터 색깔을 입히고 낙인을 찍어 악마로 만듭니다. 상대방을 악마로 만들면 토론이 사라지고 토벌이 시작됩니다. 토론 대신 패거리만 남습니다. 내 편인지 다른 편인지만을 중요시하게 됩니다. 일방적 선언과 주장만 어지럽게 쏟아집니다. 논리적인 근거나 실제적 증거도 없이 극단적인 언어만이 박격포탄처럼 날아다니게 됩니다. 토론이 죽습니다. 최선의 결론은 산산조각납니다.

3) 어떤 생각도 절대적인 참은 아니다 : 논리의 상대성

절대적으로 큰 수를 말해 보자

절대적으로 큰 수, 가장 큰 수를 말해 보세요.

말하셨나요? 절대적으로 큰 수가 존재할까요? $10^{3721838388197764521939659768784 9648128}$에 해당하는 '불가설불가설전'이라는 수도 있고 '구글'이란 이름의 유래가 되기도 한 '구골(=10^{100})'이나 '구골플렉스(=$10^{구골}$)'란 엄청나게 큰 수도 있다고 합니다. 의미가 있는 가장 큰 수는 '그레이엄 수'라고 하네요. 그러나 그보다 더 큰 수를 생각하거나 만드는 것도 얼마든지 가능합니다. 그레이엄 수에 1을 더하기만 해도 되니까요. 결론적으로 가장 큰 수는 존재하지 않습니다. 무한대라는 개념도 있고 '∞' 기호를 쓰기도 하지만 무한대는 관념으로만 존재합니다. 마찬가지로 절대적으로 작은 수, 가장 작은 수도 존재하지 않습니다.

그럼 이런 건 어떨까요? 태양은 큰가요, 작은가요? 아마 대부분 주저 없이 크다고 할 것입니다. 그러나 조금만 생각해 봐도 그리 단정적으로 말할 수 없다는 걸 알 수 있죠. 그런데 태양이 '크다'고 말해도 소통에 지장이 없는 것은 누구나 공통으로 가지고 있는 상식, 통념이 있기 때문입니다. 만약 그런 통념이 없는 사람이라면 전혀 다른 대답을 할 것입니다.

어떤 생각을 하거나 말을 하려면 반드시 비교 대상이 있어야 합니다. 아무 기준 없이는 크다, 작다 말할 수 없는 것처럼 말입니다. 참과 거짓, 아름다움과 추함, 선함과 악함, 많고 적음, 길고 짧음, 앞과 뒤, 너와 나 등 모든 것이 그렇습니다. 노자의 『도덕경』에도 이런 말이 있군요.

"있고 없음이 서로를 만들어 내고, 어려움과 쉬움이 서로를 이루고, 길고 짧음이 서로 비교해서 (생기고) 높고 낮음이 서로 기울어서 (생기고) 소리와 목소리가 (다르기에) 서로 화하고, 앞뒤가 서로 따른다."*

有無相生 難易相成 長短相較 高下相傾 音聲相和 前後相隨.『도덕경』 제2장

이런 이치를 따르다 보면 절대적인 참이 없다는 결론에 도달하게 됩니다. '과연 그럴까?' 하는 의심이 드시죠? '수학이나 과학적 지식, 논리는 절대적 참이 아닌가' 하는 반론도 하실 것 같습니다. 물론 그것들은 엄정한 검증을 거쳐서 확립된 이론이므로 오류의 가능성과 반박의 여지가 거의 없지만, 그것들도 끊임없이 수정되어 오늘날에 이른 것이며 이런 과정은 앞으로도 계속될 것입니다.

절대적인 참이 없기에 토론이 성립한다

절대적인 참이 있다면 토론할 필요가 없습니다. 그것을 아는 사람의 뜻에 따르면 됩니다. 그러나 절대적인 참이 없기 때문에 토론해야 합니다. 여기서 토론을 성립시키는 바탕 원리를 또 하나 정리할 수 있습니다. 바로 **논리의 상대성**입니다. '논리의 상대성'이란 결함이나 오류가 전혀 없는 생각, 명제, 논리는 없다는 말입니다. 다시 말하면 어떤 의견이나 생각도 오류와 반론의 여지는 있으며, 관점을 달리하면 얼마든지 다른 의견이 나올 수 있다는 말입니다.

토론 수업의 활용 자료로도 좋은 책인 『자유론』을 쓴 존 스튜어트 밀은 절대적으로 확실한 것은 있을 수 없으며, 100명 가운데 99명은 제대로 판단할 능력을 전혀 가지고

있지 못하고, 나머지 한 사람도 단지 상대적으로 견주어 볼 때 능력이 있는 것이라 했습니다. 그런데도 인류의 생각과 행동이 놀라울 정도로 발전한 것은 인류가 토론과 경험으로 자신의 과오를 고쳤기 때문이라고 했습니다. 인간의 위대함은 개인에게서 나오는 게 아니라 토론에서 나온다는 것입니다.

반론의 여지가 없는 논리는 없다

'논리의 상대성'은 비판의 근거가 됩니다. 어떤 생각도 절대적인 참이 아니라면 자신의 생각도 한번 살펴보게 되겠죠. 자기를 냉정하게 비판해 볼 것입니다. 자만과 독선에 빠져 있는 것은 아닌가 성찰해 보기도 하고 예상 반론도 던져 보겠죠. 이 원리는 상대에게도 적용할 수 있습니다. 내 생각이 절대선도 아니고 절대악도 아니듯 다른 사람의 의견도 그렇습니다. 이렇게 생각할 때 서로 인정할 것은 인정하고 비판할 것은 비판하게 됩니다. 토론이 시작되는 거죠.

진리라는 이름의 폭력

자기 생각이 절대적인 참이라고 생각하면 그 사람은 독선, 독단, 자만, 아집에 빠지게 됩니다. 자신과 생각이 같지 않은 사람들을 위험하고 불온하므로 제거해야만 할 절대악이라고 규정합니다. 사회는 극도의 분열과 갈등, 폭력에 휩싸입니다. 극단적인 흑백 논리에서 나오는 언어폭력과 물리적 충돌만이 날뛸 것입니다. 이런 사회에는 토론이 존재할 수 없습니다. 슈테판 츠바이크의 『다른 의견을 가질 권리』에 나오는 칼뱅의 모습을 볼까요? 칼뱅은 "자신은 오류를 범하지 않는다는 것을 당연하게 여기고, 자신의 생각이 옳으며 그 밖의 다른 모든 생각들은 잘못된 것으로" 보고 "어느 누구와도 절대로 토론하지 않으며 오직 명령을 내릴 뿐"이었습니다.[*] 자신과 다른 모든 것을 금지하는 명령을.

『다른 의견을 가질 권리』
(슈테판 츠바이크, 바오)

이런 사람들이 많으면 토론 문화는 죽습니다. 이런 사람들은 높은 자리로 올라갈수록 토론 문화를 쇠퇴시킵니다. 한 나라의 앞날이나 전 지구에 영향을 미치는 심각하고 예민한 문제일수록 자신만이 옳다는 생각을 내려놓고 되도록 많은 사람들이 참여하는 공개적인 토론을 해야 합니다.

토론 문화가 쇠퇴할 때 생기는 더 큰 폐해는 인간 정신의 개성과 생명력이 사라진다는 점입니다. 사람들은 당당하고 자유롭게 살지 못하게 될 것이며, 사회는 오직 한가지 색, 한가지 종류의 옷만 입은 사람들로 가득하게 될 것입니다.

4) 공유하는 상위 가치가 반드시 있다 : 논리의 공유성

11시간 토론과 생중계

2011년 5월 30일, 독일의 앙겔라 메르켈 총리가 "모든 원전을 2022년까지 폐기한다"고 선언합니다. 원전을 지지하는 진영과 원전을 반대하는 진영 간에 벌어졌던 40년간의 싸움이 끝나는 순간입니다. 메르켈 총리도 2010년에는 원전 수명 연장 정책을 옹호

했습니다.

하지만 후쿠시마 사고와 녹색당의 약진 등으로 원전을 폐기하자는 여론이 높아지자 종교 지도자, 대학교수, 원로 정치인은 물론 시민단체와 노조, 재계 대표 등 17명으로 '안전한 에너지 공급을 위한 윤리위원회'를 구성해 사회적 논의를 거쳐 원전 폐기 여부를 결정하기로 합니다. 2011년 4월 18일, 윤리위원회 위원 17명이 '원전 유지'와 '탈원전'으로 나뉘어 11시간 동안 토론을 벌이고, 이 토론은 공영방송을 통해 독일 전역에 생중계됩니다. 시민들은 방송을 보면서 이메일과 전화, 문자메시지 등을 통해 질문을 보내고 다채로운 아이디어를 제시했습니다. 윤리위원회는 '원전을 10년 이내에 전부 폐기한다'는 합의에 이르고 메르켈 총리는 이 합의를 받아들입니다.● 독일 사회에 축적된 토론 문화의 힘이 이런 아름다운 장면을 만들어 낸 것입니다.

'민주주의가 '탈핵 합의'를 낳았다'(단비 뉴스. 2016. 2. 11)

이들이 합의에 이를 수 있었던 이유는 바로 '공유하는 상위 가치'를 존중했기 때문입니다. 이들이 공유한 상위 가치는 위원회의 이름에 나타나 있습니다. '안전한 에너지 공급'을 하겠다는 것입니다. 원전은 에너지 공급을 해결하지만 안전하지는 않습니다. 탈원전은 안전하지만 에너지 공급에 차질을 가져옵니다. 그러면 어떻게 해야 할까요? 원전을 유지하고 안전성을 높이는 방법과 원전을 폐기하고 대안을 마련하는 방법이 있겠죠. 그러면 이 두 방법 중 어느 방법이 실현 가능성 및 경제성이 높은지 수많은 입장에서 철저히 검증해야 할 것입니다. 그 검증 방법이 바로 토론이었습니다. 이해관계자와 일반 시민이 고루 참여할 수 있도록 토론 과정 및 관련 정보를 모두 공개한 정부의 노력과 성숙한 토론 문화가 이런 결과를 가져온 것인데요. 모두가 '안전한 에너지 공급'이란 상위 가치에 공감했기에 가능한 일입니다.

원전 폐지 정책은 독일의 신재생에너지 산업을 폭발적으로 성장시켰고, 그 결과 햇빛, 바람, 물, 지열 등 자연을 이용해 만드는 청정 전기 생산량이 원전 발전량의 1.5배 이상으로 늘어났습니다. 독일의 신재생에너지 산업은 기술적으로 세계 최고 수준이어서 내수는 물론 수출도 증가하고 있습니다. 신재생에너지 분야의 일자리도 2004년 16만 500개에서 2007년 24만 9300개, 2012년 37만 8000개로 증가 추세며, 앞으로도 이런 추세는 계속될 것이라고 합니다. 토론의 힘으로 나라가 바뀐 것이죠.

공유하는 상위 가치가 있기 때문에 토론이 성립한다

위의 사례에서 알 수 있듯이 토론을 성립시키는 또 하나의 원리는 '공유하는 상위 가치가 반드시 있다'는 것입니다. 이것을 **논리의 공유성**이라 하겠습니다. 공유하는 가치는 양측이 추구하는 가치를 모두 만족하는 내용으로 이루어집니다. 한쪽의 가치를 강요해서는 토론이 이루어지지 않습니다. 양측이 어떤 가치나 목표를 암묵적으로라도 공유하기 때문에 토론이 성립하는 것입니다.

예를 들어 '야간 자율 학습을 폐지해야 한다'는 논제로 토론을 한다고 해 봅시다. 참여하는 토론자나 청중은 각기 추구하는 상위 가치나 목표가 있습니다. 찬성 측에서는 '자율이라고 했으니 자율권을 주어야 한다'는 주장을 할 것이고 반대 측에서는 '학습이니까 성적 향상에 도움이 되어야 한다'는 주장을 할 것입니다. 그러면 공유하는 상위 가치는 '자율권을 보장하면서 성적도 향상시키는 것'이 됩니다. 이것은 양측에서 모두 수긍할 것입니다. 만약 '자율은 필요 없다. 성적만 올리면 되지 자율이 무슨 소용 있나'라든지 '성적 떨어져도 상관없다. 내 맘대로 하겠다'라고 하면 토론이 성립되지도 않을뿐더러 토론에 참여하지도 않을 것입니다.

토론은 현실론과 이상론의 대화

토론은 이상적 가치와 현실적 가치가 대화하는 과정이라고 볼 수 있습니다. 이상론은 장기적인 비전을 중시하여 현실 변화를 주장하고, 현실론은 단기적 대책을 중시하여 현실 유지를 주장하는 경향을 보입니다. 현실론은 목적지까지 빨리 가자는 주장, 이상론은 주변 경치도 좀 보면서 여유 있게 가자는 주장 같기도 합니다. 이런 두 사람이 함께 차를 타고 안전하게 목적지까지 가는 일이 토론입니다.

　독일의 원전 폐기 문제를 보더라도 폐기 찬성 입장은 이상론에, 폐기 반대 입장은 현실론에 가깝습니다. 찬성론자들은 어떤 기술로도 원전을 완벽하게 제어할 수 없으며 원전 사고가 나면 엄청난 재앙이 닥친다는 점을 우려했고, 반대론자들은 싼 전기료로 산업 경쟁력을 올려 잘사는 나라를 만들 수 있다는 점을 내세웠습니다. '야자' 문제도 그렇습니다. 야자 폐지에 찬성하는 사람들은 야자가 반강제로 실시되는 비교육적, 비인간적 제도라는 점을 우려합니다. 인간의 자율성, 독립성, 책임성을 더 중요시하는 것이지요. 반대론자도 인간의 자율성이나 독립성 등을 부정하지는 않을 것입니다. 다만 학생들이 시간과 행동을 자율적으로 책임지고 관리하기 어려운 현실에 대처하는 방법을 먼저 생각해 보자고 주장하겠지요.

토론은 공유하는 상위 가치에 이바지함을 증명해 보이는 과정

　계속 평행을 달릴 것 같은 이상론과 현실론도 결국은 합의에 이를 수 있습니다. 공유하는 상위 가치가 있기 때문입니다. 공유하는 상위 가치는 첨예하고 살벌한 대치의 완충지대이며, 찬성 측이든 반대 측이든 한숨 돌리고 자신을 돌아볼 수 있는 쉼터입니다. 또한 이곳은 토론에서 도달해야 할 최종 목적지이기도 합니다. 상위 가치가 바로 토론의 대의명분이기 때문입니다. 토론은 공유하는 상위 가치에 어떤 주장이 더 이바지하는지, 실현 가능성이 큰지를 검증하는 과정이라고 볼 수 있습니다.

　예를 들어 앞의 '야간 자율 학습 폐지' 토론에서 공유하는 상위 가치는 자율권과 성적 향상이었습니다. 야자를 폐지하면 자율권은 보장되지만 성적 하락의 위험이 있고, 일률적으로 야자를 하면 자율권은 침해하지만 성적 향상의 이점이 있다고 볼 수 있습니다. 이 상황에서 자율권을 지키면서도 성적 향상에 도움이 되려면 야자를 하는 것이 좋은지 안 하는 것이 좋은지를 증명해 보이는 과정이 토론인 거죠. 찬성 측에서는 야자를 폐지하면서 성적이 향상될 방안을 제시하고, 반대 측에서는 야자를 하면서도 자율성을 보장하는 안을 제시하면 합의에 이를 수 있을 것입니다. 입장은 반대지만 획득해야 할 명분은 같습니다.

이 과정에서 대의명분과 실리가 모두 충족될 수 있습니다. 이상론은 좀 더 현실적인 실천 방안을 갖게 되고 현실론은 좀 더 이상적인 가치를 실현하게 됩니다. 현실과 이상이 조화로운 합의와 소통에 이르게 되는 거죠. 이러한 과정 속에서 개인과 사회가 함께 발전하고 성장하게 됩니다.

공유하는 상위 가치가 곧 쟁점이다

논리 분석에서 가장 중요한 것은 **쟁점**(爭點)을 찾아내는 일입니다. **공유하는 상위 가치가 바로 쟁점**입니다. 이걸 차지하기 위해 싸워야(爭) 하는 것이죠. 논지를 뒷받침하는 근거이자 분석하는 근거가 되기도 합니다.

예를 들어 '최저임금을 인상해야 한다'는 논제에서 찬성 측과 반대 측이 공유할 수 있는 상위 가치를 찾아봅시다. 최저임금 인상은 매년 논란이 되는 문제입니다. 찬성 측에서는 대체로 안정적 생계비 보장, 소득분배 개선, 내수 진작 등을 찬성 이유로 들고 반대 측에서는 중소기업 및 자영업자의 파산, 고용률 감소, 물가 상승 등을 반대 이유로 제시합니다. 상위 가치는 '안정적 생계비를 보장하되 중소기업 및 자영업자에게 과도한 부담이 되지 않도록 하는 것' 정도로 정할 수 있을 것입니다. 양측 모두 받아들일 수 있는 내용입니다. '생계비 보장'만이 중요할 뿐 '업체의 과도한 부담'은 알 바 아니라든가 그 반대의 태도라면 토론은 나아갈 수 없습니다. 어떻게 하면 상위 가치를 모두 만족하는 결론을 내릴 수 있는지, 모든 자료와 이론과 사례 등을 열린 마음으로 세밀히 검토하고 검증한다면 바람직한 결론이 날 것입니다. 그러나 매년 반복되는 모습을 보면 '최저임금 결정 방식과 구조를 바꾸자'며 노동자 측 위원 전원이 사퇴하고는 하는데, 이 모습을 보면 토론이 제대로 이루어지지 않았음을 알 수 있습니다. 어느 한쪽이 결론을 미리 정해 놓고 밀어붙였을 뿐 상위 가치 공유는 제대로 이루어지지 않은 것입니다. 논리의 개별성, 자기 완결성, 상대성이 모두 무시된 사례이기도 합니다.

사람들은 토론에는 정반대의 대치 상황만이 있다고 생각합니다. 한 가지 문제에 대해 180도 다른 입장을 가진 사람들이 모였기 때문에 어떤 공유지도 없어 보입니다. 그러나 각 입장에서 추구하는 가치와 목표를 연결하여 공유하는 상위 가치를 만들면 공유지와 대의명분과 토론의 목표가 생깁니다. 저절로 토론의 쟁점이 드러나는 것입니다. 토론은 이 공유 가치를 찾아낸 다음, 그것을 실현하는 방안을 하나하나 검증하기 위해 하는 것입니다. 자신의 이익만 생각하거나 자신만이 옳다고 우기면 제대로 검증이 될 리 없습니다. 그런 자세는 토론하는 이유를 스스로 부정하는 것입니다.

5) 생각은 끝없이 새로 만들어 낼 수 있다 : 논리의 창조성

논리는 세우기 나름

"선생님! 그런데 제게는 세 가지 문제가 있습니다. 첫째는 너무 둔하고, 둘째는 앞뒤가 꽉 막혔으며, 셋째는 답답하다는 것입니다. 저 같은 아이도 정말 공부할 수 있나요?"

다산 정약용에게 글을 배우러 온 열다섯 살의 황상이 '공부를 열심히 해야 한다'는 다산의 말에 주뼛대며 한 반문입니다. 이에 어떻게 답하시겠습니까?

무한한 가능성을 가진 아이에게 '너 자신을 잘 아는구나! 공부를 그만두어라!'라고 하시지는 않겠죠. 분명 아이의 말을 긍정적으로 해석하여 용기와 가르침을 주려고 하실 것입니다. 아이는 자신이 공부를 잘할 수 없는 이유를 말했는데 똑같은 내용을 공부 잘할 수 있는 이유로 바꿔야 하는 거죠. 어떤 내용을 말해야 한다는 답을 말씀드리려는 것은 아니고요. 논리란 고정된 것이 아니라 개발하고 만들 수 있는 것이란 원

리를 말씀드리려고 합니다. 다산 선생의 답변이 궁금하시다고요? 이미 아시는 분도 많겠지만, 다음과 같이 말씀하셨습니다.

"둔하다고 했지? 송곳으로는 구멍을 쉬 뚫어도 곧 다시 막히고 만다. 둔탁한 끝으로는 구멍을 뚫기가 쉽지 않지만, 계속 들이파면 구멍이 뚫리게 되지. 뚫기가 어려워서 그렇지 구멍이 뻥 뚫리면 절대로 막히는 법이 없다.

앞뒤가 꽉 막혔다고? 융통성이 없다고 했지? 여름 장마철의 봇물을 보렴. 막힌 물은 앞으로 나아가지 못한 채 제자리를 빙빙 돈다. 그렇지만 농부가 삽을 들어 막힌 봇물을 터뜨리면 그 성대한 흐름을 아무도 막을 수가 없단다. 얼마나 통쾌하냐?

어근버근 답답하다고 했지? 처음에는 누구나 공부가 익지 않아 힘들고, 버벅거리고, 들쭉날쭉하게 마련이다. 그럴수록 꾸준히 연마하면 나중에는 튀어나와 울퉁불퉁하던 것이 반질반질해져서 마침내 반짝반짝 빛나게 된다.

구멍은 어떻게 뚫어야 할까? 부지런히 하면 된다. 막힌 것을 틔우는 것은? 부지런히 하면 된다. 연마하는 것은 어찌해야 하지? 부지런히 하면 된다. 어찌해야 부지런히 할 수 있겠니? 마음을 확고하게 다잡으면 된다. 그렇게 할 수 있겠지?"

다산은 주위에서 흔히 볼 수 있는 일들로 예시까지 들면서 아주 쉬우면서도 설득력 있는, 창의적인 논리를 펼칩니다. 황상은 감격했고, 그는 부지런할 것을 세 번 강조한 이 가르침을 '삼근계三勤戒'라 하여 죽을 때까지 61년간을 지키며 살았습니다. 다산은 이런 말도 하지요.

"배우는 사람에게는 큰 병통이 세 가지 있는데 네게는 그것이 없구나. 첫째, 외우는 데 민첩하면 그 폐단이 소홀한 데 있다. 둘째, 글짓기에 날래면 그 폐단이 들뜨는 데 있지. 셋째, 깨달음이 재빠르면 그 폐단은 거친 데에 있다."*

『삶을 바꾼 만남』(정민, 문학동네)

모두가 좋다고 여기는 것을 결점이라고 말하면서 제자에게 용기를 주는 이 장면에서도 논리의 깊이와 창의성을 볼 수 있습니다. 이런 논리의 창의성은 오늘날 생활기록부 작성에까지 이어지고 있습니다. 소란스러운 학생이 호기심이 많은 활발한 아이가 되기도 하고, 말을 잘 안 듣는 아이가 주관이 뚜렷한 아이가 되기도 하죠.

최고의 전문성과 권위를 가진 법관들이 모여서 나라 전체에 영향을 미치는 사안을 결정하는 헌법재판소나 대법원에서 판결을 내릴 때도 논리나 결론이 모두 같지는 않습니다. 아무리 전문적인 내용이라도 관점에 따라서 논리는 달라진다는 말입니다(관습헌법론 같은 것이 나오기도 하고요). 그렇기 때문에 전문적인 법조인이 아니더라도 재판에 참여하는 국민참여재판 제도가 존재할 수 있는 것이며, 헌법재판소의 재판관을 비법조인으로 뽑아서 구성을 다양화해야 한다는 의견도 있는 것입니다. 그들의 새로운 논리가 더 합리적이고 공정할 수도 있으니까요.

예를 하나 더 들면, 임진왜란 직전에 사신으로 일본을 다녀온 정사 황윤길과 부사 김성일은 같은 지역을 돌아보고 같은 사람을 만나고 와서 정반대의 결론을 보고합니다. 보고 내용만 달랐던 것은 아닙니다. 사신으로 가고 오는 과정에서 겪은 일에 대한 판단이나 대처 방법도 달랐습니다. 같은 일을 겪고도 어떤 관점에서 어떻게 생각하느냐에 따라 그 일에 대한 판단은 달라집니다. 그때부터 현재에 이르기까지 이들의 언행에 대한 평가 또한 여러 가지입니다. 결국, 논리는 만들기 나름입니다.

생각을 새로 만들어 내야 토론이 성립한다

논리는 끝없이 새로 만들어 낼 수 있습니다. 이 원리를 **논리의 창조성**이라 하겠습니다. 토론과 창의성이 밀접한 관련이 있다고 생각하지 않는 경우가 많습니다. 그러나 논리를 개발하고 창조하는 것도 토론 성립의 중요한 원리입니다. 논리의 창조성을 인정하지 않으면 토론 공부는 이미 남이 세워 놓은 논리를 따라 말하는 앵무새 키우기에 불과하게 됩니다.

학생들을 앵무새로 만드는 데에 가장 크게 기여하는 것이 무엇일까요? 맞습니다. 인터넷입니다. 토론 실습을 해 보면, 아무리 좋은 논제를 정하더라도 학생들이 인터넷 때문에 스스로 생각하지 않는다는 것을 알게 됩니다. 거의 모든 논제에 대해 찬성과 반대 논증이 보기 좋게 정리되어 있고 심지어는 대본까지 올라와 있습니다. 인터넷에서 정보를 많이 모아 대강 외운 뒤에 실습에 참여하면 아주 훌륭한 토론이 이루어지는 것처럼 보입니다. 그러나 이렇게 하는 토론은 토론의 형식을 익히고 발표력을 키우는 데에는 도움이 될지 몰라도 비판적, 창의적 사고력을 키우는 데에는 거의 도움이 되지 않습니다.

인터넷에 있는 유명한 논제를 배제하고 되도록 반이나 교내 문제로 논제 삼기를 권합니다. 예를 들어 지각비를 걷지 말자, 폰을 걷지 말자, 우리 학교의 토요 피구 대회를 폐지해야 한다, 이번 축제는 성공적이었는가? 같은 논제로 토론을 한다면 인터넷에 있는 논리를 가져다 쓰더라도 학교 상황에 맞게 바꿔 적용해야 하므로 사고력이 늘 수밖에 없습니다.

토론 준비는 자신의 논리를 개발하는 것부터

좋은 논제를 정했다가도 다른 것으로 바꾸겠다고 찾아오는 학생도 있습니다. 인터넷에 자료가 없어 준비할 수가 없다는 것입니다. 대부분의 학생들이 토론 준비는 곧 인터넷의 자료를 검색하여 수집하는 것이라고 생각합니다. 이때 말하는 자료라는 것도 원자료인 1, 2차 자료가 아니라 남이 정리해 놓은 논증인 경우가 많습니다. 자료가 필요 없는 건 아니지만, 순서가 그게 아닙니다. 섣불리 남의 논증이나 자료를 먼저 보지 않는 편이 훨씬 더 좋습니다. 다른 사람의 생각을 먼저 보게 되면 자신의 논리를 세우는 데 오히려 방해가 되기 때문입니다. 서투르고 엉성할지라도 자신만의 독창적인 생각이 더 소중합니다. 그것이 위대한 논리의 시작입니다.

스스로 찬성 측과 반대 측 논리를 모두 세워 보는 것이 가장 먼저입니다. 간단하고 허술할지라도 찬성, 반대 주장과 이유를 스스로 개발해서 세워 놓아야 그것을 뒷받침하는 자료도 찾을 수 있기 때문입니다. 자기 논리를 세우지 않아 자료를 모아 두고도 정작 토론에서는 사용하지 못하는 경우가 많습니다. 논리의 뼈대를 스스로 세워야만 어떤 맥락에서 어떤 자료를 쓸지 알 수 있습니다.

논리를 창조, 개발하는 것은 매우 어려운 일입니다. 어느 논리든 일단 머릿속에 심어지면 우리는 그 논리를 유지하려고 합니다. 우리 뇌가 힘 안 드는 회로를 따라 움직이려고 하기 때문이지요. 고정관념이나 통념, 상식은 이렇게 형성된 것일 텐데 여기서 벗어나기가 쉬운 일이 아니죠. '고정관념에서 꼭 벗어나야 하나?'라는 창의적인(?) 반론을 하실 수도 있지만 고정관념을 갖고 살면 인생이 답답하고 힘들지 않을까요? 물론 토론도 지루하게 진행되겠죠.

유연한 사고, 역발상이 필요합니다. 이성적인 문제도 감성적으로 생각해 보고 감성적인 문제도 이성적으로 생각해 보며 질문을 던져야 합니다. 일상생활에서도 고정관념을 바꿔 보려는 연습을 놀이처럼 하면 좋습니다. 어떤 물건이나 현상을 다른 시각이나 관점에서 바라보는 거죠. 시각과 관점이 달라지면 논리도 결론도 달라집니다. 산을 오르다 보면 모퉁이마다 새로운 풍경이 펼쳐지고 높이 올라갈수록 경치가 달라지는 것처럼요.

새로운 논리가 새로운 역사를 만든다

국제적, 국내적으로 첨예한 문제도 사실은 논리 싸움입니다. 논리 싸움은 곧 논리를 개발, 창조하는 것입니다. 그런데 논리에는 대부분 실리가 깔립니다. 실리를 논리로 포장하는 거죠. 그 와중에 자신들에게 유리한 근거만을 교묘하게 짜 맞춘 이상한 논리가 만들어집니다. 논리는 만들기 나름이기 때문입니다. 논란을 많이 일으키는 시끄러운 문제일수록 논리가 편파적, 비합리적으로 만들어졌다는 증거입니다. 그런 문제일수록 더욱 토론이 필요하지만 대화조차 하지 않으려 하는 경우가 많죠.

새로운 논리는 인류의 정신과 역사를 새로운 방향으로 이끌어 갑니다. 역사는 새로운 논리를 만들어 내는 사람들이 이끌어 왔습니다. 우리가 당연하게 받아들여 따르는 사상과 개념들인 자본주의, 민주주의, 자유, 평등, 인권, 복지 등도 처음부터 있었던 게 아닙니다. 인권은 근대 이전에는 아주 낯설었던 개념이었습니다. 이러던 것이 많은 사건을 거쳐 1948년 유엔의 세계인권선언을 통해 전 인류가 보편적으로 실현하고 소중하게 지켜야 하는 가치와 논리로 분명하게 역사에 새겨집니다. 이 과정을 두고 '인권'을 발견한 것이라고 볼 수도 있지만, 인간다운 삶을 향한 수많은 사람의 노력과 희생이 '인권 논리'를 발견한 것이라고 볼 수도 있을 것입니다.

새로운 논리가 새로운 역사를 만듭니다. 새로운 논리를 개발하는 일을 멈춘다면 우리는 고정관념에 갇혀 살아가게 될 것입니다. 논리에 완성은 있을 수 없습니다. 그러므로 토론은 계속되어야 합니다.

지금까지의 내용을 요약해 볼까요? 사람의 생각은 모두 다르지만(**논리의 개별성**) 나름대로는 모두 일리가 있기 때문에(**논리의 자기 완결성**) 상대의 의견을 들어 보게 됩니다. 그러나 절대적 참인 생각은 없기 때문에(**논리의 상대성**) 독선과 아집을 버리고 남의 비판을 들어야 하고, 같은 자세로 다른 사람의 의견에도 의문을 가지고 반박해야 합니다. 그렇지만 공유하는 상위 가치가 반드시 있기 때문에(**논리의 공유성**) 토론만 제대로 한다면 합의에 이를 수 있습니다. 또한 사람의 생각은 얼마든지 새롭게 만들어 낼 수 있기 때문에(**논리의 창조성**) 새로운 논리를 개발하여 주장할 수 있습니다. 논리의 개별성, 자기 완결성, 상대성, 공유성, 창조성은 토론을 성립시키는 바탕 원리이면서 상대 존중, 경청, 질문, 비판, 쟁점 분석, 합의, 입론의 근거이기도 합니다. 그리고 다음 장에 나올 토론 정신의 근거가 되기도 합니다.

* **토론은 어떻게 생겨날까?**
- 논리의 개별성 – 사람마다 생각이 모두 다르기 때문에 – 상대 존중의 근거
- 논리의 자기 완결성 – 다르지만 나름대로는 다 일리가 있기 때문에 – 경청의 근거
- 논리의 상대성 – 절대적인 참은 없기 때문에 – 질문, 비판의 근거
- 논리의 공유성 – 공유하는 상위 가치가 있기 때문에 – 쟁점과 합의의 근거
- 논리의 창조성 – 생각은 얼마든지 새로 만들어 낼 수 있기 때문에 – 입론의 근거

6) 논리로 논리를 넘어서다 : 논리의 초월성

토론의 바탕 원리와 토론 활동의 근거까지 정리했는데 아직도 할 말이 남아 있을까요? 이제 언어와 논리가 가지는 필연적인 한계에 관해 말해 볼까 합니다.

두 시 정각은 존재하지 않는다

"나는 두 시 정각에 이 지점에 도착했다." 엄밀히 따지면 이 말은 틀렸습니다. 정확한 두 시 정각은 말하거나 생각할 수는 있지만 실제로는 존재하지 않습니다. 2시는 1시 59분 59.999999…초와 2시 0분 000000…1초 사이에 있는, 찍을 수 없는 시각일 뿐

입니다. 찍는 순간 오류가 됩니다. 마치 도道를 도라고 말하면 도가 아닌• 것처럼 말입니다. 도라고 말은 할 수 있는데 그게 진짜 도는 아니라는 뜻이겠죠. 그리고 '이 지점(地點)'이란 말도 엄밀히 말하면 틀린 것입니다. '점'의 수학적 정의가 '위치만 있고 크기가 없는 것'이기 때문입니다.

道可道 非常道, 『도덕경』 제1장

콜럼버스는 자기가 발견한 땅이 인도인 줄 알고 죽었습니다. 그는 지구가 둥글다는 새롭게 등장한 과학 논리를 믿고 인도를 찾는 탐험을 했지요. 그 이전 사람들 대부분은 지구가 평평하다는 논리 속에서 살았습니다. 그러나 지구는 평평하지 않고 콜럼버스가 발견한 땅도 인도는 아니었습니다. 지금은 어이없는 난센스에 불과하지만 당시에는 그게 당연한 논리였죠.

선지후행先知後行과 지행합일知行合一 기억하시나요? 아마 국사 수업 때 들어 보셨을 겁니다. 주자학과 양명학의 차이를 요약해서 외웠다가 시험문제에 나오면, '지행합일이라고? 그럼 양명학이지!' 하고 마킹한 기억이 있으실 겁니다. 지금은 이렇게 대수롭지 않은 문제지만 당대에는 목숨이 달려 있었습니다. 주자학과 양명학의 결정적인 차이는 격물^{格物}의 의미를 어떻게 해석하느냐 하는 점이라고 합니다. '격^格' 자에 '나아가다'라는 뜻도 있고 '이르다' '바로잡다'라는 뜻도 있어서 어떻게 해석하느냐에 따라 주자학과 양명학으로 갈린다고 하네요.[•] 양명학뿐

『한국철학사』(전호근, 메멘토)

만 아니라 도교나 불교도 이단 취급을 받았습니다. 지금은 어떤가요? 아직도 주자학은 절대 틀릴 수 없는 진리이고 양명학, 도교, 불교는 이단인가요? 우리가 지금 절대적으로 옳다고 추종하거나 절대악이라고 단정하여 배척하는 이념, 사상들 또한 한참 세월이 흐른 뒤에는 상식으로 받아들여지거나 대수롭지 않은 문제가 되지는 않을까요?

이런 사례들을 통해 내리고 싶은 결론은 논리는 논리일 뿐, 영원불변의 진리가 아니라는 것입니다. 논리는 특정한 시대와 공간에서 세계를 보고 해석하는 틀에 불과합니다. 우리는 우리 앞에 펼쳐진 세상을 해석하고 이해하지 못하면 엄청난 막막함과 두려움에 빠지게 됩니다. 논리는 그 막막함과 두려움을 해결하는 도구일 뿐입니다. 도무지 알아들을 수 없던 외국어도 배우고 나면 가닥이 잡히듯, 논리도 당최 파악이 안되는 세상을 번역해 주는 언어라고 볼 수 있습니다. 어떤 언어, 논리로 어떻게 번역하는가에 따라 세상의 모습은 달라집니다. 인류사의 초기에는 '신화'라는 논리로 세상을 보았다면, 지금은 '과학'이라는 논리로 세상을 보고 있지요.

논리는 논리일 뿐 실상이나 진리는 아니다

논리는 현상에 질서를 부여하는 틀이므로 세상은 논리대로 보입니다. 사람들은 자신이 만든 논리의 세상 속에서 살아갑니다. 때문에 모두들 조금씩 다른 세상을 산다고 할 수 있습니다. 생각과 논리가 모두 다르니까요. 그럼 어떤 논리로 세상을 보아야 정확히 잘 보는 것일까요? 조금 허탈할지 모르나 정답은 없습니다.

왜냐하면 논리에는 한계가 있기 때문입니다. 실상은 항상 변해서 고정되어 있지 않

지만 논리는 표현하는 순간 고정되어 버립니다. 정각 두 시가 존재하지 않는 것처럼요. 또 다른 이유는 실상은 분리되어 있지 않고 모두 하나로 이어져 있으나 논리는 이분법적으로, 상대적으로 표현되기 때문입니다. 이것은 국어 시간에도 나오는 언어의 분절성, 앞에서 이미 다룬 논리의 상대성과도 관련이 있습니다. 이처럼 논리는 논리일 뿐 실상이나 진리는 아닙니다. 이 원리를 **논리의 초월성**이라 이름 지었습니다.

실상은 존재하지 않는다

논리가 실상과 다르게 존재할 수밖에 없는 결정적인 이유는 사실 '실상'이란 아예 존재하지 않기 때문입니다. 한 인물의 실상을 알아본다고 가정해 볼까요? 어떤 인물이 떠오르시나요? 유명인이라도 좋고 주위의 친한 사람도 좋습니다. 그 인물에 대해 어떻게 생각하시나요? 그 인물에 대해 얼마나 안다고 생각하시나요? 그 인물의 모든 면을 오류와 오차 없이 정확히 알아내어 서술할 수 있을까요? 그래서 그 인물의 실상을 알 수 있을까요? 역사를 살펴보면 대조적인 평을 듣는 인물이 많습니다. 같은 사람을 두고도 긍정적으로 평가하는 사람이 있는가 하면, 부정적으로 평가하여 폄하하는 사람도 있습니다. 누가 제대로 보고 있는 걸까요? 평가는 사람에 따라서도 달라지지만 상황에 따라, 또 세월에 따라서도 달라집니다. 어느 쪽이 맞는 것도 아니고 어느 쪽이 틀린 것도 아닙니다. 실상은 원래부터 없으니까요.

사람들은 자신이 실상을 본다고 생각하지만, 사실은 어떤 개념이나 논리를 통해 보는 것이지 실상을 직접 본 것은 아닙니다. 서로 실상이라고 생각하는 것들을 비교해 보면 전부 다릅니다. 개념이나 논리가 없으면 보아도 보이지 않습니다. 심마니가 아니면 산에 가서 눈앞에 산삼이 있더라도 찾지 못하는 것과 마찬가지입니다. 시력에 문제가 있는 게 아니라, 산삼에 대한 개념이 없으면 보이지 않기 때문입니다.

자기가 보고 느끼고 생각하고 아는 것이 실상이나 참이라고 생각할 때 독선과 고정관념에 빠지게 됩니다. 그렇게 되면 자신과 다른 것, 자신이 이해하지 못하는 것을 허상이나 거짓이라고 규정하고 배척하게 됩니다. 이쯤 되면 좀 짜증이 나실 것 같습니다. 그러면 도대체 어떻게 해야 할까요?

나만의 논리가 없으면 나도 없다

우선은 자신의 논리를 분명히 세우는 것이 중요합니다. 절대적인 논리나 실상이 존재하지 않으므로 믿을 것은 자신뿐입니다. 다시 말하면 자기 논리뿐입니다. 전문적이거나 고상하지 않아도 상관없습니다. 다른 사람과 비교하거나 남의 눈치를 볼 필요도 없습니다. 다른 사람의 삶을 따라서 살 필요는 없고, 다른 사람이 내 삶을 대신 살아주는 것도 아니기 때문입니다. 우리는 자신만의 논리가 분명히 잡힌 사람을 보고 '삶에 주관이 있다, 철학이 있다'고 합니다. '중심이 잡혔다'고 하기도 합니다. 우리가 바라는 학생들의 모습입니다.

우리는 가끔 '나는 누구인가?'라는 심오한 것 같기도 하고 쓸데없는 것 같기도 한 질문을 던집니다. 제 생각에는 내 생각과 논리가 곧 '나'입니다. 자기 논리가 자기 정체성입니다. 자기 논리가 엉성하면 자기 정체성도 엉성한 것입니다. 다른 사람과 구별되는 자신만의 논리가 없으면 자기 정체성이 없는 사람입니다. 자신만의 논리가 없으면 자신만의 세계도, 자신만의 삶도 없습니다.

꼭 남다른 생각이어야 나만의 논리가 되는 것은 아닙니다. 생각은 얼마든지 같을 수 있습니다. 중요한 것은 대상을 자율성을 가지고 주체적으로 보는가, 자신의 관점과 논리를 객관화하여 메타적으로 보는가 하는 점입니다. 남들이 모두 옳다고 하는 것이더라도 자신의 논리로 찬찬히 따져 보고 판단해야 합니다. 통념의 관성에 딸려 가지 않고 자기 삶의 방향과 속도를 제어하는 것이죠. 자기 삶의 주인이 되는 겁니다.

물론 자기 논리가 없어도 사는 데에는 지장이 없습니다. 세상에 관한 전문적인 식견을 가지고 유능하게 처신하며 살 수 있습니다. 그들은 학교에서 사회화된 대로 혹은 사회나 매스컴에서 만들어 낸 논리대로 세상을 보겠죠. 이편이 처세하는 데에는 훨씬 효율적일지도 모릅니다. 그러나 그 사람은 사회적인 기능을 잘 수행하는 사람 그 이상도, 이하도 아닐 가능성이 큽니다. 누군가 해야 할 일을 누구보다 잘했을 뿐입니다. 그 사람이 아니면 할 수 없는 일을 한 것도 아니고, 자신만의 가치를 실현한 것도 아닙니다. 기능적인 삶입니다. 그렇다고 그 삶이 무의미하고 무가치한 것은 아니겠지만 자신의 정체성을 찾아 살면 더욱 보람 있고 행복하지 않을까요?

자신의 논리를 갖는 것이 자신만의 삶을 사는 길이지만 논리가 딱딱하게 굳어 버리면 안 됩니다. 끊임없이 반론을 제기하고 검토하고 검증해 자신의 논리를 수정해야 합니다. 이는 자기 정체성을 계속 새롭게 하는, 즉 "자신을 규정하는 정체성이 따로 있는 것이 아니라 그런 정체성 자체를 끊임없이 변형시키는 것을 유일한 정체성으로 갖는"[*] 과정입니다. 이 과정을 반복하는 것이 진정한 삶이라고 할 수 있는데, 도달점이나 끝은 없습니다.

『니체의 위험한 책, 차라
투스트라는 이렇게 말했
다』(고병권, 그린비)

자율성을 가지고 자신답게 살려는 사람은 타인의 논리와 삶에 대해서도 같은 태도를 가집니다. 다른 사람의 자율성과 '그다움'을 존중하고, 자신의 관점을 절대화하는 독선에 빠지지 않게 됩니다. 이런 생각이 널리 퍼질 때에, 세상은 너와 나의 자율성이 동등하게 존중받는 아름다운 곳이 될 것입니다.

논리는 임시방편, 논리를 자유롭게 쓰자

다시 정리해 보겠습니다. 공동생활을 유지하고 다른 사람과 소통하기 위해서는 말과 논리가 필요합니다. 단, 말과 논리가 실상이라고 생각해서는 안 됩니다. 말과 논리는 임시방편이라고 생각해야 합니다.

간단히 말하자면 논리에서 자유로워야 합니다. 논리를 사용하지 않아야 한다거나 논리를 무시해야 한다는 말이 아닙니다. 논리를 자유롭게 써야 한다는 말입니다. 쓸 때에는 오류 없이 명확하고 올바르게 쓰되, 쓰고 나면 그것을 고집하지 않아야 합니다. 논리를 잘 알고 창의적으로 사용하되 그것에 갇히지 않아야 합니다. 새로운 논리를 계속 개발하여 열려 있고 깨어 있는 상태를 유지해야 합니다. 토론 수업에서 정작 해야 할 공부가 이것입니다.

'논리의 초월성'은 학생들에게 가르치기가 쉽지 않을지도 모릅니다. 그래도 교사는 알고 있어야 합니다. 생각에 자극이라도 줄 수 있도록요. 그렇지 않으면 논리에 갇히는 학생들을 길러 내게 될지도 모릅니다. 치밀한 논리로 무장한 말발 센 논객을 기르려고 토론을 가르치는 것은 토론 공부의 이점을 작게만 활용하는 일입니다. 더욱 중요한 것은 토론을 성립하게 하는 바탕이 되는 논리의 이치들, 특히 '논리의 초월성'을 알고 실천하는 것입니다. 그러는 사이 우리는 인간과 자신에 대해 더 많이 알게 되고, 우리의 삶은 더욱 자유롭고 행복해질 것입니다.

토론의 바탕 원리

토론 정신

인간은 생각하는 동물입니다. 토론은 생각하는 인간 사이에서 자연스럽게 생겨났습니다. 앞 장에서는 생각의 어떤 원리가 토론을 성립시킬까 하는 질문에 대한 대답을 여섯 가지 항목으로 나누어 정리해 봤습니다.

이번에는 토론의 바탕 원리가 실제 토론에서 어떤 정신으로 실천되어야 하는지에 대해서 알아보겠습니다.

1) 사상과 표현의 자유 존중 : 토론 정신의 보편성

어떤 사상이든 처음에는 소수 의견이었다

천동설이 다수설이던 시절, 지동설은 말도 안 되는 소수설이었습니다. 면죄부를 판매하던 시절 교회의 타락을 비판하던 목소리는 소수 의견이었으며 노예제가 있던 시절 인종차별을 비판하거나 노예제를 철폐하자는 주장 역시 소수설이었지요.

사실 지금 고전으로 인정받는 대부분의 저술은 모두 소수설이고 금서였습니다. 우리가 아는 진리 중에서 처음부터 다수설이었던 것은 하나도 없다고 해도 과언이 아닙니다.

새로운 의견이나 논리는 처음에는 그 분야에 지배적으로 퍼져 있는 패러다임에서 벗어나 시작합니다. 그것이 다른 사람들의 지지를 얻어 패러다임 경쟁에 들어가 승리하면 새로운 패러다임이 됩니다. 새로운 패러다임 이전과 이후는 전혀 다른 세상입니다. 사회, 경제, 정치, 예술 등 모든 분야에서 발전과 혁신은 소수 의견에서 시작되었습니다.

어떤 말이든 할 수 있어야 한다

존 스튜어트 밀이 쓴 『자유론』의 '생각과 토론의 자유'라는 장을 보면 "전체 인류 가운데 단 한 사람이 다른 생각을 가지고 있다고 해서, 그 사람에게 침묵을 강요하는 일은 옳지 못하다"는 말이 나옵니다. 이는 한 사람의 의견이 옳다고 모두에게 강요해서는 안 되는 것처럼, 한 사람의 의견이 다르다고 그 의견을 막아도 안 된다는 것입니다. 아무리 소수 의견이고 다른 의견, 심지어는 부도덕하고 위험한 의견일지라도요. **사상과 표현의 자유**를 존중하고 보장해야 한다는 거죠.

『자유론』 (존 스튜어트 밀, 책세상)

왜일까요? 사상과 표현의 자유가 정당한 근거는 무엇일까요? 앞에서 살펴본 토론의 바탕 원리에 답이 있습니다. 사람들의 생각이 모두 다른 건 당연하고, 또 그 생각에는 나름대로 일리가 있으니(논리의 개별성과 자기 완결성) 진지하게 들어 봐야 합니다. 단 한 사람의 의견일지라도 실은 그 의견이 가장 좋은 의견일 수 있습니다. 어떤 논리든 절대적인 참이 아니고 오류가 있을 수 있으니(논리의 상대성) 역시 들어 봐야 합니다. 그 과정에서 공유하는 상위 가치에 기여하는 최선의 의견(논리의 공유성)이 나올 수 있기 때문입니다. 논리는 얼마든지 새롭게 만들 수 있기(논리의 창조성) 때문에 다수가 생각하지 못한 방안이 소수 의견에서 나올 수 있습니다.

토론, 진리에 이르는 유일한 길

생각이나 의견이 비슷한 사람끼리 이야기하면 논리의 허점이나 문제를 찾기가 매우 어렵습니다. 당연하고 자연스러운 일입니다. 개인이나 집단은 자신에게 유리하도록 결론을 내리고 싶어 합니다. 때문에 논리를 왜곡하거나 합리화하기 쉽고 오류를 찾아내기도 어렵습니다.

이럴 때 그 논리를 입장이 정반대인 사람이나 이익집단에 보이면 바로 오류가 드러납니다. 그들도 자신의 이익을 먼저 생각하기 때문에 그 논리 어디에 문제가 있는지 금방 알아낼 수 있습니다. 이때 양측의 모든 사람과 의견이 다른, 단 한 사람의 의견이 가장 소중할 수도 있습니다. 다른 사람이 보지 못하는 미세한 오류를 그 사람이 볼 수도 있으니까요. 이렇게 모든 의견을 들어 보고 검토와 검증을 거쳐 합의점에 이르면 그렇게 하지 않을 때보다 분명히 오류가 적을 것입니다. 그래서 밀은 토론이 지혜에 이르는 유일한 길이라고까지 말합니다.

"어떤 문제에 대해 가능한 한 가장 정확한 진리를 얻기 위해서는 상이한 의견을 가진 모든 사람들의 생각을 들어 보고, 나아가 다양한 처지에 있는 사람들의 시각에서 그 문제를 이모저모 따져 보는 것이 필수적이다. 현명한 사람 치고 이것 외에 다른 방법으로 지혜를 얻은 사람은 없다."●

| 앞의 책

올바른 결정보다 올바른 토론이 더 중요

말도 안 되는 소수 의견일지라도 막지 말아야 하는 이유는 토론이 가지는 검증 기능 때문이기도 합니다. 제대로 된 토론을 한다면 그 의견이 말이 되는지 안 되는지가 토론 도중 드러나기 때문에 걱정할 필요가 없습니다. 그리고 어떤 의견이 옳다면 그 옳음이 더 확실하게 드러날 것이기 때문에 소수 의견이든 다수 의견이든, 이치에 맞든 안 맞든 말하는 것을 막아서는 안 될 것입니다.

결론이나 판단을 미리 정해 놓으면 토론은 없습니다. 이렇게 내린 결정을 독단이라고 하죠. 독단은 독선이 될 수밖에 없습니다. 독선은 반드시 갈등을 불러옵니다. 혼자만 옳다는 것은 다른 의견은 옳지 않다고 부정하는 것이기 때문입니다. 독단으로 내린 결정을 실행하게 되면 많은 부작용과 손실이 따르게 됩니다. 시간이 조금 더 걸리더라도 제대로 된 토론을 거쳐야 결과적으로는 이득이 큽니다. 올바른 결정보다 더 중요한 것은 올바른 토론입니다. 올바른 토론은 저절로 올바른 결론을 보장하기 때문입니다.

사상과 표현의 자유를 존중해야만 토론이 성립하고 최선의 결론을 얻을 수 있습니다. 어떤 의견이든 표현할 수 있어야 한다는 토론 정신은 사상의 자유, 학문의 자유, 양심의 자유를 보장하는 민주주의 사회에서 가장 기본적, 필수적 권리이기도 합니다.

발언권의 존중 및 행사

실제 토론에서 '사상과 표현의 자유 존중'은 **발언권을 존중하는 태도**로 실천됩니다. 토론에는 각 토론자가 공평하게 발언하도록 정해진 규칙이 있습니다. 토론이 민주주의의 기초가 되는 것도 이 규칙 때문일 것입니다. 발언권을 존중한다는 말은 발언의 기회를 보장한다는 것뿐만 아니라 상대가 발언할 때 야유하거나 경시하지 않는다는 뜻입니다. 상대의 말을 경청하지 않는 것은 상대의 발언권을 무시하는 행위입니다.

상대의 발언권을 중시하는 것 못지않게 중요한 것은 자신의 발언권을 충실히 행사하는 것입니다. 학생들의 토론을 보면 주어진 시간을 다 채우지 않고 성의 없이 말하는 경우가 있는데, 이는 자신의 권리를 포기하는 행위입니다. 주어진 시간을 다 사용해서 충실하게 발언해야 합니다. 어렵게 얻은 권리를 포기해서는 안 됩니다.

말할 때는 반드시 발언권을 얻어야 하고 상대에게 주어진 발언권은 경청으로써 존중하며 자신에게 주어진 발언권은 치밀하고 충실한 내용으로 채워 사용해야 합니다. 이것이 '사상과 표현의 자유 존중'이라는 정신을 토론에서 실천하는 방법입니다.

2) 역지사지 : 토론 정신의 윤리성

토론 대회에 절대로 참가하지 않을 거예요

어느 날, 한 학생이 저에게 와서 자신은 토론 대회에 참가하기 싫다는 말을 했습니다. 시간 날 때마다 제게 와서 '철학함'에 대한 이야기를 나누곤 하는 학생이라 내심 놀라기도 했고 그 이유가 궁금하기도 했습니다. 들어 보니 토론 대회에서는 찬반 입장이 임의로 주어지기 때문에 싫다는 것이었습니다. 자신의 신념이 분명히 있는데 어떻게 그 자리에서 정반대의 주장을 펼칠 수 있느냐는 말이었습니다. 신념을 포기하라고 강요하는 것 같다고 했습니다. 주관이 뚜렷한 학생이라 그렇게 생각하는 것도 일리가 있겠다는 생각이 들었습니다.

그 학생에게 제가 물었습니다. 이 세상에 반박의 여지가 없는 완벽한 논리나 이론이 있다고 생각하는가? 네 신념은 반박의 여지가 없는 완벽한 논리라고 할 수 있나? 만약에 그런 논리나 이론이 있다면 그것은 절대주의적인 생각이나 고정관념, 독선이 아닐까? 네가 추구하는 것이 절대주의적 독선인가? 학생은 이 모든 질문에 아니라고 답했습니다. 자신은 다른 사람의 생각을 존중하는 열린 마음을 가지고 싶다고 했습니다. 그렇다면 네 신념과 정반대의 입장에서 네 신념에 반론을 던져 보는 게 변절일까? 아니면 네 신념의 오류를 줄이고 더욱 정교한 논리를 만드는 데에 도움이 되는 일일까? 저는 신념과 다른 입장을 맡는 것은 신념을 포기하는 행위가 아니라 오류를 스스로 찾아내어 자기 논리를 더욱 정교하고 탄탄하게 만드는 좋은 방법이라는 의견을 제시했습니다. 학생은 자신이 미처 생각하지 못한 것을 배워서 매우 감사하다고 말했습니다.

토론에 역지사지의 정신이 왜 필요하지?

토론의 바탕 원리를 근거로 해서 살펴볼 다음 정신은 **역지사지의 정신**입니다. 처지를 바꾸어 보라는, 동정적이고 감정적으로 들리는 말 '역지사지'가 토론에서 중요한 정신인 까닭이 뭘까요? 토론에서는 주장을 강하게 밀어붙여 상대방을 설득해야 할 것 같은데 말입니다.

토론은 입장이 완전히 반대인 사람과 이야기하고 소통하는 활동이기 때문입니다. 공감대가 전혀 없는 사람과 이야기하기도 쉽지 않은데 토론을 해야 한다니 얼마나 어렵겠습니까? 때문에 나의 입장을 뒷받침하는 주장과 이유, 근거도 잘 준비해야 하지만 상대가 있는 이상 상대를 이해하지 않고서는 토론을 할 수 없습니다. 상대의 주장은 무엇이며 왜 그런 주장을 하는지, 근거는 무엇인지를 명료하고 세밀하게 파악하지 않으면 정확하고 확실한 논박을 할 수 없습니다. 효과적으로 논박하지 못하면 주장의 오류를 바로잡을 수도, 더 나은 결론을 이끌어 낼 수도 없습니다.

이때 역지사지의 정신을 가지면 상대의 논리를 더 잘 파악할 수 있습니다. 억지로라도 상대 처지에서 생각해 보면 왜 그런 주장을 하는지 이해하게 되면서 상대가 미처 생각하지 못한 오류나 미비점도 발견하게 됩니다. 상대방을 깊게 이해하고 너그럽게 받아들이는 여유도 생깁니다.

내 생각을 내려놓아야 역지사지가 된다

상대를 이해하는 가장 좋은 방법은 상대의 입장이 되어 보는 것입니다. 선생님들이 강의식 연수를 받고 나면 농담 반 진담 반으로 '아이들 심정을 이해하겠다' '하루 종일 의자에 앉아 생활하는 아이들이 대단하다'는 말씀을 하십니다. 실제로 처지를 바꿔 보면 훨씬 잘 알게 됩니다. 또 선생님 중에는 학생이 수업을 이해 못하는 것을 이해 못하겠다는 분도 계신데, 교과과정에 통달해 있는 교사로서는 초보적인 용어나 개념도 어려워하는 학생을 이해하지 못하는 게 당연한지도 모릅니다. 그러나 학생들을 이해하고 소통하려면 상대의 입장이 되어 이해하지 못하는 이유를 역추적해 봐야 합니다. 그러다 보면 막혀 있고 엉켜 있는 논리의 맥락을 찾아낼 수 있을 것입니다.

이 과정에서 제일 필요한 것은 자신의 고정관념, 편견을 내려놓는 일입니다. 다른 사람의 처지를 이해하지 못하도록 막는 것은 자신의 생각이기 때문입니다. 상대방의 상황을 자꾸만 자신의 틀로 생각하여 성급히 판단하려고 하기 때문에 상대의 감정이나 논리를 파악할 수 없는 것입니다. 자신을 내려놓는 만큼 상대방을 이해하게 됩니다. 자신을 완전히 비운다면 상대의 모든 것을 이해하게 될 것입니다.

자신의 생각을 내려놓으라는 말이 자신의 신념이나 주관까지 버리라는 뜻은 아닙니다. 상대의 말을 있는 그대로 이해하기 위한 방편으로 그렇게 하라는 것입니다. 상대의 말을 정확히 파악한 다음에 다시 자신의 생각을 적용하여 비교하고 비판하면 됩니다. 이러한 과정을 거쳐야 비로소 객관적이고 균형 잡힌 비판이 가능합니다.

역지사지의 불가능에 다가가는 토론

그렇지만 역지사지가 쉬운 것은 아닙니다. 엄밀히 말하면 역지사지는 불가능할지도 모릅니다. 자신의 생각을 완전히 내려놓기가 매우 어려울 뿐 아니라, 아무리 입장을 바꿔 생각해 본다고 하더라도 실제 그 사람처럼 똑같이 느낄 수는 없기 때문입니다. 심지어 같은 처지에 있는 사람끼리도 똑같이 느끼거나 생각하지 않습니다. 사람의 생각은 모두 다르니까요. 다른 사람의 마음을 완전히 이해한 것 같다 하더라도 정말로 그런지 확인할 방법도 없습니다. "너를 사랑해!" "나도!"라고 말했다고 해서 두 사람이 똑같은 마음인지는 알 수 없으며 서로가 상대의 마음을 정확히 이해했는지도 알 수 없습니다. 둘이 생각하는 사랑의 의미부터 다를 수도 있습니다.

그렇다고 역지사지의 정신을 포기해서는 절대 안 될 것입니다. 앞에서 보았듯이 토론과 대화 등 우리 삶의 근간에 꼭 필요한 정신이기 때문입니다. 이 정신을 키우는 좋은 방법이 토론 공부입니다. 역지사지의 정신이 없으면 상대와 토론할 수 없습니다. 토론을 잘하기 위해서 역지사지의 정신이 필요하고, 토론을 통해 역지사지의 정신을 기를 수 있습니다.

찬반 입장을 모두 준비

토론 공부를 하며 역지사지의 정신을 실천하는 방법은 **찬반 양쪽의 논증을 모두 준비해 보는 것**입니다. 상반된 주장과 이유, 논거, 사례, 예상 반론 등을 준비하면서 양쪽 입장을 충분히 겪기 때문에 저절로 역지사지를 공부하게 되는 거지요.

그러므로 토론 실습을 할 때에는 **주관에 따라 입장을 택하지 못하도록** 해야 합니다. 동전 던지기나 제비뽑기 등의 방법을 이용하여 무작위로 정하는 게 낫습니다. 토론 공부는 개인의 주장을 강화하기 위해 하는 것이 아니기 때문입니다.

실제로, 토론에서 자신의 생각과 다른 입장을 맡게 될 때 학생들은 더욱 확실하게 역지사지의 정신을 체득합니다. 이 과정을 통해 자신과 정반대의 의견에도 일리가 있음을 알게 되어 편견과 독선에 빠지지 않게 됩니다. 이런 경험을 해 보아야만 토론 공부를 했다고 할 수 있습니다.

다음은 토론 실습이 끝나고 학생들이 써낸 소감문의 일부입니다. 토론 수업을 통해 균형 잡힌 시각을 갖게 됨을 볼 수 있습니다.

처음 조원들과 이번 논제에 관하여 이야기를 하였을 때는 나 역시 방학 보충 폐지에 관해 찬성하는 입장이었다. 하지만 하루하루 논제에 대해 두 가지 입장에서 조사해 보고 생각해 보면서 입장이 바뀌게 되었다.

경북여고 1-9 **최유진**

이번 토론 주제에 대해 나의 평소 생각은 찬성 쪽이었다. 하지만 토론을 할 때에는 반대 측이 되어 주장을 펼치게 되었다. 선생님이 해 주신 "토론을 할 때에는 자신이 맡은 측의 주장이 자신의 평생 신념이었던 것처럼 생각하고 토론에 임해야 한다"는 말을 떠올리며 최대한 동성 결혼 합법화를 반대하는 입장에서 생각해 보려 노력했다. 그리고 토론을 마친 후에는 양쪽의 가치관과 생각들을 이해할 수 있었고 이 주제가 왜 이토록 찬반양론이 뜨거운지 알 것 같았다.

시지고 1-8 **윤남령**

3) 비판의 힘과 용기 : 토론 정신의 과학성

말을 꼭 저렇게 해야 하나

토론 실습을 할 때, 학생들이 감정적으로 충돌하거나 마음에 상처를 입을까 봐 신경을 많이 씁니다. 그래도 실습이 끝나고 나면 "말을 꼭 저렇게 해야 하나?" "짜증난다" "재수 없다" 등의 말이 터져 나오는 걸 듣기도 합니다. 누군가 자극적인 말을 했거나 당사자가 예민하게 받아들였거나 아니면 둘 다인 거겠죠.

토론에서 공부해야 할 마지막 정신은 **비판의 힘과 용기**입니다. 토론은 비판이 전부입니다. 모두가 '예스!'라고 할 때 '노!'라고 말하는 사람이 있어야 토론이 시작됩니다. '노!'라는 입장을 뒷받침하는 주장이 입론이 되고 그것에 대한 비판은 반론이 됩니다. 비판에 비판이 이어지는 것이 토론입니다.

비판에 대해 부정적인 시각을 가지는 경우가 많습니다. 누구든 자신의 잘못이나 허점이 지적받는 일을 싫어해서 그렇기도 하겠지만, 비판을 한다고 하면서 근거 없는 주장이나 왜곡된 논리로 억지를 쓰는 일도 많기 때문일 것입니다. 앞서 나열한 행위는 사실 '비판'이 아니라 '인신공격'이나 '공개적 비난'이죠. 타당한 근거가 있으면 비판이고, 없으면 비난이니까요.

비판은 센서

비판은 센서나 우리 몸의 신경과도 같습니다. 신경은 몸에 이상이 생기면 자극을 감지해 아픔을 느끼게 하여 우리에게 문제를 알려 줍니다. 그러면 우리는 문제를 바로잡아 건강을 유지합니다. 이처럼 잘못과 오류를 찾아내어 알려 주는 것이 비판입니다. 신경이 마비되면 건강을 지킬 수 없듯이, 비판이 없는 개인이나 사회는 병들게 됩니다. 비판하지 않고 찬성만 하는 집단이나 사회는 신경이 마비된 몸과 같습니다. 그런 몸은 어느 한쪽이 잘려 나가도 문제를 모르듯, 그런 집단이나 사회는 오류와 문제투성이의 결론에 이르러도 고치지 못하는 위험에 빠지고 맙니다.

그러니 비판은 오히려 고마운 것입니다. 스스로 자신의 잘못과 오류를 찾아내기는 매우 어렵습니다. 자신의 사고방식에 너무 익숙하기 때문입니다. 자기도 모르게 아전인수식으로 합리화하거나 행동의 의도를 숨기기도 합니다. 이것까지 탐지해서 알려주는 것이 비판입니다. 내가 찾아내지 못하는 것을 애써 찾아 주니 얼마나 고마운가요? 몸에 좋은 약이 입에는 쓰듯, 귀에 거슬리는 비판이 결국에는 좋습니다.

요즘에는 몸을 검진하는 첨단 장비들이 많이 개발되어 과거에 비해 질병을 정확하게 잡아냅니다. 기계의 촬영 해상도가 얼마나 높은지, 센서 감도가 얼마나 예민한지에 따라 질병을 탐지하는 능력은 다를 것입니다. 논증의 문제점을 잘 파악하려면 고감도의 탐지 능력이 필요합니다. 이 탐지 능력을 비판력이라고 할 수 있습니다.

논의하는 주제에 관심이 많을수록 비판 능력은 좋아집니다. 깊이 있고 예리한 비판을 하는 것은 그만큼 논제에 관심이 많고 이해가 깊기 때문입니다. 관심은 논제에 대한 이해로 이어집니다.

모르는 것, 의심나는 것만 질문하는 게 아니라 새로운 관점에서 질문을 해 보는 것도 필요합니다. 2015년 세계에서 최초로 제정된 「인성교육진흥법」에 대한 토론을 한다고 가정하고 인성교육에 대한 질문을 만들어 봅시다. 이 법에 보면 "〈인성교육〉이란 자신의 내면을 바르고 건전하게 가꾸고 타인, 공동체, 자연과 더불어 살아가는 데 필요한 인간다운 성품과 역량을 기르는 것을 목적으로 하는 교육"이라고 되어 있습니다. 어떤 질문을 만들 수 있을까요? '내면' '바르고 건전하다' '타인' '공동체' '자연' '더불어 살아간다' '인간다운 성품' '역량' 등의 의미와 기준이 무엇인지, 이것은 교육이 가능한 것인지, 가능하다면 어떤 방법으로 할 것인지, 그 방법으로 하면 진짜 인성이 길러지는지, 그것은 어떻게 평가할 수 있는지, 그 평가는 누가 하며 신뢰성과 타당성이 있는지, 법을 정하지 않으면 이 덕목들은 길러지지 않는 것인지, 더 인성을 망치지는 않을지, 이 법이 있기 전에는 인성교육이 없었는지, 이 법에서 규정하지 않은 방법으로 하는 것은 인성교육이 아닌 것인지 등의 질문을 던지며 비판할 수 있지 않을까요?

당연해 보이는 일에도 당돌하게 질문을 던질 수 있어야 합니다. '사람은 만물의 영장인가?' '죽음은 존재하는가?' '무지개는 일곱 가지 색인가?' '국가는 국민을 보호하는가?' '사람은 도덕적으로 살아야 하나?' '학교를 꼭 다녀야 하는가?' '안정된 직장이 진정으로 좋은 직장인가?' '진정한 성공은 무엇일까?' '가치 있는 삶이란 어떤 삶일까?' 등 질문이 필요 없을 것 같은 일에도 질문을 던지면 다른 사람이 본 적 없는 관점을 갖게 됩니다. 그렇게 알게 된 관점에서 새로운 비판을 제기하여 새로운 차원의 결론을 이끌어 낼 수도 있을 것입니다.

비판은 반드시 입증해야 한다

현실에 문제를 제기하며 비판이 시작되고, 그 비판에 반박과 방어가 이어지며 토론은 성립됩니다. 그러므로 토론을 인정하는 한 어떤 문제든 비판하고 반박할 수 있습니다. 그런데 비판과 반박에는 입증의 책임이 따릅니다. 비판이 옳다는 것을 근거나 사례, 이론 등을 제시하여 증명해야 합니다. 그래야 반대 의견을 가진 사람도 따질 거리가 생깁니다. 이것들을 따져 보고 검증하는 과정에서 어떤 논리가 더 합리적인지 밝혀집니다. 토론과 비판의 순기능입니다.

입증하지 않은 비판은 비난이나 억지일 뿐입니다. 비난에는 반박할 거리가 없습니다. 이유도 근거도 제시하지 않기 때문입니다. 이런 비난을 '막말'이라고도 할 수 있을 텐데, 이 말이 퍼져 나가면 괴담이 됩니다. 막말이나 괴담은 토론 정신과 문화가 약화될수록 더욱 힘을 떨칩니다. 상황은 더욱 비합리적이고 비이성적인 방향으로 흘러갑니다.

너무 당연하기 때문에 근거나 증명이 필요 없다고 생각하는 사람도 많습니다. 그러나 다른 사람과의 소통과 공감을 위해서라도 입증은 필요합니다. 자신은 당연하다고 생각해도 상대방은 일의 배경이나 경과를 알지 못할 수 있기 때문입니다. 딱딱한 형식 논리나 전문적인 이론과 실증 자료를 동원해야만 입증인 것은 아닙니다. 자상하고 친절한 설명으로도 좋은 입증을 할 수 있습니다.

비판을 당하는 것이 두려워 결론만 밀어붙이고 근거는 밝히지 않는 사람도 있습니다. 그러나 그 의견이 더 좋은 결론이 되기 위해서는 비판을 견딜 줄 알아야 합니다. '무지개를 보려면 소나기를 견뎌야 한다'든가 '왕관을 쓰려는 자는 왕관의 무게를 견뎌야 한다'는 말도 있듯이 말입니다.

비판할 용기, 비판받을 용기

비판하고 비판받는 데에는 용기가 필요합니다. 토론에서는 비판이 규칙으로 보장되어 있으나 일상생활에서 비판은 용기가 따르지 않으면 어려운 일입니다. 흔히 비판받지 않으려면 비판하지 말라는 말을 합니다. 틀린 말은 아니지만, 모두가 비판하지 않는다면 개인적으로나 사회적으로나 아무런 발전도 없을 것입니다. 타당한 근거를 바탕으로 비판과 토론이 이루어진 결과 오늘날의 정신적, 물질적 성과가 있는 것입니다.

비판을 받고 마음이 불편하지 않기는 어렵겠지만, 자기 성장의 계기로 삼아야겠다는 마음만 있다면 비판받을 용기도 생길 것입니다. 이런 마음이 토론의 수준을 높이고 인격의 성숙을 가져옵니다.

논리는 미워하되 사람은 미워하지 말라

'비판의 힘과 용기'를 토론 수업에 적용하기는 어렵지 않습니다. 사실 토론 자체가 비판의 연속이므로 비판의 정의와 필요성, 방법, 용기 등을 말해 주면 됩니다. 그런데 이런 과정을 거쳐도 막상 토론 실습을 하다 보면 학생들은 상당히 예민해집니다. 때문에 말하는 사람이든 듣는 사람이든 논리 자체를 비판하는 것과 사람의 인격을 비판하는 것을 구분하라고 늘 강조해야 합니다.

토론 실습에서는 청중 학생들이 찬반 양 팀의 승패를 정하는데, 이 학생들에게도 논리와 사람을 분리해서 보라, 메시지와 메신저를 구분하라는 말을 반복해서 합니다. 평가하는 학생이나 평가를 받는 학생이 이것을 분리하지 않으면 마음이 상할 수 있습니다. 실제로 토론자들이 펼치는 논리는 개인의 가치관과는 관계가 없습니다. 동전 던지기나 제비뽑기로 입장을 정해 입장에 맞춰 논증을 구성했을 뿐입니다. 반론도 상대방을 공격하거나 비난하려는 의도에서 하는 게 아니라 상대의 논리를 분석해서 오류나 미비점을 찾아낸 것일 뿐입니다. 이러한 점을 계속해서 짚어 주면 학생들은 감정을 개입시키지 않고 토론에 참여하게 됩니다. 성숙한 토론자의 자세를 갖게 되는 것이지요.

이 장에서는 '사상과 표현의 자유 존중' '역지사지' '비판의 힘과 용기'라는 토론 정신에 대해 정리했습니다. '사상과 표현의 자유 존중'은 토론 정신의 인류 보편적 가치를, '역지사지'는 토론 정신의 윤리성을, '비판의 힘과 용기'는 토론 정신의 과학적 측면을 나타냅니다. 토론 정신의 이런 측면들을 유연하게 통합하고 자각하여 실천하는 것이 우리가 토론 수업에서 정작 해야 할 공부입니다.

학생들이 토론 기법을 잘 익혀 토론까지 잘한다면 더할 나위 없이 좋은 일일 것입니다. 그러나 토론 수업을 통해 기법에는 서툴지라도 이 원리를 이해해 토론 정신을 가진 사람이 된다면 그것만으로도 수업할 가치는 충분하다고 저는 생각합니다.

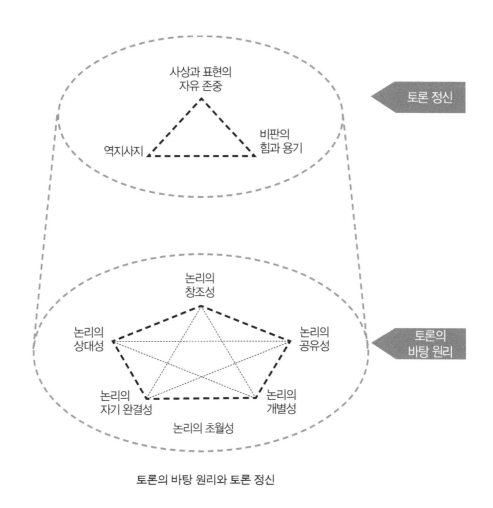

토론의 바탕 원리와 토론 정신

★ 일러두기

• '수업 편'에서는 실제 토론 수업에 활용 가능한 여러 활동들을 유형별로 나누어 제시하고 있습니다.

• '수업 편' 오른쪽의 색인은 이 활동들을 3차시, 5차시, 8차시, 17차시, 34차시로 수업할 경우에 따라
  그 이전 차시 수업과 다음 차시 수업은 무엇인지 표시해 둔 것입니다. 색인 보는 법은 다음과 같습니다.

예시

다음 수업(4차시)에 해당하는 활동은 150쪽

수업을 전체 5차시로 운영할 경우 현재 페이지의 활동은 3차시에 해당함을 나타냄

이전 수업 (2차시)에 해당하는 활동은 92~116쪽(여러 활동 중 택1)

• 활동지는 뜨인돌 홈페이지(http://www.ddstone.com) 독자마당〉자료실에서 다운로드 받아
  사용하실 수 있습니다.

+ 수업 편

토론 수업의
실제

본격적인
토론 수업에 앞서

+

토론 수업의 개념 체계

토론 수업과 **토론식 수업**을 구분할 필요가 있습니다. '토론 수업'은 토론 자체를 공부하는 수업이고, '토론식 수업'은 토론을 통해 교과 내용을 공부하는 수업입니다. '토론 수업'을 꼭 국어 교과에서 해야 할 필요는 없을 것입니다. 윤리나 철학, 사회 교과에서도 진행할 수 있습니다. 다만 토론이 언어활동이란 점을 고려하면 토론의 이론이나 기초 연습은 국어과에서 해야겠지요. 국어과 교육과정에 토론이 있기도 하고요. 이와 반대로 '토론식 수업'은 교과나 단원에 상관없이 할 수 있을 것입니다. 그러나 어떤 교과에서 어떤 단원으로 하든 처음에는 토론의 바탕 원리와 정신에 대해서 분명히 공부하면 좋겠습니다.

토론 수업의 체계를 그림으로 정리해 보았습니다. 우리가 나무를 볼 때에 가지와 줄기, 잎사귀 등만 보이고 뿌리는 보이지 않는 것처럼, 겉으로 보기에 토론 수업은 토론을 잘하게 하는 수업입니다. 물론 이 정도로도 훌륭합니다만, 여기에 그쳐서는 토론 수업의 더 큰 이점을 살리지 못합니다. 정작 해야 할 공부를 못 하는 것이지요. 토론의 바탕 원리를 알고 토론 정신을 기르는 것이 토론 수업의 진정한 목적이라고 생각합니다. 이렇게 되면 토론 능력도 자연스레 키워집니다. 토론의 바탕 원리와 정신이 뒷받침되면서 선순환이 이루어지는 거죠. 뿌리가 튼튼해지면 가지와 잎이 더 무성히 자라고, 가지와 잎이 무성해지면 뿌리가 더 튼튼해지는 것과 같습니다.

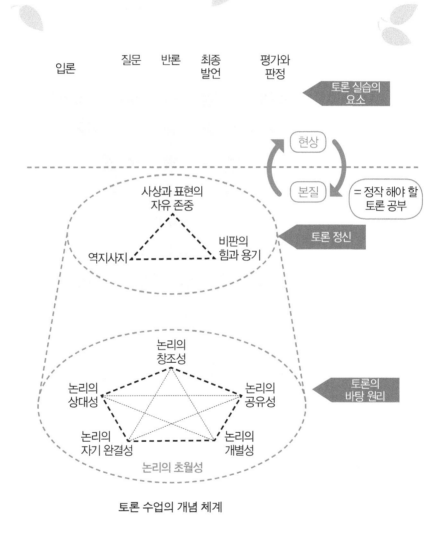

입론　　　　질문　　반론　　최종　　　평가와
　　　　　　　　　　　　　　　발언　　　판정

토론 실습의
요소

현상

본질　　= 정작 해야 할
　　　　토론 공부

사상과 표현의
자유 존중

역지사지　　　　　　비판의
　　　　　　　　　힘과 용기

토론 정신

논리의
창조성

논리의　　　　　　　　　　논리의
상대성　　　　　　　　　　공유성

논리의　　　　　　　논리의
자기 완결성　　　　　개별성

논리의 초월성

토론의
바탕 원리

토론 수업의 개념 체계

69

한 학기 동안 토론 수업만 한다고?

작년에 이어 2016년 올해에도 2학기 내내 토론 수업을 진행했습니다. 고등학교 1학년 국어2 교과서에 '토론과 발표' 단원이 있는데, 한 학기 동안 토론 수업을 하는 공식적인 근거가 되었습니다. '정규 수업'에서 '한 학기' 내내, '모든 학생'을 대상으로 토론 수업을 진행했다는 점에서 상당한 의미가 있다고 생각합니다.

우선 다른 선생님들과 함께 수업을 진행할 수 있다는 가능성을 확인한 것이 큰 성과입니다. 수업에 필요한 모든 자료(수업안과 활동지, 프레젠테이션 자료, 유의 사항까지)를 공유하기로 하고 다른 선생님들과 반을 나누어 가르치기 시작했습니다. 각자의 의도와 편의에 따라 조금씩 자료를 수정해서 활용하며 수업을 이끌어 갔습니다.

다음으로는 '한 학기' 동안이나 지속해서 토론 수업이 이루어진다는 점이 아이들 마음에 토론에 대한 바람직한 인식과 문화가 자리 잡는 데에 중요한 조건이 된다는 것을 알았습니다. 저나 학생들이나 한 학기 동안의 토론 수업이 어떤 변화와 성과를 가져올지 분명히 예측하지는 못했습니다. 이전 근무 학교인 경북여고에서 1년에 걸쳐 34차시의 수업을 수년간 진행하며 나타난 긍정적인 변화를 믿을 수밖에 없었습니다. 토론과 대화를 통한 소통이 사라진 이 황폐한 시대에, 한 명의 교사로서 작은 몸부림을 쳐 본 것인지도 모릅니다.

학생들은 한 학기 동안 토론 수업을 한다고 하니 우선 어리둥절했던 것 같습니다. '한 학기 동안이나 토론 수업을 한다고? 몇몇 공부 잘하거나 말 잘하는 아이들이 나가서 얘기하는 거 지켜보면 되는 수업, 기껏해야 서너 시간이면 충분할 텐데 뭘 한다는 거지?' 혹은 '초등학교나 중학교에서 해 봤는데 자기 입장을 정하면 끝까지 우기고 상대 꼬투리나 잡더라. 난 말싸움하는 거 같아서 싫다' 정도의 반응이었습니다. 자신의 입장을 임의로 정하는 방식에 의아해하며 거부감을 보이는 학생도 있었습니다.

토론에 대한 이런 인식이 한 학기 수업으로 과연 바뀌었을까요? 학생들이 수업을 다 마치고 제출한 글에서 결과를 확인할 수 있었습니다. "토론 능력이 짧은 활동으로 길러질 수 없으며 학습자의 토론 능력을 신장시키기 위해서는 학교에서 토론 수업을 지속적으로 시행해야"● 한다는 연구와도 일치하는 결과였습니다.

「초중등 학습자의 토론능력과 토론수업의 장애요인 및 토론수업의 만족도에 대한 실태와 인식」(정선영 배성아, 교육방법연구 제26권 제1호)

토론이라고 하면 논리적인 말싸움 같은 거라고 생각했었는데 직접 해 보니 그렇게 생각했던 내가 어리석었다는 생각을 많이 했다. 또 여러 번의 토론 수업을 지켜보면서 다양한 시사적인 문제에 대해 다각도로 그 문제들을 볼 수 있었고 내가 어떤 입장을 맡을지 모르는 준비 과정에서 양쪽의 입장 모두 조사해 보니 내 생각의 폭이 훨씬 넓어지는 것 같았다. 토론 수업이 날 똑똑하게 만들어 주는 것 같아서 좋았다. 다음번에도 토론할 수 있는 시간을 갖게 된다면 조금 더 꼼꼼히 조사하고 더 열심히 해 보고 싶다.

시지고 1-8 임다빈

처음에 토론을 한다고 했을 때 '이건 공부 잘하는 아이들이나 말 잘하는 아이들만 할 수 있는 것 아닌가?'라는 생각을 많이 했다. 평소에 잘 하지 않는 것이기도 하기 때문이다. 근데 토론 수업이 시작되면서 한 주 한 주 의외로 아이들이 다양한 의견을 이야기하고 반박하는 모습을 보며 재미있었다. 그리고 토론 수업이 시작되고 매주 매주가 기대되었고 또 다음 주에는 친구들이 어떤 이야기를 할까? 라며 빨리 토론 수업하는 날이 오길 내심 기다린 적도 많다. 이제 토론 수업이 끝이 났지만 만약 기회가 된다면 또 보고 싶고 해 보고 싶다.
토론은 무섭기도 하지만 정말 재미있는 활동이라고 느꼈다.

시지고 1-6 문유진

이런 경험의 기회가 특정 동아리 학생이 아닌 '모든 학생'에게 주어진 것도 중요한 대목이라고 생각합니다. 토론을 해 봤다거나 하는 것을 본 적이 있다는 학생이 상당한 것으로 보아 토론 문화가 초, 중, 고등학교에 많이 퍼져 있기는 한 것 같습니다. 아마 대구시교육청의 토론 활성화 시책 덕분일 것입니다. 그러나 대부분의 학교에서 토론 활동은 동아리에서만 이루어집니다. 이러한 토론 문화는 몇몇 학생의 스펙 쌓기에 그칠 우려가 있습니다. 토론 문화를 활성화하고 학생들에게 토론 정신을 갖게 하려면 동아리 활동만으로는 한계가 있습니다. 토론 정신과 문화가 살아나려면 양적인 성장이 동반되어야 하기 때문입니다.

토론 수업을 진행하는 동안 교실이나 복도, 계단 끝에서 토론을 준비하고 논제에 관해 이야기하는 아이들을 자주 볼 수 있었습니다. 시간이 잘 나지 않아 아침 일찍 만나기도 하고, 점심시간을 쪼개어 만나기도 하고, 카톡방을 만들어 그곳에서 이야기하기도 했다고 합니다. 5교시에 토론 수업이 있는 반은 점심을 거르는 경우도 있었습니다. 토론이 끝나면 직전에 했던 발언 내용을 두고 서로 의견을 덧붙이거나 격려하는 모습도 많이 보았습니다. 서로 보듬는 아이들의 모습을 보며 뿌듯함과 고마움을 느꼈습니다. 아이들은 다음 주엔 누가 어떤 논제로 토론하는지 궁금해하기도 하고 기대하기도 했습니다. 한 학기 동안 토론은 줄곧 아이들의 공동 관심사였습니다. 우리들만의 문화 현상이 된 것입니다.

요약하자면 모든 학생을 대상으로 한 학기나 일 년쯤 수업을 지속해야 한다는 것입니다. 교육과정 편성 자율권을 활용하여 토론 과목을 정식 교육과정으로 편성하면 가장 좋지만, 어려우면 국어나 사회 등의 교과에서 1주에 한 시간씩, 한 학기 동안 토론 수업을 고정적으로 진행하면 좋겠습니다. 그래야 토론의 본질부터 이론, 실습까지를 전부 다룰 수 있습니다. 이러한 과정을 거쳐 기본만 잡히면 각 과목 어느 단원에서나 바로 토론식으로 수업을 할 수 있을 것입니다. 그것도 성공적으로.

모듈식 수업 과정

그러나 실제 학교 현장 여건은 상당히 열악하다는 사실을 잘 압니다. 국어 교과서에는 토론 관련 내용이 대단원 한 단원 정도로 편성되어 있으므로 기껏해야 8~10차시 정도 수업할 수 있을 것입니다. 만약 소단원으로 편성되어 있다면 3~4차시 정도가 한계겠죠. 정규 수업 외에도 토론 동아리를 지도하거나 따로 시간을 내어 토론 수업을 하는 등의 상황이 있을 수 있습니다.

이런 다양한 상황에 두루 대처할 수 있도록 토론 수업에 모듈 개념을 적용해 봤습니다. 한 차시 분량의 수업이 모듈 하나라고 생각하시면 되는데, 총 수업 차수나 수업 목적에 따라 필요한 모듈을 모아서 수업을 하면 됩니다.

모듈은 나무를 본보기로 삼아 여섯 종류로 나누어 보았습니다. 각각 **뿌리**(Root) – **떡잎**(Leaf) – **줄기**(Stem) – **가지**(Branch) – **꽃**(FLower) – **열매**(FRuit)입니다. **뿌리**(R) 유형은 토론의 뿌리가 되는 바탕 원리와 토론 정신을 공부하는 수업 모듈입니다. **떡잎**(L) 유형은 본격적인 토론을 접하기 전에 토론에 대한 친밀성을 높이고 말문을 트는 수업 모듈인데, 초등학교에서 많이 활용하는 토론 수업 유형이기도 합니다. **줄기**(S) 유형은 토론의 전문적인 이론과 역량을 키워 주는 유형이고, **가지**(B) 유형은 줄기(S) 유형에서 배운 내용을 격식을 갖춘 여러 토론 방법으로 연습하는 수업입니다. **꽃**(FL) 유형은 모든 학생이 참여하여 모둠을 만들어 토론을 실습하며 꽃을 피우는 수업이고, **열매**(FR) 유형은 토론 역량을 실제 수업이나 일상생활에 적용해 보는 유형입니다. 토론 수업보다는 각 교과목이나 동아리 활동에서 활용하기 좋은 유형입니다.

다음은 각 모듈의 유형과 수업 주제를 나타낸 표입니다.

※ 하나의 번호가 여러 칸에 걸쳐 있는 경우에는 택1

모듈 유형	모듈 기호	수업 주제(수업 목표)	수업 구성 예시					
			1차시	3차시	5차시	8차시	17차시 (한 학기)	34차시 (두 학기)
1 뿌리(Root) 토론의 바탕 원리와 토론 정신	R1	토론의 달인, 세상을 이끌다 (토론 소개 영상물 시청 활동)	1	1	1	1	1	1
	R2	작품 제목 붙이기(논리의 창조성, 개별성)						
	R3	앗, 나의 실수!(논리의 자기 완결성)						2
	R4	나는 입학사정관(논리의 상대성, 개별성)			2	2	2	
	R5	두 마리 토끼를 잡아라!(논리의 공유성)						
	R6	있다? 없다?(논리의 상대성)						3
2 떡잎(Leaf) 토론과 친해지기, 비격식 토론	L1	네 마음이 들려!(경청 연습)				3	3	4
	L2	상대의 마음을 움직여라(설득 놀이)						5
	L3	두 마음 토론			2			
	L4	모서리 토론				4	4	6
3 줄기(Stem) 토론 기본기 연습	S1	논증 연습(프렙 기법)			4	5	5	7
	S2	배구 토론(프렙 기법 연습)						8
	S3	논제 분석 연습						
	S4	질문 연습						9
	S5	오류 찾기 퀴즈 대회						10
4 가지(Branch) 격식 토론 연습	B1	원탁 토론 연습				6	6	11
	B2	교차조사 토론 연습		3	5	7	7	12
	B3	교차조사 토론 영상 분석						13
	B4	18인의 교차조사 토론		3	5	8		
5 꽃(FLower) 토론 실습	FL1	모둠 짜기와 논제 정하기					8	14/22
	FL2	모둠별 교차조사 토론 실습(6 모둠의 경우)					9~14	15~20/ 23~28
	FL3	왕중왕전					15	21/29
6 열매(FRuit) 토론 활용	FR1	영화 토론						
	FR2	독서 토론						
	FR3	문제 풀이 토론						
	FR4	교과 토론(토론식 수업)						

표에서 수업 구성 예시를 들어 놓았습니다. 1차시만 수업을 한다면 R1 모듈만 하면 될 것입니다. 만약 3차시 동안 토론 수업을 한다면 1차시에 R1을 하고 2차시에 L3이나 L4, 3차시에 B2나 B4를 합니다. 총 5차시 동안 수업을 한다면 1차시에 R1을 한 뒤에 2차시에는 R2~R6 중 하나, 3차시에는 L1, 4차시에는 S1, 5차시에는 B2나 B4를 하면 됩니다. 토론의 뿌리를 공부하고, 듣기 연습과 프렙(PREP) 기법 연습을 한 다음, 실제로 교차조사 토론이나 18인의 교차조사 토론을 해 보는 구성입니다. 토론의 기본을 약간 경험해 보는 정도죠. 8차시 수업을 한다면 5차시 수업에다 다른 여러 토론 방법까지 더 해 볼 수 있습니다.

17차시와 34차시로 수업 과정을 편성할 경우에는 중간에 중간고사나 기말고사, 운동회 등 학교 행사 때문에 실제 수업 시수가 줄어들게 됩니다. 때문에 17차시의 경우에는 15차시까지만, 34차시의 경우에는 29차시까지만 예시를 들었는데, 사정에 따라 다른 모듈을 더하거나 빼면 되겠습니다.

영화 토론반이나 독서 토론반 등 동아리 활동을 하는 경우에도 먼저 토론에 대한 기초를 닦는 게 좋습니다. 먼저 1차시에 R1을 하고 2차시에 R2~R6 중 하나, 3차시에 L3이나 L4 중 하나, 4차시에 S1, 5차시에 B1이나 B2를 하는 것이지요. 그리고 영화 토론 동아리라면 6차시부터 FR1(영화 토론)을, 독서 토론 동아리라면 FR2(독서 토론)를 하면 되겠습니다.

영화 토론, 독서 토론, 교과 토론 수업 예시

	1차시	2차시	3차시	4차시	5차시	6차시	7차시	8차시
영화 토론	R1	R2, R3, R4, R5, R6	L3, L4	S1	B1, B2	FR1	→	→
독서 토론	R1	R2, R3, R4, R5, R6	L3, L4	S1	B1, B2	FR2	→	→
교과 토론	R1	R2, R3, R4, R5, R6	S1	B1, B2	FR4	→	→	→
	S1	R2, R3, R4, R5, R6	FR4	→	→	→	→	→

그러나 이러한 구성은 어디까지나 하나의 의견이고 권장 사항일 뿐, 수업하시는 분

이 판단하여 얼마든지 다른 조합으로 변경하실 수 있습니다. 다만 R2~R6은 R1을, S2는 S1을, B3은 B2를 먼저 수업하신 뒤 하실 것을 권합니다.

각 모듈의 기본 구성

각 모듈(수업)은 **개인 활동 → 모둠 활동 → 전체 활동** 순으로 구성되어 있습니다. 거기에 앞뒤로 '도입'과 '정리'가 들어가 5단계가 됩니다.

도입 단계에서는 전 시간에 제출한 활동지를 돌려주고 제출 여부를 확인한 뒤, 학생들이 활동지에 적은 내용을 소개하면서 그 내용을 바탕으로 전시 학습을 간단히 정리합니다. 시간 여유가 있다면 그 반 학생들이 적어 제출한 내용을 많이 소개하는 것이 좋습니다. 소개된 학생은 수업에 열심히 참여한 보람과 성취감을 느낄 수 있고, 다른 학생들은 교사가 학생의 작성 내용을 관심 있게 보고 있음을 알게 되니 활동지를 더욱 정성스레 작성하게 될 것입니다. 이때 꼭 모범적인 내용만 소개하지 말고, 질문이나 불만, 어려움을 적은 내용도 함께 소개하며 답할 것은 답하고, 양해를 구할 것은 구합니다. 이러한 과정을 통해 교사와 학생 사이의 소통이 원활해집니다. 그다음엔 수업 제목과 이번 시간 활동을 소개하고, 이번 시간에 이룰 자신의 목표를 생각해 보도록 합니다.

그다음 단계(활동 안내+개인 활동)에서는 활동에 필요한 이론이나 배경지식을 간단히 소개합니다. 그런데 사실 이론적인 부분도 학생이 활동 과정에서 스스로 알아내는 것이 좋으므로 미리 너무 자세히 안내하지 않도록 조심해야 합니다.

활동지는 안내를 전부 마친 뒤 활동 직전에 나눠 주는 것이 좋습니다. 활동지를 미리 주면 주의력이 분산됩니다. 이후 짝 활동이나 모둠 활동으로 들어가기 전에 개인 활동을 먼저 합니다. 자신의 생각이 정리되어야 토의나 토론을 할 수 있기 때문입니다. 개인별로 생각을 정리할 시간을 주지 않고 모둠 활동으로 넘어가면 이야기가 겉돌고 시간이 많이 걸립니다.

모둠 활동 단계에서는 활동이 원활하게 진행되도록 역할을 잘 나누어야 합니다. 경쟁적인 구도보다는 서로 격려하고 도우며 상호작용이 일어날 수 있는 구도를 만드는 것이 좋습니다. 주어진 활동을 끝낸 모둠은 단체로 손뼉을 치게 합니다. 전체적인 진행 상황을 가늠할 수 있고, 아직 활동을 못 끝낸 모둠에게는 약간의 재촉이 될 수 있습니다.

전체 활동 단계는 각 모둠에서 나온 이야기들을 함께 나누는 단계입니다. 독자적인 활동을 만들어 그 활동을 하며 활동 결과를 공유하면 좋은데, 시간 여유가 없다면 몇몇 사람의 소감을 듣고 그 내용을 바탕으로 교사가 필요한 내용을 추가하여 정리합니다. 교사가 따로 내용 정리를 해 가는 것은 별로 좋지 않습니다. 되도록 학생들이 자발적으로 소감을 발표하도록 격려하고 기다릴 필요가 있습니다. 열심히 활동했는데 결과는 교사가 마음대로 정리해 버리면 학생들은 소외감을 느낄 수도 있습니다.

정리 단계(메타 인지)에서는 다음 시간의 수업 내용을 안내하고 활동지의 '내면 관찰(메타 인지)' 기록 활동을 합니다. 형성 평가도 이것으로 대신합니다. 내면 관찰(메타 인지)에 대한 부분은 바로 이어서 설명하겠습니다.

활동지와 내면 관찰(메타 인지)

모든 활동은 활동지를 중심으로 진행합니다. 수업 준비의 핵심은 활동지를 만드는 데에 있습니다. 목표부터 활동 안내, 활동 수행, 형성 평가까지 모두 활동지에 담기기 때문입니다.

활동지를 얼마나 간략하게, 또는 자세히 만들 것인가 하는 문제는 활동 목표와 내용에 따라 다를 것입니다. 활동지를 간단하게 만들면 학생들이 발산적 사고를 하기에는 좋으나 교사의 의도나 활동 절차를 파악하지 못할 수가 있습니다. '뭘 하라는 거지? 어떻게 해야 해?' 하면서 어리둥절해하는 것이죠. 그렇다고 너무 자세하면 학생들의 사고를 제한할 수도 있습니다.

원칙적으로 **방법은 친절하게, 내용은 불친절하게** 만드는 게 좋습니다. 방법적 측면에서는 '활동지 스스로 말하게 하라!'는 말처럼 교사의 설명 없이 활동지만 보고도 수업을 할 수 있도록 만드는 게 좋고, 내용적 측면에서는 암시나 힌트만 주고 스스로 배울 점을 생각하도록 유도하는 것이 좋을 것 같아요.

제가 만든 활동지의 특징은 마지막에 '내면 관찰(메타 인지)' 활동이 있다는 것인데요. 자기 내면을 관찰하는 법을 배우는 것이 정작 해야 할 중요한 공부 중 하나라고 생각하기 때문입니다.[*] 모두 아시듯이 메타 인지란 자신이 '안다는 것'을 아는 것입니다. 공부한 내용을 의식적으로 확인하여 객관화하고 내면화하는 과정이 필요합니다. 무엇을 배웠는지 확인하고, 배운 것이 자신이 이미 알고 있는 것과는 어떻게 연관되는지 생각해서 지식의 망을 새롭게 구성하는 것이죠. 이 과정에 익숙해지면 일상에서도 내면을 성찰하는, 살아 있는 공부를 하게 됩니다. 성적을 올리는 데에도 효과적이지요. 특히 자신의 감정이나 태도를 객관화하여 관찰하는 힘을 기르면 자신을 파악하고 조절할 줄 알게 됩니다.

이런 힘은 이론을 안다고 길러지는 것도 아니고 한두 번 해 본다고 습득되는 것도 아닙니다. 특정 교과나 단원에서만 할 수 있는 것도 아닙니다. 그러므로 교과나 단원에 상관없이 매시간 연습시켜 습관이 되게 하면 좋겠습니다. 한 학년이 끝날 때 학생들의 이야기를 들어 보면 일상생활에서 자신도 모르게 저절로 메타 인지를 할 때도 있다고 합니다. 사실, 내면 관찰은 살아 있는 한 늘 할 수 있고 해야 하는 거죠. 메타 인지 활동을 체계적으로 할 수 있도록, 여러 차례의 시행착오를 거쳐 다음과 같은 틀을 잡았습니다.

이 활동의 필요성과 원리에 대해서는 『최고의 수업』(배광호, 다산에듀) 39~41쪽 참조

내면 관찰 (메타 인지)	사실적 사고	추론적 사고	비판, 창의적 사고
	느낌 / 태도 관찰	생각 파악(느낌의 원인)	변화 대책(필요시)
학습활동 중 나의 느낌과 태도 (이유를 구체적으로)	나의 느낌, 기분이 (❶) 것으로 관찰된다. 나의 자세, 행동이 (❷) 것으로 관찰된다.	그 이유는 (❸)때문인 것 같다.	이렇게 하면 될 것 같다. ❹
알게 된 것	❺		
자신에 대해 알게 된 것 (변화된 것)	❻		
질문이나 더 알고 싶은 것	❼		
학습활동 소감 (실천 계획, 의견, 건의 등)	❽		

❶, ❷ - 수업 시간 동안 자신의 감정(느낌, 기분)과 태도(자세, 행동)가 어떠했는지 생각해 보고 쓰는 난입니다. '관찰된다'는 서술어를 어색해하는 학생이 많은데, 이 서술어에는 자신의 감정과 태도를 객관적으로 보게 하려는 의도가 담겨 있습니다. 수업 전반에 걸쳐 나타난 감정이나 태도를 쓸 수도 있고, 수업 중 특정한 대목에 대한 감정이나 태도를 쓸 수도 있을 것입니다. 더욱 정교한 관찰이 되도록 정도나 강도까지 나타내게 하면 더욱 좋을 것 같습니다.

❸ - 왜 그런 감정과 태도가 나왔는지 이유를 따져 보게 합니다. 자신의 감정이나 태도가 어디에서 나왔는지를 역추적하는 사고 활동입니다. 이 부분이 상당히 중요합니다.

감정과 태도는 생각에서 나옵니다. 그런데 학생들에게 감정이 어디서 생기냐고 물으

면 조건이나 환경에서, 또는 다른 사람과의 관계 등에서 생긴다고 답

하는 경우가 많습니다. 그러나 그것들은 '자극'이지 '원인'이 아닙니다.

『비폭력대화』(마셜 로젠버그, 한국NVC센터) 232~241쪽 참조

자극과 원인을 혼동하지 않아야 합니다. 특정 자극을 받아들여 처리하는 방식은 자기 생각에 달려 있습니다. 그러므로 자기 생각이 감정을 일으키는 직접적 원인입니다. 흔히 '기대가 크면 실망도 크다'는 말을 하고는 합니다. 여기서 '기대'는 생각에 해당하고 '실망'은 감정에 해당합니다. 기대가 없었으면 실망도 없었을 것이니 기대가 실망을 만들어 낸 것이죠. 감정을 바꾸려면 생각을 바꾸어야 합니다.

❹-비판적, 창의적 사고를 해 보는 칸입니다. 이곳은 자신의 감정이나 태도를 바꾸고 싶을 때 선택적으로 쓰게 합니다.

❺-알게 된 것을 씁니다. 한 시간 동안 배운 내용을 간단히 필기하는 곳으로, 형성평가를 하는 기능도 있습니다. 판서한 것과 똑같이 적는 학생도 있는데요. 그렇게 하면 감점을 하겠다고 엄포를 놓기도 합니다. 자신의 언어로 표현하는 것이 중요합니다. 패러프레이즈^{paraphrase}라고 하죠. 자신의 말로 표현하고 설명할 수 있어야만 진짜 아는 것입니다. 그 시간에 배운 '항목' 정도만 쓰는 경우도 많은데요. 그렇게 하지 말고 배운 '내용'을 쓰라고 해야 합니다. 자신의 정서나 태도를 쓰는 경우도 많이 있습니다만, 인지한 사실이나 지식 등을 쓰는 게 좋습니다.

❻-자기 자신에 대해 알게 되거나 변화된 점을 쓰게 하는데요. 학생들이 난감해하는 경우가 많습니다. 자신에 대해 알게 된 점을 찾는 활동 자체를 해 본 적이 없으니까요. 그렇지만 우리가 세상 모든 것을 다 안다고 해도 정작 자신에 대해서 모른다면 다른 지식들이 다 무슨 소용일까요? 모든 지식은 결국 자신을 앎으로써 완성되는 게 아닐까요? 자신을 안다는 것은 자신에게 무한한 변화의 가능성이 있다는 것, 그래서

끝없이 자신을 새롭게 만들어 갈 수 있음을 아는 것입니다. 공부하면서 그러한 점을 알게 하려는 것이지요.

❼-학생들은 이 칸을 제일 난감해합니다. '수업이 완벽해서 질문이 없어요'라고 쓰는 경우도 많고 '아무리 생각해 봐도 질문할 게 없어요'라고 곤혹스러워하는 경우도 많습니다. 그러나 질문거리를 찾는 것도 사고를 확장하는 좋은 연습이므로 꼭 쓰도록 권유, 강요(?)하고 있습니다.

❽-마지막으로는 소감을 쓰도록 합니다. 배운 내용을 실천할 계획이나 수업에 대해 하고 싶은 말을 쓰도록 합니다.

활동지의 칸은 넓게 만드는 것이 좋습니다. 칸이 넓으면 부담감이 생길 수도 있으나 대체적으로는 학생들의 생각도 같이 넓어지는 것 같습니다. 어쩔 수 없이 좁아지기도 하지만요.

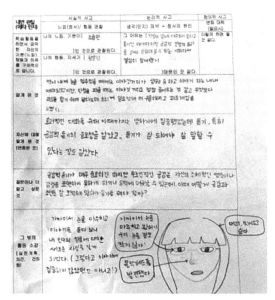

시지고 1-7 최새날 학생의 활동지

어떤 활동을 하든지 꼭 5분 정도는 시간을 남겨 내면 관찰 활동을 합시다. 활동을 하다 보면 시간을 거의 못 주는 경우도 꽤 있는데, 그러면 학생들이 짜증을 내며 서두르게 되고, 결국엔 내용이 부실해집니다.

저는 활동지를 걷어서 검사할 때에도 내면 관찰 활동 부분을 가장 주의 깊게 봅니다. 다 읽고 난 뒤에는 짧게나마 의견을 적습니다. 학생들의 느낌과 생각에 공감하는 내용이면 됩니다. 그리고 5단계로 평가를 해 수행평가에 반영을 하는데, 활동지를 빈 칸 없이 모두 채우면 감점하지 않습니다. 너무 무성의하거나 빈칸이 있는 경우에는 감 점을 하는데, 일주일 이내에 고쳐 오면 다시 올려 줍니다. '감점'이 목적이 아니라 '해 냄'이 목적이기 때문입니다.

대부분의 학생은 따로 설명하지 않아도 알아서 잘합니다. 다만 느낌과 생각의 구별 을 힘들어하는 경우가 많습니다.

느낌(기분, 감정, 정서)은 자극에 의해 우리 몸과 마음에서 즉각적, 자동적으로 일어나는 반응입니다. 밖에서 일어나는 현상 때문에 느낌이 일어날 수도 있고, 자신의 내면에 있는 생각, 기억 등이 느낌을 일으킬 수도 있습니다. 이것들은 관찰하고 추리, 판단하 여 일어나는 것이 아닙니다. 거의 반사적인 것입니다.

기쁨, 감동, 행복, 사랑, 만족, 평온, 흥미, 기대, 애틋함, 연민, 당황, 수치, 불안, 좌절, 후회, 외로움, 슬픔, 섭섭함, 놀람, 두려움, 질투, 혐오, 분노, 원망 등은 모두 '생각'이 아 니라 '느낌'을 나타내는 단어입니다. 느낌말(정서 단어)을 더 자세히 알 면 자신의 느낌을 더 자세히 파악할 수 있을 것입니다.* 앞의 책 80~82쪽에 느낌
말이 자세히 정리돼 있음

느낌이 아닌 것은 거의 생각입니다. '인지'라고도 할 수 있는데 외부의 현상이나 자신 에 대해 이해, 추론, 분석, 진단, 해석, 판단, 평가, 창조하는 사고 작용뿐 아니라 단순 한 희망이나 욕구도 모두 생각이라 할 수 있습니다.

느낌과 생각은 긴밀한 관계가 있습니다. 앞에서도 보았듯이 느낌은 생각에서 일어 나기 때문입니다. 자신의 생각에 맞지 않으면 부정적인 느낌이 일어나고 잘 맞으면 긍 정적인 느낌이 일어납니다. 그러므로 자신의 감정을 다스리려면 우선 자신의 생각을 찾아내어 바꾸면 됩니다. 그런데 생각은 찾기가 어렵습니다. 다행히 느낌이 생각을 찾 는 단서가 되어 줍니다. 느낌은 글자 그대로 자신에게 이미 포착된 것이므로 그것을 잘 관찰하면 생각을 찾아낼 수 있습니다. 예를 들어, 친구가 오는 것을 보고 '기뻤다' 면 자신에게 '친구를 기다렸다'는 생각이 있음을 찾아낼 수 있습니다.

자신의 느낌을 관찰하여 객관화하고, 그 느낌을 실마리로 자신의 생각을 찾아내어 다스릴 수 있는 힘을 길러 주어야 할 것입니다. 토론 수업뿐 아니라 다른 수업에서도요.

토론의 바탕 원리와
토론 정신

R1 모듈 : 토론의 달인, 세상을 이끌다
(토론 소개 영상물 시청 활동)

언제	–	토론을 처음 접하는 학생들에게 토론의 중요성, 필요성 등을 알리고자 할 때
목표	–	① 오바마 화법의 비밀을 요약할 수 있다. ② 토론의 중요성, 필요성을 3가지 이상 알 수 있다. ③ 토론자가 가져야 할 정신(토론 정신), 태도 등을 3가지 이상 말할 수 있다.
수업 대상	–	중학생 이상
교사 준비물	–	활동지, 영상 자료
걸리는 시간	–	50분
수업의 흐름	–	영상물 시청 ▶ 소감 나누기, 정리
진행 순서	–	① 활동 소개 – 토론의 달인, 세상을 이끌다. ② 활동 목표 확인, 자신의 목표* 세우기 3분 ③ 활동지 받고 자신의 목표 쓰기 ④ 활동지 마인드맵 왼쪽에 자신의 생각 적어 보기 40분 ⑤ 영상물 시청(36분)하고 활동지 작성하기 ⑥ 작성 내용을 바탕으로 짝꿍과 이야기해 보기 ⑦ 소감 발표 및 공유(희망자 자발적으로) 4분 ⑧ 학생 발표 내용을 중심으로 토론의 중요성 정리 ⑨ 활동지의 내면 관찰(메타 인지) 표 작성 ⑩ 다음 수업 안내 3분 ⑪ 활동지 걷기

자신의 학습활동 목표 쓰기에 대해서는 『최고의 수업』(배광호, 다산에듀) 205~217쪽 참조

세계의 토론, 토론의 세계

처음 토론 과목을 정규 수업으로 편성했던 때가 2010년도였습니다. 지금은 좀 나아졌지만, 그때는 수업할 교재가 없어 매시간 수업 지도안과 활동지, 프레젠테이션 자료 등을 직접 만들어야 했습니다. 이때 그 이전부터 지금까지 토론 활동을 열심히 하고 계시는 상일여고의 류선옥 선생님에게 큰 도움을 받았습니다.

첫 시간 수업으로 무얼 할까 고민하던 터에, KBS에서 2008년 12월 17일에 방영한 〈수요 기획 : 토론의 달인 세상을 이끌다〉라는 기획물을 알게 되었습니다. 오바마 대통령은 당선 당시 개인적 이력뿐 아니라 구사하는 화법과 언변으로도 큰 화제였습니다. 이 영상물은 오바마 대통령이 구사하는 화법을 심층적으로 분석하고, 미국 토론 교육과 우리나라 토론 교육을 비교하는 등 토론의 필요성과 세계적인 흐름을 잘 알 수 있게 구성되어 있습니다. 학생들의 영상 보기를 좋아하는 취향도 만족시키면서 토론에 대한 폭넓은 시야를 마련해 줄 것 같아 첫 시간의 활동 자료로 삼았습니다.

진행 방법

진행 방법은 간단합니다. 영상물을 보고 소감을 함께 나누는 것입니다. 처음에는 활동지 없이 그냥 소감 공유만 했는데, 내용이 잘 정리되지 않고 놓치는 부분이 있어 활동지를 만들었습니다. 영상도 원래 43분이던 것을 36분 정도로 짧게 편집해서 썼습니다. 그렇게 하니 준비하는 시간을 빼고도 10분 정도는 짝꿍 활동과 전체 활동에 쓸 수 있었습니다.

(1) 영상물 보기 전에 자신의 생각 적어 보기

영상물을 틀 준비가 되면 간단히 수업 내용을 소개하고 바로 활동지를 나눠 줍니다. 활동지에 기본 사항을 적게 한 뒤, 영상물의 내용을 예측해 적을 시간을 줍니다. 영상을 보기 전 자기 생각을 먼저 써 놓으면 그것이 영상물의 내용과 얼마나 일치하는지, 어떻게 다른지 등을 비교하면서 보게 되므로 집중력이 높아집니다. 자신이 미처 생각하지 못했던 점이 무엇인지도 알 수 있습니다.

(2) 영상물 시청하며 메모하기

영상물을 보면서 주요 내용을 메모토록 하는데, 적는 데 집중하다 보면 영상물의 내용을 놓칠 수 있으므로 핵심만 간단히 쓰도록 합니다. 영상물에 나오는 자막을 그대로 적지 않도록 하는 것도 중요합니다. 영상물의 내용을 자신의 언어로 요약하여 적어야 듣는 힘과 사고력이 늡니다.

(3) 짝꿍과 이야기하기

다 본 뒤에는 각자 작성한 내용을 중심으로 짝꿍이 적은 내용과 비교해 차이점과 공통점을 찾아보도록 합니다. 머리가 긴 사람은 오바마의 화법에 대해, 짧은 사람은 토론의 필요성에 대해 말하라는 식으로 역할 분담을 해 주면 학생들이 말문을 트는 데에 도움이 됩니다.

(4) 시청 소감 발표하기

전체 공유 단계입니다. 희망자가 자발적으로 발표하도록 기다립니다. 뭉뚱그려 발표하지 않게 교사가 '오바마 화법의 비밀' '토론의 중요성' '토론 자세나 정신' 각 항목을 하나하나 짚어 줍니다. 발표된 내용은 교사가 간략히 칠판에 적어 놓았다가 발표가 전부 끝난 뒤 한 번 더 요약하고 강조하며 정리하면 좋을 것 같습니다.

남은 시간에는 활동지의 내면 관찰 부분을 작성하게 합니다. 시간 여유가 없어 촉박합니다.

TIP

- 영상물을 보기 전, 내용에 대한 질문이나 예측을 해 보는 시간을 갖는다.
- 메모하는 것보다는 보고 이해하는 데에 집중하도록 한다.
- 영상의 자막 내용을 그대로 적지 않게 한다.
- 소감 공유는 희망자가 자발적으로 하게 하고, 발표 내용은 판서하여 그 내용을 바탕으로 교사가 수업을 종합 정리한다.

수업 후기

토론을 하다 보면 항상 싸우게 되는 것만 같아서 필요성이 없다고 생각했는데 토론의 중요성, 설득, 오바마의 단호함과 냉철한 논리 등을 보니 필요한 것 같다고 느꼈다. 토론에 대한 부정적인 관념이 완전히 사라진 것은 아니지만 조금은 바뀌었다.

시지고 1-6 김지영

오바마 화법에서 구체적인 자신의 경험으로 진정성 있게 말하는 게 화법의 비밀이었던 것 같다. 토론은 막연히 말싸움이고 이기고 지고 그런 것이 아니라, 다른 사람의 의견도 수용하는 하나의 의사소통 방식이라는 것을 알았다. 내가 초, 중 때 배운 것을 생각해 보면, 토론 시간에 거의 말싸움을 해서 누가 맞는 말인지 알기 어려웠는데 영상을 보고 나니 토론은 서로의 의견을 공유하는 것이고 다른 의견도 수용해서 상대방 의견도 존중해야 한다는 것을 알았다. 토론하는 모습을 보고 또 토론에서 중요한 점들(상대방 눈을 보고 말하기, 신뢰감 있는 어투 등)을 배워서 좋았고, 나중에 토론할 때 이용해야겠다.

시지고 1-9 송유진

토론의 달인, 세상을 이끌다(토론 소개 영상물 시청 활동)

( )학년 ( )반 ( )번 이름( ) / 짝꿍 ( )번 ( )

날짜		
학습활동 목표		**목표 달성 정도 평가**
1. 오바마 화법의 비밀을 요약할 수 있다.		
2. 토론의 중요성, 필요성을 3가지 이상 알 수 있다.		
3. 토론자가 가져야 할 정신(토론 정신), 태도 등을 3가지 이상 말할 수 있다.		
4. 나의 목표 :		

마인드맵으로 정리하기

〈영상물을 보기 전의 생각, 질문〉　　　　　〈영상물을 보면서 혹은 짝꿍과 이야기하고 나서〉

●

오바마
화법의
비밀

●

●

토론의 중요성
필요성

●

●

토론자가 가져야
할 정신, 태도
(토론 정신)

●

💬 자유롭게 활용하세요! Memo!

내면 관찰 (메타 인지)	사실적 사고		추론적 사고	비판, 창의적 사고
	느낌 / 태도 관찰		생각 파악(느낌의 원인)	변화 대책(필요시)
학습활동 중 파악한 자신의 느낌과 행동 (이유를 구체적으로)	나의 느낌, 기분이 ( ) 것으로 관찰된다. 나의 행동, 자세가 ( ) 것으로 관찰된다.		그 이유는 ( )때문인 것 같다.	이렇게 하면 될 것 같다.
알게 된 것				
자신에 대해 알게 된 것 (변화된 것)				
질문이나 더 알고 싶은 것				
학습활동 소감 (실천 계획, 의견, 건의 등)				

R1

3-1 ▶ 136~142

5-1 ▶ 92~116

8-1 ▶ 92~116

17-1 ▶ 92~116

34-1 ▶ 92~104

91

R2 모듈 : 작품 제목 붙이기
(논리의 창조성, 개별성)

언제	–	토론을 전반적으로 소개한 후, 토론의 바탕 원리를 심층적으로 정립하고자 할 때 (특히 논리의 창조성, 개별성)
목표	–	① 토론의 바탕 원리(특히 논리의 창조성, 개별성)를 알 수 있다. ② 토론 정신 세 가지를 알고 실천할 수 있다.
수업 대상	–	초등 고학년 이상
교사 준비물	–	활동지, 붙임 쪽지(포스트잇)
걸리는 시간	–	30분
수업의 흐름	–	제목 붙이기 + 포스트잇 붙이기 ▶ 논리의 원리 찾아보기 ▶ 원리 발표, 정리

진행 순서	–	① 전시 활동지 돌려주기, 제출 확인, 작성 내용 공유 ② 학습활동 소개, 활동 목표 확인, 자신의 목표 세우기	3분
		③ 활동지 받고 자신의 목표 쓰기 ④ 활동지에 있는 사진에 제목 붙이고 제목 붙인 이유와 제목의 의미 쓰기. 제목 쪽지에 옮겨 적기 ⑤ 칠판에 그려 둔 축 위 적당한 곳에 쪽지 붙이기	7분
		⑥ 쪽지에 적힌 내용 중 이유나 의미가 궁금한 것 알아보기 ⑦ 활동으로 알아낸 원리(논리의 원리) 짝꿍과 말해 보기(3분)	8분
		⑧ 짝꿍과 알아낸 원리 발표하기(희망자 자발적으로) ⑨ 학생들의 발표 내용을 바탕으로 토론의 바탕 원리 정리하기	7분
		⑩ 활동지의 내면 관찰(메타 인지) 표 작성 ⑪ 다음 수업 안내 ⑫ 활동지 걷기	5분

다양한 제목 속에서 토론의 바탕 원리 찾기

앞 장 '토론의 바탕 원리'에서 다룬 내용을 학생들 스스로 생각하여 깨닫게 하려고 만든 수업입니다. 강의식으로 가르칠 수도 있지만 그렇게 하면 학생 스스로 생각하는 힘을 키우게 하려는 우리의 목적과 모순되겠죠. 학생이 직접 활동해 보아야 배운 내용을 잘 기억하고 실천합니다.

토론의 원리를 알아내려면 사람의 생각, 즉 논리의 이치와 본질을 알아야 합니다. 그것을 바탕으로 토론이 성립하니까요. 그러니까 이 수업은 생각, 논리의 원리를 알아보는 수업입니다. R2~R6 모듈은 전부 토론의 바탕 원리를 알아내는 활동입니다. 이것들을 모두 해 볼 수도 있고 사정에 따라 몇 가지를 골라서 응용할 수도 있을 것입니다.

진행 방법

이론 편에서도 소개한 내용입니다. 간단히 해 볼 수 있는 활동이지만 이끌어 낼 내용은 많습니다. 되도록 추상적인 그림이나 조각품을 제시한 뒤 제목을 붙이게 하고, 제목을 붙인 의미나 이유를 발표하게 하는 것입니다. 활동해 보고 알게 된 사실을 자유롭게 말하게 한 뒤, 그 내용을 추상화시켜서 토론의 바탕 원리를 이끌어 내면 됩니다.

(1) 전시 확인과 활동 소개

둘째 시간부터는 전 시간에 제출한 활동지를 돌려준 뒤 작성 내용을 공유하고 답하는 순서가 가장 먼저 이뤄져야 합니다. 제출 여부도 확인하도록 합니다. 그 뒤에는 이번 시간에 배울 내용을 소개하고, 활동 목표와 자신의 목표를 인식하게 합니다. 이 단계는 모든 시간마다 거의 같으므로 앞으로는 따로 소개하지 않겠습니다.

(2) 포스트잇에 제목 적고 칠판에 붙이기

포스트잇을 한 장씩 나눠 줍니다. 활동지에 있는 사진에 제목을 붙이고 그 의미나 이유를 생각해 보라고 합니다. 어느 정도 제목을 붙인 것 같으면 칠판에 축을 그립니다. 다 된 학생부터 나와 칠판에 그려진 축에 제목을 붙이게 합니다. 대개는 '직접적 표현(지시적)/간접적 표현(함축적)' '물질적/정신적' 등의 대립항을 이용해 축을 그립니다. 직접적이라고 생각하는 제목은 왼쪽에 붙이는 것이고 간접적, 함축적이라고 생각하는 제목은 오른쪽에 붙이는 것이죠. 축을 미리 그려 놓으면 학생들이 축에 맞추어 제목을 지을 수도 있으므로 유의합니다. 세로축을 그려 '긍정적/부정적' 등의 기준을 더해도 재미있을 것입니다.

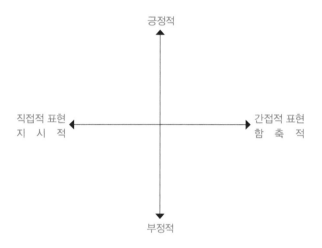

(3) 제목을 붙인 이유 들어 보기

제목을 다 붙였으면, 학생들에게 의미나 이유를 들어 보고 싶은 제목을 지목해 보라고 합니다. 지목된 제목을 지은 학생은 그 의미나 이유를 설명합니다. 재미있고 기발한 내용이 많이 나옵니다. 이 활동을 통해 친구의 생각이 자신과 어떻게 다른지 알 수 있고 수업에 대한 흥미도 가질 수 있습니다.

(4) 논리의 원리 찾아내기

이 부분이 수업의 중심 활동입니다. 활동을 통해 알아낸 원리를 짝꿍과 말하게 한 뒤 알아낸 원리를 발표하게 합니다. 아마 '제목 짓기가 어렵다' '사람마다 생각이 다르다' '어떤 것이 정답이라 할 수 없다' 등의 대답이 나올 것입니다. 이러한 대답을 논리의 원리와 연관 짓습니다. 만약 듣고 싶은 대답이 나오지 않으면 선생님이 질문을 하면 됩니다. '지을 수 있는 제목이 다 나왔을까? 더 나올 수 있을까?' 물으면 '당연히 무한히 많이 나올 수 있다'고 답합니다. '아무리 특이한 제목에도 모두 다 타당한 의미와 이유가 있지 않은가?'라고 물으면 '그렇다'고 합니다.

여기까지 가면 우리가 이끌어 내고자 하는 대답은 다 나온 셈입니다. 생각은 사람마다 다르고(논리의 개별성), 어떤 의견이든 나름의 일리가 있고(논리의 자기 완결성), 어떤 것만 정답이라 할 수 없고(논리의 상대성), 논리는 끝없이 새로 만들어 낼 수 있다(논리의 창조성)는 원리를 학생들이 스스로 알아 가는 것이죠.

(5) 토론과 연결하기

마지막으로 학생들의 대답을 다시 토론과 연결 짓습니다. 학생들에게 다시 묻습니다. '토론 수업에서 왜 이런 활동을 했을까?' '이런 원리가 토론과 무슨 상관이 있을까?'라고요. 그러면 학생들의 의견이 나올 것이고 그것들을 종합해서 토론의 바탕 원리를 정리하면 됩니다. 이런 원리들이 있기 때문에 토론이 성립하는 것이라고요.

활동지 없이도 할 수 있고, 활동지를 만들어서도 할 수 있습니다. 활동을 마친 뒤에도 시간이 남는 경우에는 토론의 바탕 원리에 대한 영상물이나 프레젠테이션 자료를 보아도 되고, R3이나 R4 등 시간이 적게 드는 모듈을 더 해도 될 것 같습니다.

> **TIP**
>
> • 제시하는 사진 작품은 추상적인 것이 좋다. 구체적인 대상물로는 다양한 제목을 이끌어 낼 수 없다.
> • 축은 미리 그려 놓지 말고 학생들이 얼추 제목을 다 지은 것 같을 때 그린다. 미리 그려 놓으면 축에 맞추어 제목을 짓게 되므로 사고를 제한할 수 있다.
> • 학생이 제목을 축 어디에 붙이든 그 결정을 비판, 평가하지 않는다. 학생의 판단을 존중한다.

활동지 작품 제목 붙이기 (논리의 창조성, 개별성)

( )학년 ( )반 ( )번 이름( ) / 짝꿍 ( )번 ( )

날짜	
학습활동 목표	목표 달성 정도 평가
1. 토론의 바탕 원리(특히 논리의 창조성, 개별성)를 알 수 있다.	
2. 토론 정신 세 가지를 알고 실천할 수 있다.	
3. 나의 목표 :	

다음 작품에 제목을 붙이고 제목의 의미와 그렇게 제목을 붙인 이유를 써 봅시다.

제목 :

의미, 이유 :

위의 활동으로 알게 된 '논리의 원리'는?

모든 논리는

위의 원리는 토론에서 어떻게 활용할 수 있을까요?

96

내면 관찰 (메타 인지)	사실적 사고		추론적 사고	비판, 창의적 사고
	느낌 / 태도 관찰		생각 파악(느낌의 원인)	변화 대책(필요시)

학습활동 중
파악한 자신의
느낌과 행동
(이유를 구체적으로)
	나의 느낌, 기분이 (
	
	          ) 것으로 관찰된다.
	나의 행동, 자세가 (
	
	          ) 것으로 관찰된다.
			그 이유는 (
			
			          )때문인 것 같다.
				이렇게 하면
				될 것 같다.

알게 된 것				
자신에 대해 알게 된 것 (변화된 것)				
질문이나 더 알고 싶은 것				
학습활동 소감 (실천 계획, 의견, 건의 등)				

R3 모듈 : 앗, 나의 실수!
(논리의 자기 완결성)

언제	–	토론을 전반적으로 소개한 후, 토론의 바탕 원리를 심층적으로 정립하고자 할 때 (특히 논리의 자기 완결성)
목표	–	① 토론의 바탕 원리(특히 논리의 자기 완결성)를 알 수 있다. ② 토론 정신 세 가지를 알고 실천할 수 있다.
수업 대상	–	중학생 이상
교사 준비물	–	활동지
걸리는 시간	–	30분
수업의 흐름	–	실수했던 기억 되살리기 + '생각 밟아 가기' 활동 ▶ 논리의 원리 찾아 발표하기 + 정리
진행 순서	–	① 전시 활동지 돌려주기, 제출 확인, 작성 내용 공유 ② 학습활동 소개, 활동 목표 확인, 자신의 목표 세우기 〔3분〕
		▼
		③ 활동지 받고 자신의 목표 쓰기 ④ 자신이 실수하거나 착각했던 경험 쓰기(5분) ⑤ 안내에 따라 활동지의 '생각 밟아 가기' 하기 〔7분〕
		▼
		⑥ 활동으로 알아낸 원리(논리의 원리) 짝꿍과 말해 보기(3분) ⑦ 짝꿍과 알아낸 원리 발표하기(희망자 자발적으로) ⑧ 학생들의 발표 내용을 바탕으로 토론의 바탕 원리 정리하기 〔15분〕
		▼
		⑨ 활동지의 내면 관찰(메타 인지) 표 작성 ⑩ 다음 수업 안내 ⑪ 활동지 걷기 〔5분〕

실수란 없다

우리는 항상 최선을 선택합니다. 최선이 있는데 차선을 택하지는 않습니다. 그런 선택의 연속이 우리의 삶입니다. 그런데 왜 우리는 최선의 선택을 하는데 실수나 실패를 하는 걸까요? 좀 자세히 살펴볼 필요가 있습니다.

실수가 드러나는 때는 어떤 일을 하기 전일까요, 아니면 하고 나서일까요? 아마 하고 나서일 것입니다. 실수인 걸 알면서 하는 사람은 없기 때문입니다. 어렴풋이 실수를 하는 것은 아닐까 생각하기도 하지만 그래도 괜찮을 거라고 믿기 때문에 실행합니다. 일이 진행되거나 끝난 뒤에야 자신이 미처 몰랐거나 예상하지 못했던 상황이 드러나면서 실수할 수밖에 없었던 이유도 밝혀지게 마련입니다.

예를 들어 볼까요? 멀리 있는 사람을 잘못 보고 알은척을 했다가 민망했던 경험이 있으실 겁니다. 달려가 반갑게 인사할 때는 틀림없이 아는 사람이라고 생각했을 것입니다. 그런데 가까이 가서 보니까 아닌 거죠. 대상과의 거리가 가까워지면서 대상에 대한 정보가 변하고, 정보가 변하면서 판단도 바뀐 것입니다. 정보(근거)가 변하면 판단(결론)도 달라지는 법입니다. 일이 벌어지기 전에도 잘못된 것은 없었고 일이 벌어진 후에도 잘못된 것은 없습니다. '실수할 만하니까 실수한 것'이므로 논리상으로는 문제가 될 것은 없다는 말입니다. 다 그럴 만한 이유와 일리가 있었다는 것이지요. 이 원리를 '논리의 자기 완결성'이라고 했습니다.

학생들이 '논리의 자기 완결성'을 스스로 알아내고 배울 수 있도록 학습활동을 만들어 봤습니다.

진행 방법

아주 간단합니다. 자신이 실수한 사례를 써 보고 거기서 '논리의 자기 완결성'을 이끌어 내면 됩니다.

(1) 실수, 착각했던 경험 쓰기

자신이 실수하거나 착각했던 경험을 생각해 활동지에 쓰게 합니다. 물론 밝히고 싶지 않은데 억지로 쓸 필요는 없습니다. 정 쓸 것이 없으면 다른 사람의 사례를 써도 되고 상상해서 써도 됩니다. 학습 효과는 좀 떨어지겠지만요.

(2) 생각 밟아 가기

활동지에 있는 '생각 밟아 가기'를 합니다. 앞의 활동이 끝나기를 기다린 뒤 교사가 한꺼번에 진행하는 것이 좋습니다. 학생들이 각자 하면 질문의 뜻을 잘못 해석하기도 합니다.

(3) 논리의 원리 찾아내기

방법은 앞의 R2 모듈 '작품 제목 붙이기'와 같습니다. 활동을 통해 알아낸 원리를 짝꿍과 얘기하게 합니다. '생각 밟아 가기'를 한 뒤 나올 수 있는 대답은 거의 정해져 있습니다. '실수에도 나름의 논리가 있다' '실수란 없다' '실수 전의 생각에도 일리가 있다' 등입니다. 이 답들을 모아 모든 현상은 자기 완결성을 가진다는 '논리의 자기 완결성'을 설명합니다.

(4) 토론과 연결하기

앞의 활동보다는 이끌어 낼 수 있는 명제가 단순한 편이지만, '논리의 자기 완결성'과 경청의 근거가 되는 원리를 가르치고 싶을 때에는 좋습니다. 토론할 때 상대의 말을 잘 들어야 하는 이유는 어떤 말이라도 나름의 일리가 있기 때문인 거죠.

TIP

- 실수했던 사례를 쓰도록 한다. 자신의 사례를 밝히기 싫으면 일반적인 사례나 다른 사람의 사례를 쓰게 한다.
- '생각 밟아 가기' 활동은 교사와 함께 하도록 한다.

3차시

86 ▼5-2▶ 124

86 ▼8-2▶ 124

86 ▼17-2▶ 124

86 ▼34-2▶ 110-116

활동지 앗, 나의 실수!(논리의 자기 완결성)

( )학년 ( )반 ( )번 이름( ) / 짝꿍 ( )번 ( )

날짜		
학습활동 목표		목표 달성 정도 평가
1. 토론의 바탕 원리(특히 논리의 자기 완결성)를 알 수 있다.		
2. 토론 정신 세 가지를 알고 실천할 수 있다.		
3. 나의 목표 :		
논리란?		

실수나 착각했던 경험 적기

생각 밟아 가기

1) 실수나 착각을 하고 있다는 사실을 미리 알 수 있었나요? (□ 예 □ 아니요)

2) 실수나 착각을 했단 사실을 깨닫기 전에 알던 정보와 깨닫고 난 뒤 알던 정보에 차이가 있었나요?
   (□ 예 □ 아니요)

3) 만약 그렇다면, 실수하기 전에 미리 그 정보를 알았다면 다른 판단을 했을까요? (□ 예 □ 아니요)

4) 실수나 착각이라고 할지라도 나름대로 타당한 근거가 있다고 볼 수 있나요? (□ 예 □ 아니요)

5) 다른 사람의 실수나 착각, 내가 받아들이기 힘든 주장 등도 나름대로 타당한 근거가 있다고 볼 수 있나요?
   (□ 예 □ 아니요)

6) 실수나 착각을 하지 않은 경우, 혹은 그것이 바로 드러나지 않는 경우에도 위의 원리(모든 논리에는 나름대
   로 타당한 근거가 있다)가 성립할까요? (□ 예 □ 아니요)

위의 활동으로 알게 된 '논리의 원리'는?

모든 논리는

위의 원리는 토론에서 어떻게 활용할 수 있을까요?

💬 자유롭게 활용하세요! Memo!

내면 관찰 (메타 인지)	사실적 사고		추론적 사고	비판, 창의적 사고
	느낌 / 태도 관찰		생각 파악(느낌의 원인)	변화 대책(필요시)

학습활동 중
파악한 자신의
느낌과 행동
(이유를 구체적으로)
	나의 느낌, 기분이 (
	
	              ) 것으로 관찰된다.
	나의 행동, 자세가 (
	
	              ) 것으로 관찰된다.
			그 이유는 (
			
			              )때문인 것 같다.
				이렇게 하면
				될 것 같다.

알게 된 것				
자신에 대해 알게 된 것 (변화된 것)				
질문이나 더 알고 싶은 것				
학습활동 소감 (실천 계획, 의견, 건의 등)				

R4 모듈 : 나는 입학사정관
(논리의 상대성, 개별성)

언제	–	토론을 전반적으로 소개한 후, 토론의 바탕 원리를 심층적으로 정립하고자 할 때 (특히 논리의 상대성, 개별성)
목표	–	① 토론의 바탕 원리(특히 논리의 상대성, 개별성)를 알 수 있다. ② 토론 정신 세 가지를 알고 실천할 수 있다.
수업 대상	–	중학생 이상
교사 준비물	–	활동지
걸리는 시간	–	30분

수업의 흐름	–	자기소개서 판정하기	▶	반 전체 발표 + 짝꿍과 원리 찾아보기	▶	원리 발표, 정리

진행 순서	–	① 전시 활동지 돌려주기, 제출 확인, 작성 내용 공유 ② 학습활동 소개, 활동 목표 확인, 자신의 목표 세우기	3분
		③ 활동지 받고 자신의 목표 쓰기 ④ 주어진 자기소개서를 본 뒤 합격/불합격 판정하고 판정 이유 작성하기	7분
		⑤ 판정 결과와 이유를 반 전체가 돌아가며 발표하기 ⑥ 이 활동으로 알아낸 원리(논리의 원리) 짝꿍과 말해 보기(3분)	7분
		⑦ 짝꿍과 알아낸 원리 발표하기(희망자 자발적으로) ⑧ 학생들의 발표 내용을 바탕으로 토론의 바탕 원리 정리하기	8분
		⑨ 활동지의 내면 관찰(메타 인지) 표 작성 ⑩ 다음 수업 안내 ⑪ 활동지 걷기	5분

절대적으로 옳은 판단은 없다

어떤 문제가 논란이 되거나 애매할 때 우리는 누군가 권위를 가진 사람이 대신 판단을 내려 주기를 바랍니다. 운동 경기에서는 심판, 법률문제에서는 판사, 오디션 프로그램에서는 심사 위원, 입시에서는 면접관 등이 이런 역할을 하죠. 그러면 이런 사람들이 내린 판단은 무조건, 절대적으로 옳을까요? 아닐 것입니다. 어떤 사심도 개입시키지 않고 냉정하게 판단해도 결과는 보는 사람에 따라, 혹은 관점에 따라 달라질 수 있습니다.

절대적으로 옳은 판단은 없을 것입니다. 앞 장에서 이 원리를 '논리의 상대성'이라 이름 붙였습니다. 사람의 생각은 모두 다르고 그것들은 나름대로 일리가 있기 때문에 '논리의 상대성'은 있을 수밖에 없습니다.

이 수업에서 공부할 중심 원리는 '논리의 상대성'이지만 저절로 '논리의 개별성'과 '자기 완결성'도 연관됩니다. 물론 '논리의 창조성'도 연관됩니다. 판정의 이유는 학생마다 다르고 그렇게 판정을 한 데에는 전부 나름의 이유가 있겠지요. 선생님들도 '상대성'을 강조하되 학생들이 '개별성'과 '자기 완결성' 등도 함께 생각해 보도록 하면 좋을 것 같습니다. 이때 '상대성' '개별성' '자기 완결성' 등의 용어를 강조할 필요는 없다고 생각합니다. 원리 자체를 이해하게 하는 데에 중점을 두면 좋겠습니다.

진행 방법

입학사정관이 된다고 가정하고 자기소개서를 심사하는 활동입니다. 학생이 자기소개서를 쓸 때에도 도움이 될 것입니다.

(1) 자기소개서 심사하기

활동지를 나눠 준 다음 주어진 글을 읽게 합니다. 저는 요양간호사가 되기 위해 간호학과에 가고 싶어 하는 학생의 자기소개서를 넣어 봤습니다. 가지고 계시는 다른 자기소개서 자료를 활용하셔도 무관합니다. 심사 전 실제로 대학에 제출했던 자기소개서라고 말하면 몰입도와 긴장감이 높아집니다. 다 읽은 뒤 '합격' '불합격' '보류' 중 하나로 판정하게 합니다. 그 뒤 판정한 이유를 쓰고 이어지는 질문에 답하게 합니다.

(2) 심사 결과 발표하기

돌아가면서 모두 발표하게 합니다. 그렇게 해도 시간이 얼마 걸리지 않고, 그래야 다양한 사례가 나오기 때문입니다. 이때 판정에 따라 '합격' '불합격' '보류'의 세 모둠으로 나누어 최종 결정을 내리기 위한 간단한 토론을 해 볼 수도 있습니다. 모서리 토론(L4 모듈 참조)으로 진행하면 됩니다. 그러나 주된 활동은 토론이 아니므로 학습 목표를 잃지 않도록 조심해야 합니다.

(3) 논리의 원리 찾아내기

방법은 앞의 R2 모듈 '작품 제목 붙이기'와 같습니다. 활동을 통해 알아낸 원리를 짝꿍과 얘기해 보고, 발표하게 합니다. 판정 결과보다는 판정 이유의 다양함에 주목하도록 하면서 학생들이 자연스럽게 논리의 원리를 유추토록 합니다. 판정 결과는 세 가지지만 같은 결과라도 판정 이유는 제각기 다르므로 논리의 상대성, 개별성, 자기 완결성을 이해하기에 좋습니다.

(4) 토론과 연결하기

심사 활동으로 알아낸 원리가 토론과 어떤 연관성이 있는지, 토론에서 어떻게 활용할 것인지를 생각해 보는 단계입니다. 여기서도 역시 상대방을 인정하고 경청해야 한다는 토론자의 기본 자질을 말할 수 있을 것입니다.

TIP

- 실제 제출되었던 자기소개서를 이용하면 더욱 실감을 높일 수 있다.
- 판정 결과보다는 판정을 내린 이유와 근거에 비중을 두고 이야기한다.

활동지 나는 입학사정관 (논리의 상대성, 개별성)

( )학년 ( )반 ( )번 이름( ) / 짝꿍 ( )번 ( )

날짜	
학습활동 목표	목표 달성 정도 평가
1. 토론의 바탕 원리(특히 논리의 상대성, 개별성)를 알 수 있다.	
2. 토론 정신 세 가지를 알고 실천할 수 있다.	
3. 나의 목표 :	
논리란?	

나는 입학사정관!

저에게는 간호학도로서 반드시 함양해야 할 '따뜻한 품성'이라는 경쟁력이 있습니다. 오랫동안 요양간호사를 꿈꾸면서 이 꿈을 현실로 만들기 위해 요양원을 찾아가 직접 봉사 활동을 하며 요양간호사가 담당하게 될 업무를 직간접적으로 체험하였습니다. 큰일을 했던 것은 아니지만 작고 사소한 일에도 진심으로 고마워하며 환한 미소를 보여 주시는 환자들을 보면서 가슴속 깊이 차오르는 뭉클한 감동도 느낄 수 있었습니다. 그리고 반드시 더 많은 환자들의 얼굴에 미소를 되찾게 만드는 가슴이 따뜻한 요양간호사가 되어야겠다는 의지를 가질 수 있었습니다. 그러나 저는 아직 제가 세운 목표를 현실로 구현할 수 있는 완벽한 준비를 하지는 못했습니다. 저는 대학교 간호학과가 요양간호사라는 저의 목표에 한발 더 다가설 수 있는 철저한 준비 단계가 되어 줄 것이라 믿습니다.

이 학생에 대해 어떤 판정을 내리고 싶은가요?

판정 : □합격 □불합격 □보류
이유(근거) :

위의 판단은 입학사정관마다 같을까요, 다를까요? 이유는요?

(□같다 □다르다) 왜냐하면

위의 활동으로 알게 된 '논리의 원리'는?

모든 논리는

위의 원리는 토론에서 어떻게 활용할 수 있을까요?

내면 관찰 (메타 인지)	사실적 사고		추론적 사고	비판, 창의적 사고
	느낌 / 태도 관찰		생각 파악(느낌의 원인)	변화 대책(필요시)
학습활동 중 파악한 자신의 느낌과 행동 (이유를 구체적으로)	나의 느낌, 기분이 (　　　　) 것으로 관찰된다. 나의 행동, 자세가 (　　) 것으로 관찰된다.		그 이유는 (　　　)때문인 것 같다.	이렇게 하면 될 것 같다.
알게 된 것				
자신에 대해 알게 된 것 (변화된 것)				
질문이나 더 알고 싶은 것				
학습활동 소감 (실천 계획, 의견, 건의 등)				

R5 모듈 : 두 마리 토끼를 잡아라!
(논리의 공유성)

언제	–	토론을 전반적으로 소개한 후, 토론의 바탕 원리를 심층적으로 정립하고자 할 때 (특히 논리의 공유성)
목표	–	① 토론의 바탕 원리(특히 논리의 공유성)를 알 수 있다. ② 토론 정신 세 가지를 알고 실천할 수 있다.
수업 대상	–	중학생 이상
교사 준비물	–	활동지
걸리는 시간	–	30분
수업의 흐름	–	활동지 작성 후 짝꿍과 비교 ▶ 짝꿍과 원리 찾아보기 ▶ 원리 발표, 정리

진행 순서	–	① 전시 활동지 돌려주기, 제출 확인, 작성 내용 공유 ② 학습활동 소개, 활동 목표 확인, 자신의 목표 세우기	3분
		▼	
		③ 교사와 함께 특정 논제를 가지고 공유 가치 찾아보기 ④ 활동지 받고 자신의 목표 쓰기 ⑤ 각 논제에 대한 내용 작성하기	10분
		▼	
		⑥ 짝꿍과 내용을 비교해 보고 수정하기 ⑦ 이 활동으로 알아낸 원리(논리의 원리) 짝꿍과 말해 보기	5분
		▼	
		⑧ 각 논제에 대한 내용 발표 및 정리 ⑨ 짝꿍과 알아낸 원리 발표하기(희망자 자발적으로) ⑩ 학생들의 발표 내용을 바탕으로 토론의 바탕 원리 정리하기	8분
		▼	
		⑪ 활동지의 내면 관찰(메타 인지) 표 작성 ⑫ 다음 수업 안내 ⑬ 활동지 걷기	4분

흑백 논리를 넘어서

토론을 대립적으로만 생각하는 경향이 강합니다. 그러나 '논리의 공유성'이 없으면 토론은 성립하지 않습니다. 대립적인 입장이라 하더라도 서로 인정하고 공유하는 가치가 있기에 토론이 이루어진다는 사실을 분명히 인식하는 것이 중요합니다.

공유성에 대한 인식이 확실하지 않으면 토론은 흑백 사고를 강화하는 결과밖에는 낳지 못할 수 있습니다. 논제에 대한 선택지가 찬성 아니면 반대뿐이라고 생각하는 것이지요. 비논리적이고 비합리적입니다. 찬성과 반대 말고도 여러 의견이 존재합니다. 양비론과 양시론을 불온시하거나 위험시하기도 하는데, 그런 시각에도 일리는 있으나 확실한 이유와 근거만 있다면 중도적인 생각도 얼마든지 독립된 의견이 될 수 있다고 생각합니다.

대립하는 양측이 공유하는 가치가 무엇인지 파악하는 활동은 논제 분석의 핵심으로 나중에 토론 연습을 하거나 교차조사 토론을 실습할 때마다 거쳐야 하는 절차입니다. 때문에 미리 집중적으로 연습하면서 내면화하는 것도 좋다고 봅니다. 여기서 이 활동을 못한다면 이후의 토론 연습 시간에라도 꼭 다뤄야 합니다.

진행 방법

찬반 입장에 따라 추구·지지하는 핵심 가치나 목표가 무엇인지 찾아보고 그것들의 공통점을 생각해 보도록 하는 활동입니다. 여기에 제시한 논제는 국제토론교육협회에서 제공한 〈Top 100 Debates〉를 참고로 했습니다.[●] 국제토론교육협회 홈페이지

〈TOP 100 DEBATES〉
(International Debate Education Association)

(http://idebate.org)에 가 보면 각 논제에 대한 찬반 논증이 자세히 정리되어 있습니다. 영어 잘하시는 분, 참 좋으시겠어요.

(1) 공유 가치 찾아보기

우선 '야간 자율 학습을 폐지해야 한다'는 논제를 가지고 학생들과 함께 공유 가치를 찾아봅니다. 활동을 이해 못하고 어려워할 수도 있으므로 천천히, 충분히 설명하도록 합니다. 활동지에 이 논제에 대한 내용이 그대로 적혀 있으므로 활동지는 이 논제의 공유 가치를 찾은 뒤 나누어 줍니다. 이후 각자 활동지에 있는 다른 논제의 빈칸을 채우게 합니다. 〈자유 논제〉 칸은 학생이 해 보고 싶은 논제가 있을 경우에 자유롭게 해 보도록 합니다. 그 위에 있는 논제 네 가지도 시간이 없을 때는 한두 가지로 줄여도 좋습니다. 각자 생각해 볼 시간을 충분히 주는 게 좋습니다.

(2) 짝꿍과 비교하고 고쳐 보기

다 작성한 뒤에는 짝꿍과 서로 비교하고 검토한 뒤 서로 의견을 이야기하여 보완하게 합니다.

(3) 논리의 원리 찾아내기

이 활동으로 알아낸 논리의 원리를 발표하게 하고 정리합니다. 방법은 앞의 R2 '작품 제목 붙이기' 모듈과 같습니다. 이 활동에서 도출되는 원리는 '논리의 공유성'입니다. 다른 원리도 도출할 수야 있지만, 활동 자체가 학생들에게 낯설 수 있으므로 '논리의 공유성'을 잘 알게 하는 데에 집중합니다.

(4) 토론과 연결하기

'논리의 공유성'이 토론에서 어떻게 적용되는지 묻고, 얼마든지 극단적인 대립에서 벗어나 생산적인 합의에 이를 수 있음을 말해 줍니다. 상대방의 논리를 인정한다고 패배하는 것이 아님을 알려 주면 좋겠습니다. 토론 수업이나 토론 대회에서 승패를 가리기 때문인지 학생들은 무조건 상대 논리를 거부하고 자신의 의견을 강변하는 경향이 있습니다. 상대의 논리도 분명 나름의 근거나 일리가 있으므로 그것을 인정하면서도 넘어서는 논리를 펼 때 진정한 승리라고 할 수 있다는 사실을 알게 하면 좋겠습니다. 그러한 여러 사례를 준비해서 보여 주어도 좋습니다.

공유하는 상위 가치는 토론에서 쟁점 분석을 가능케 하는 바탕이 되면서 양측이 함께 추구해야 할 명분이 됩니다. 자신의 입장만을 강요하고 상대는 무시하거나 비난 하면 토론이 될 수 없겠죠. 자신의 논점이 상대의 요구를 충족하면서도 더 바람직한 가치를 실현함을 보여 주는 토론이 좋은 토론일 것입니다.

TIP

- 어려워할 수 있으므로 보기를 통해 충분히 설명한 뒤 활동에 들어간다.
- 시간 사정에 따라 활동 논제의 수를 조절한다.
- '논리의 공유성'이 흑백 논리에서 벗어나는 중요한 원리임을 깨닫게 한다.

활동지 두 마리 토끼를 잡아라! (논리의 공유성)

(   )학년 (   )반 (   )번 이름(   ) / 짝꿍 (   )번 (   )

날짜		
학습활동 목표		**목표 달성 정도 평가**
1. 토론의 바탕 원리(특히 논리의 공유성)를 알 수 있다.		
2. 토론 정신 세 가지를 알고 실천할 수 있다.		
3. 나의 목표 :		
논리란?		

두 마리 토끼를 잡아라!

논제	입장	각 입장이 추구(지지)하는 가치	함께 인정할 수 있는 가치 (공유하는 상위 가치)
〈보기〉 야간 자율 학습을 폐지해야 한다.	찬성	학생의 자율성	학생의 자율성을 보장하면서 학습도 효율적으로 할 수 있게 하자.
	반대	학습의 효율성	
남녀 분리 학교(남고/여고)가 교육에 더 좋다.	찬성		
	반대		
동물 실험을 금지해야 한다.	찬성		
	반대		
사형 제도를 폐지해야 한다.	찬성		
	반대		
등교 후 학생들의 휴대폰을 걷어야 한다.	찬성		
	반대		
〈자유 논제〉	찬성		
	반대		

위의 활동으로 알게 된 '논리의 원리'는?

모든 논리는

위의 원리는 토론에서 어떻게 활용할 수 있을까요?

86 ▼5-2▶ 124

86 ▼8-2▶ 124

86 ▼17-2▶ 124

92~104 ▼34-3▶ 124

내면 관찰 (메타 인지)	사실적 사고		추론적 사고	비판, 창의적 사고
	느낌 / 태도 관찰		생각 파악(느낌의 원인)	변화 대책(필요시)
학습활동 중 파악한 자신의 느낌과 행동 (이유를 구체적으로)	나의 느낌, 기분이 ( ) 것으로 관찰된다. 나의 행동, 자세가 ( ) 것으로 관찰된다.		그 이유는 ( )때문인 것 같다.	이렇게 하면 될 것 같다.
알게 된 것				
자신에 대해 알게 된 것 (변화된 것)				
질문이나 더 알고 싶은 것				
학습활동 소감 (실천 계획, 의견, 건의 등)				

R6 모듈 : 있다? 없다?
(논리의 상대성)

언제	–	토론을 전반적으로 소개한 후, 토론의 바탕 원리를 심층적으로 정립하고자 할 때 (특히 논리의 상대성)
목표	–	① 토론의 바탕 원리(특히 논리의 상대성)를 알 수 있다. ② 토론 정신 세 가지를 알고 실천할 수 있다.
수업 대상	–	고등학생
교사 준비물	–	활동지
걸리는 시간	–	40분
수업의 흐름	–	활동지 작성 후 짝꿍과 비교 활동 ▶ 짝꿍과 원리 찾아보기 ▶ 원리 발표, 정리

진행 순서	–	① 전시 활동지 돌려주기, 제출 확인, 작성 내용 공유 ② 학습활동 소개, 활동 목표 확인, 자신의 목표 세우기	3분
		▼	
		③ 활동지 받고 자신의 목표 쓰기 ④ 활동지에 있는 물음에 답해 보기	10분
		▼	
		⑤ 활동 결과를 짝꿍과 서로 이야기해 보기 ⑥ 이 활동으로 알아낸 원리(논리의 원리) 짝꿍과 말해 보기	7분
		▼	
		⑦ 짝꿍과 알아낸 원리 발표하기(희망자 자발적으로) ⑧ 학생들의 발표 내용을 바탕으로 토론의 바탕 원리 정리하기	15분
		▼	
		⑨ 활동지의 내면 관찰(메타 인지) 표 작성 ⑩ 다음 수업 안내 ⑪ 활동지 걷기	5분

여러분 곁에는 무엇이 없습니까?

'있음'을 전제하지 않으면 '없음'을 이야기할 수 없고 그 반대도 마찬가지입니다. 처음부터 없는 것은 없다는 사실조차 모르기에 없다고 말할 수 없습니다. 긴 것은 짧은 것을, 큰 것은 작은 것을 전제하지 않고는 생각하거나 말할 수 없습니다. 모든 논리와 언어는 상대적이며 이분법의 체계 안에 있습니다. 이러한 원리를 '논리의 상대성'이라 했습니다. 이 원리는 논리의 원리임과 동시에 인식의 원리이기도 합니다. 모든 인식은 상대적이며 이분법적입니다.

진행 방법

학생들이 '논리의 원리'에 관한 활동 중 가장 재미있어 하는 활동입니다. 모든 논리는 상대적이라는 것을 알게 하는 활동인데요. 학생들의 생각에 신선한 변화가 일어납니다. 학생들이 이 원리를 이해한다면 언어와 실상에 대해 새롭고 깊이 있는 시각을 가지게 될 것입니다.

(1) 개인별로 활동지 작성하기

충분히 생각할 시간을 주는 것이 중요합니다. 문제를 이해하지 못해 매우 당황해하는 학생도 있습니다. 교사는 개입하지 않고 각자가 충분히 생각해서 쓰게 합니다.

(2) 짝꿍과 생각 나누기

짝꿍과 서로 생각을 나누며 실마리를 풀어 가도록 합니다.

(3) 논리의 원리 찾아내기

짝꿍 활동까지 끝나면 교사가 주도하되 학생과의 문답을 통하여 '논리의 상대성'이라는 원리를 이끌어 냅니다. 이런 과정을 거치면서 신기해하는 학생도 있습니다. 별 생각 없이 써 오던 말들을 다시 성찰하기도 합니다. 그런데 일상생활에서 이런 원리를 몰라도 의사소통에 별 지장이 없는 까닭은 무엇일까요? 그건 사람들이 전제로 깔고 있는 상식이나 통념 때문입니다. '그 사람은 키가 크다'고 할 때, 평균치에 대한 전제가 공유되어 있는 것입니다. 우리나라에서는 키가 크다는 말을 듣던 사람도 다른 나라에 가면 작다는 소리를 들을 수도 있습니다. 키의 평균치에 대한 전제가 다르기 때문입니다. 이처럼 결론은 전제에 따라 달라지는데, 상식이나 통념은 모두가 공유하고 의심하지 않는 전제이기 때문에 당연하고 절대적인 것으로 생각하기 쉽습니다. 그렇지 않다는 것을 스스로 알아내도록 진행합니다.

교사가 먼저 논리의 상대성에 대해 충분히 이해하고 있어야 합니다. 논리의 상대성은 '언어의 분절성'이나 '이원론'과도 연결됩니다.

(4) 토론과 연결하기

논리의 상대성은 토론을 성립하게 하는 바탕 원리일 뿐 아니라 실제 토론에서는 상대방의 주장에 대한 비판의 근거가 됩니다. 모든 논리는 전제를 깔고 '상대적'으로 존재하므로 전제를 찾아 바꾸거나 전제 자체를 공격하면 논리를 비판할 수 있게 됩니다. 일상생활에서도 활용할 수 있습니다. 자신의 생각이나 논리를 스스로 관찰하고 비판하여 전제를 바꾸면 결론이나 감정도 바꿀 수 있게 됩니다.

더 추가하자면 논리는 상대적이고 이분법적이지만 실제 세상은 통합적, 융합적으로 이루어져 있습니다. 때문에 우리는 논리를 초월할 수 있는 것이고 논리를 다룰 수 있는 것입니다. 이것이 앞에서 말한 '논리의 초월성'인데, 학생들에게 설명하기에는 조금 어려울 수 있습니다.

- 생각할 시간을 충분히 준다.
- 주어진 물음에 순서에 따라 정확히 답하게 한다.
- 낯선 내용일 수 있으므로 이해를 돕는 다양한 사례의 프레젠테이션 자료를 준비한다.

수업 후기

이런 철학적인 내용을 배우며 어렵다는 생각도 했는데 뭔가 역설적인 표현 같은 느낌이 나서 신기했고 추상적인 수업이어서 어려웠지만 인생의 진리를 배운 듯한 느낌이었다.
오늘따라 유난히 난이도가 있고 심도 있는 수업이었지만 굉장히 흥미로웠다. '있다' 또는 '없다' '짧다'라는 말을 아무 생각 없이 써 왔는데 지금 생각해 보니 "니 머리가 길다"라는 말도 함부로 해서는 안 되는, 논리에 맞지 않는 말인 것 같다. 그 밖에도 내가 내뱉는 논리에 맞지 않는 말이 많아서 나의 지식 수준에 대한 깊은 의문이 들었다.

경북여고 1-10 박효진

이런 내용을 학교에서 배운다는 것이 너무 다행으로 여겨졌다. 마치 철학자가 된 것처럼 논리라는 단어를 깊게 판 것 같다. 조금 어려운 부분도 있었지만 새로운 것을 배운다는 것이 너무 좋았고 유용한 것 같다.

경북여고 1-10 정승민

'없다'라는 것은 '있다'라는 사실을 알 때만 성립한다는 등 반대의 전제가 있어야 한다는 게 신기했고 논리는 만들어 낼 수 있다는 것을 알게 되었다.

경북여고 1-10 최은수

활동지 있다? 없다? (논리의 상대성)

( )학년 ( )반 ( )번 이름( ) / 짝꿍 ( )번 ( )

날짜	

학습활동 목표	목표 달성 정도 평가
1. 토론의 바탕 원리(특히 논리의 상대성)를 알 수 있다.	
2. 토론 정신 세 가지를 알고 실천할 수 있다.	
3. 나의 목표 :	
논리란?	

다음 그림을 보고 물음에 답해 봅시다.

1. 옆 사진에 '없는' 것은 무엇일까요?

2. 없다는 것을 어떻게 알았나요?

3. 태극기를 본 적 없는 사람은 위의 1, 2번에 어떻게 답할까요?

4. 그 대답을 어떻게 평가해야 할까요?

  (□ 옳다 □ 그르다 □ 평가할 수 없다)

5. 그렇다면 '없다'는 말은 어느 때에 성립할까요(옳다고 받아들여질까요)?

6. '있다'는 말의 경우엔 어떨까요?

7. 그렇다면 본래부터 없는 것은 어떻게 말할 수 있을까요?

다음 화살표를 보고 물음에 답해 봅시다.

1. 옆 화살표는 긴가요, 짧은가요?

2. 위 1번처럼 답을 한 이유는 무엇인가요?

3. 그렇다면 '길다'는 말은 어느 때에 성립할까요(옳다고 받아들여질까요)?

4. '짧다'는 말의 경우엔 어떨까요?

5. 비교할 대상을 없애면(혹은 비교 대상이 없는 것의) 길이를 어떻게 말할 수 있을까요?

다음 사진을 보고 물음에 답해 봅시다.

1. 옆 그림의 집은 큰가요, 작은가요?

2. 그렇게 답을 한 이유는 무엇인가요?

3. 손을 없애면 집의 크기를 어떻게 말할 수 있을까요?

4. 그렇다면 '크다' '작다'는 말은 어떤 때에 성립할까요(옳다고 받아 들여질까요)?

위의 활동으로 알게 된 '논리의 원리'는?

이런 원리에도 불구하고 사람들의 언어생활에 불편이 없는 이유는 무엇일까요?

위의 원리는 토론에서 어떻게 활용할 수 있을까요?

86 ◀5-2▶ 124

86 ◀8-2▶ 124

86 ◀17-2▶ 124

92~104 ◀34-3▶ 124

💬 자유롭게 활용하세요! Memo!

내면 관찰 (메타 인지)	사실적 사고		추론적 사고	비판, 창의적 사고
	느낌 / 태도 관찰		생각 파악(느낌의 원인)	변화 대책(필요시)

학습활동 중
파악한 자신의
느낌과 행동
(이유를 구체적으로)
	나의 느낌, 기분이 (
	
	    ) 것으로 관찰된다.
	나의 행동, 자세가 (
	
	    ) 것으로 관찰된다.
			그 이유는 (
			
			)때문인 것 같다.
				이렇게 하면
				될 것 같다.

알게 된 것				
자신에 대해 알게 된 것 (변화된 것)				
질문이나 더 알고 싶은 것				
학습활동 소감 (실천 계획, 의견, 건의 등)				

토론과 친해지기,
비격식 토론

+

L1

네 마음이
들려!

+

L2

상대의 마음을
움직여라

+

L3

두 마음 토론

+

L4

모서리 토론

L1 모듈 : 네 마음이 들려!
(경청 연습)

언제	–	본격적 토론 수업에 앞서 '마음 듣기(공감적 경청)'를 연습하고 모둠원 사이의 친밀감을 높이고자 할 때
목표	–	① '마음 듣기(공감적 경청)'의 뜻과 중요성을 알 수 있다. ② 마음 듣기의 방법을 알고 연습할 수 있다. ③ 나의 마음 듣기 능력을 관찰하고 평가할 수 있다.
수업 대상	–	초등 고학년 이상
교사 준비물	–	영상 자료, 타이머, 알림종
걸리는 시간	–	30분

수업의 흐름	–	마음 듣기의 중요성, 방법 알기 ▶ 마음 듣기 실습 ▶ 소감 발표, 정리

진행 순서	–	① 전시 활동지 돌려주기, 제출 확인, 작성 내용 공유 ② 학습활동 소개, 활동 목표 확인, 자신의 목표 세우기	4분
		③ '마음 듣기(공감적 경청)'의 중요성과 활동 방법 안내 ④ 두 사람을 서로 마주 앉게 한 뒤 먼저 말할 사람을 정해 준다.	10분
		⑤ 마음 듣기 – 한 사람이 다른 사람에게 정해진 주제(내가 좋아하는 것들)에 대해 말한다. 듣는 사람은 마음 듣기 방법을 잘 실천하면서 듣는다(1분). ⑥ 딴청 피우기 – 1분이 지나면 듣던 학생은 고개를 돌려서 딴청을 피운다. 말하던 사람은 계속 말해야 한다(1분). ⑦ 마음 듣기 – 1분이 지나면 교사는 다시 신호를 준다. 그러면 딴청을 피우던 학생은 다시 말하는 학생을 쳐다보고 얘기를 잘 들어 준다(1분). ⑧ 1분이 지나면 끝낸다. 역할을 바꾸어서 한 차례 더 한다(3분).	6분
		⑨ 활동 소감 발표(희망자 자발적으로) ⑩ 학생들의 발표 내용을 바탕으로 '마음 듣기(공감적 경청)'의 중요성, 방법 정리하기 ⑪ 활동지 나눠 주고 작성하기	5분
		⑫ 활동지의 내면 관찰(메타 인지) 표 작성 ⑬ 다음 수업 안내 ⑭ 활동지 걷기	5분

언어생활에서 '듣기'는 매우 중요합니다. '듣기'를 잘하면 다른 사람과 금방 친해집니다. 상대방의 마음을 따뜻하게 하는 좋은 말도 해 줄 수 있습니다. 유용한 정보를 많이 모으게 되고, 상대방의 의견을 명확히 파악하게 되므로 결국 말을 할 때에도 도움이 됩니다. 토론을 잘하는 힘은 모두 듣기에서 나옵니다. 다들 토론에서는 말을 잘하는 게 중요하다고 생각하지만, 사실은 듣기가 더 중요하죠. 상대방의 논지를 잘 들어야 질문과 반박을 할 수 있으니까요. 토론 실습이나 대회를 보면 토론자들이 정신없이 메모하는 모습을 볼 수 있는데 그렇게 하지 않으면 토론을 이어 갈 수 없기 때문입니다. 그러므로 토론 공부는 듣기의 중요성을 알고 듣기 연습을 해 보는 데서 시작해야 합니다.

그런데 사실 여기 소개하는 듣기 수업은 토론 수업보다는 화법 수업에 어울리는 내용입니다. 상대방과 눈을 맞추고 그 사람의 이야기에 담긴 감정을 읽어 내는 '공감적 경청'은, 개인 사이에서 벌어지는 정서적인 대화에 적절하기 때문입니다. 토론에서는 공감적 경청이 필요한 상황이 거의 없지만, 듣기의 중요성을 배우기에는 이 수업이 좋을 것 같아 화법 단원에서 했던 수업을 그대로 소개합니다.

'공감적 경청'을 '마음 듣기'라는 말로 쉽게 바꿔 봤습니다. '듣기' 앞에 '마음'을 붙인 이유는 '상대의 마음까지 듣는다' '자신의 마음을 비우고 듣는다' '마음을 다해 듣는다'는 뜻을 담고 싶었기 때문입니다. 다른 사람의 마음까지 듣기는 어렵습니다. 이 수업에서 제가 쓰는 영상 자료에는 "오빠, 나 살찐 거 같아?"라고 묻는 여자 친구의 질문에 경악하는 청년이 나옵니다. 그 말이 무슨 뜻인지는 알지만 그 말을 하는 마음까지는 모르는 것이겠지요. '마음 듣기'가 되지 않으면 대화는 어그러집니다.

두 사람이 짝을 이루어 진행합니다. 한 사람은 말하고, 다른 한 사람은 마음 듣기-딴청 피우기-마음 듣기를 차례대로 합니다. 역할을 바꿔 한 번 더 해 보고 소감을 말합니다.

(1) 마음 듣기의 중요성과 방법 안내

듣기의 중요성을 잘 드러내는 영상 자료를 보여 줍니다. 안내는 되도록 짧게 합니다. '설명'이 아니라 '안내'여야 합니다.

(2) 마음 듣기 실습

먼저 1분간 충실하게 상대방의 말을 듣게 합니다. 미리 '짜증 났겠다' '답답했겠다' '슬펐겠구나' '좋았겠다' 등의 말을 알려 주고, 이 단어들을 사용하며 상대의 감정을 들어 보라고 일러 주어야 합니다. 구체적인 낱말이 생각나지 않으면 "그랬구나!" 정도로라도 대꾸를 해 주어야 합니다. 1분이 지나면 교사는 알림종으로 신호를 주고 학생들은 신호에 따라 '딴청 피우기'를 합니다. 머뭇거리는 학생도 있는데, 공부를 위해서니 미안해할 것 없이 확실하게 하도록 합니다. 중요한 점은, 말하는 사람은 듣는 사람의 태도와 상관없이 계속 말해야 한다는 것입니다. 상대가 딴청을 피우는 순간 말하는 아이들의 목소리가 일시에 커지는 재미있는 현상이 일어나기도 합니다. 1분이 지나면 다시 신호를 해서 마음 듣기를 합니다. 이 활동을 역할을 바꿔 한 번 더 합니다.

(3) 활동 소감 발표와 정리

몇몇 학생의 소감을 들어 보고 정리합니다. 활동지는 학생들의 소감을 다 들은 뒤에 나누어 주면 됩니다. 활동지를 미리 나누어 주면 학생들이 다른 학생의 발표는 안 듣고 활동지 작성에 온 정신을 쏟는 까닭에 수업이 어수선해집니다.

'짝꿍이 잘 안 듣고 딴청을 피우니 무시당하는 것 같았다' '연기인 걸 알면서도 속이 상해서 때려 주고 싶었다' '안 들어 주니까 생각이 잘 안 났다' '앞으로는 상대방의 말을 잘 들어 줘야겠다' 등의 소감이 나옵니다. '내가 말을 할 수 있는 이유는 상대방이 잘 들어 주기 때문이다' '나의 말을 들어 주는 사람에게 고마움을 느껴야 한다' '내 말을 진정으로 들어 주는 단 한 사람만 있어도 인생은 살 만하다' '나도 누군가에게 그런 사람이 되자' 등의 말을 덧붙여 주면 좋겠습니다.

TIP

- **활동지를 미리 나눠 주지 않는 것이 중요하다.** 실습이 끝난 뒤에 나눠 주고 작성하게 한다.
- **'딴청 피우기'를 잘하도록 안내한다.** 어디까지나 공부를 위한 것이니 확실하게 하도록 한다.

수업 후기

'마음 듣기'라는 공감적 경청을 할 때 상대방의 말에 집중하기 위해 더 잘 듣게 되었고 상대에게 내가 잘 듣고 있다는 것을 표현하기 위해서 눈을 맞추고 고개를 더 끄덕이게 되고 맞장구를 더 잘한 것 같다. 공감적 경청이라는 듣기의 태도를 잘 알게 되었다. 그리고 편견과 비판 없이 들으니까 듣는 것도 좋고 상대방도 나를 그렇게 봐 주니까 좋았다. 마음 듣기를 하면서 친구와 이야기할 때 일반적인 대화를 할 때보다 더 좋았고 상대방이 나의 말을 잘 들어 줄 때 더 말하고 싶고 좋았다. 상대방이 나의 말을 잘 들어 주지 않을 때 목소리가 더 커지고 말을 하기 싫어졌고 그 사람이랑 친해지기 싫었다. 그래서 나도 상대랑 대화를 할 때 눈을 잘 맞추고 딴짓하지 않고 적절한 리액션을 하면서 들어야겠다.

시지고 1-10 김예진

상대방의 말을 들을 때 유의할 점이나 효과 등의 수업을 들어 보니 나는 친구들과 대화할 때는 상대방의 말을 잘 들어 주는 편이었는데, 수업을 들을 때는 졸거나 필기하느라 선생님의 말을 듣지 못하는 것 같아 허탈감이 들었다. 또 공감적 듣기 실습에서 내가 말하고 있을 때 내가 짧은 시간 동안 말을 진짜 많이 한다고 느꼈고, 그 와중에도 열심히 들어 주는 상대방에게 고마웠다. 또 내가 조용히 듣기만 해서 상대방이 지루해 보여서 반성을 해야겠다고 느꼈다.

시지고 1-7 윤남령

활동지 네 마음이 들려!(경청 연습)

( )학년 ( )반 ( )번 이름( ) / 짝꿍 ( )번 ( )

날짜	
학습활동 목표	목표 달성 정도 평가
1. '마음 듣기(공감적 경청)'의 뜻과 중요성을 알 수 있다.	
2. 마음 듣기의 방법을 알고 연습할 수 있다.	
3. 나의 마음 듣기 능력을 관찰하고 평가할 수 있다.	
4. 나의 목표 :	

마음 듣기에 대하여 자유롭게 정리

마음 듣기란?

마음 듣기의
방법

마음 듣기의
중요성

마음 듣기(공감적 경청) 연습 안내

짝꿍 이름	( )번 이름( )				
실습 방법	나	계속 말하기(어떤 상황에서라도)	짝꿍	계속 말하기(어떤 상황에서라도)	
	짝꿍	1. 마음 듣기(공감적 경청) 실습 – 1분 2. 딴청 피우기 – 1분 3. 다시 마음 듣기 실습 – 1분	나	1. 마음 듣기(공감적 경청) 실습 – 1분 2. 딴청 피우기 – 1분 3. 다시 마음 듣기 실습 – 1분	
이야기 주제	내가 좋아하는 것들				

나의 마음 듣기(공감적 경청) 관찰, 평가

마음 비우기(평가나 비판 없이 듣는 것)	☐ 매우 좋음 ☐ 좋은 편 ☐ 보통 ☐ 부족한 편 ☐ 매우 부족
눈맞춤(관심과 호기심의 눈빛과 표정)	☐ 매우 좋음 ☐ 좋은 편 ☐ 보통 ☐ 부족한 편 ☐ 매우 부족
고개 끄덕임, 맞장구, 리액션	☐ 매우 좋음 ☐ 좋은 편 ☐ 보통 ☐ 부족한 편 ☐ 매우 부족
마음 읽어 주기(~했구나!)	☐ 매우 좋음 ☐ 좋은 편 ☐ 보통 ☐ 부족한 편 ☐ 매우 부족

내면 관찰 (메타 인지)	사실적 사고	추론적 사고	비판, 창의적 사고
	느낌 / 태도 관찰	생각 파악(느낌의 원인)	변화 대책(필요시)
학습활동 중 파악한 자신의 느낌과 행동 (이유를 구체적으로)	나의 느낌, 기분이 ( ) 것으로 관찰된다. 나의 자세, 행동이 ( ) 것으로 관찰된다.	그 이유는 ( )때문인 것 같다.	이렇게 하면 될 것 같다.
알게 된 것			
자신에 대해 알게 된 것 (변화된 것)			
질문이나 더 알고 싶은 것			
학습활동 소감 (실천 계획, 의견, 건의 등)			

L2 모듈 : 상대의 마음을 움직여라
(설득 놀이)

언제	–	토론에 흥미와 친밀감을 키워 주고 말하기에 대한 부담감을 덜어 주고자 할 때
목표	–	① '마음 듣기'를 실천할 수 있다. ② 상대방을 설득해 봄으로써 말하기의 부담감을 없앨 수 있다. ③ 설득 방법을 3가지 이상 말할 수 있다.
수업 대상	–	중학생 이상
교사 준비물	–	영상 자료 – EBS 방영 〈설득의 비밀〉, 활동지
걸리는 시간	–	50분

수업의 흐름	–	설득하기 활동 ▶	관련 영상 감상 ▶	소감 발표, 정리	

진행 순서	–	① 전시 활동지 돌려주기, 제출 확인, 작성 내용 공유 ② 학습활동 소개, 활동 목표 확인, 자신의 목표 세우기

3분

③ 상황 제시 – 자퇴하려는 학생과 말리는 교사(자퇴 학생 vs 교사)

④ 활동지 받고 작성 – 자퇴하려는 이유와 반론을 모두 쓴다(5분).

⑤ 자리 조정하기 – 되도록 교실의 구석까지 모두 활용하여 간격을 넓힌다.

⑥ 역할 지정 – 좌석을 기준으로 일괄 지정한다. 벽 쪽은 학생, 창 쪽은 교사 26분

⑦ 설득 놀이 – 상대의 마음을 움직여야 한다. 반드시 자퇴하려는 학생의 역할을 맡은 사람부터 이야기 시작(7~10분)

⑧ 끝나고 난 뒤 결과 정리 – 어느 쪽이 설득에 성공했는지 알아본다.

⑨ 〈설득의 비밀〉 영상물 시청 10분

⑩ 시청 후 소감 발표 – '느낌 + 이유'의 형식으로 말한다.

⑪ 교사의 정리 – 학생 발표 내용을 중심으로 6분

⑫ 활동지의 내면 관찰(메타 인지) 표 작성

⑬ 다음 수업 안내 5분

⑭ 활동지 걷기

설득의 비밀

일상생활에서는 토론보다 설득이 필요한 경우가 더 많습니다. 친구, 부모님, 선생님 등과의 대화도 거의 설득일 때가 많습니다. 설득하는 방법을 터득하면 사람과의 관계를 해치지 않으면서 자기 뜻을 관철할 수 있습니다.

설득 놀이는 학생의 말문을 트게 하여 토론에 대한 친밀감을 높이는 활동입니다. 토론은 공개적으로 이루어지는, 엄격한 형식을 갖춘 활동인 데 비하여 설득은 개인적으로 이루어지는 활동입니다. 평소의 대화에 가까운 친근한 말하기 방식이므로 학생들이 부담감 없이 말하기를 연습할 수 있습니다. 다른 사람을 설득하려면 이유나 근거를 논리적으로 제시할 줄도 알아야 하므로 토론의 기초를 익히기에도 적합한 활동입니다. 설득의 핵심은 말하기보다는 듣기에 있으므로 L1 '네 마음이 들려!' 모듈과 본격적으로 말하기를 연습하는 차후 활동을 연결하기에도 좋은 모듈입니다.

진행 방법

이번 모듈은 조금 바쁘게 짜였습니다. 설득 놀이도 해야 하고 관련 영상물도 시청해야 합니다. 활동 제재는 '자퇴하려는 학생 말리기'로 잡았습니다. 학생들에게 실제 벌어질 수 있는 일이기도 하고 EBS에서 방영한 〈설득의 비밀〉이란 프로그램에서 같은 내용을 다루어 활동 후에 바로 영상물을 시청할 수도 있기 때문입니다. 만약 학생들이 자퇴라는 제재에 별 공감을 보이지 않을 것 같다면 다른 제재로 활동을 해도 되겠습니다.

(1) 설득 논리 개발하기

활동지를 나눠 주고 활동지의 안내에 따라 설득 논리를 개발합니다. 역할을 미리 나누지 않고 자퇴하려는 학생과 말리는 교사 입장에서 모두 생각해 보게 합니다. 입론과 반론을 모두 생각하게 해야 합니다. 예를 들어 '학교 안에서는 특기를 살릴 수 없다'는 논지를 펴면 '어떤 특기라도 학교 안에서 살릴 수 있다'는 논지로 반론할 수 있도록 합니다. 논리를 개발하는 시간은 넉넉하게 주는 것이 좋습니다. 충분히 생각해서 설득 전략을 만들어야 하기 때문입니다.

(2) 설득하기 활동

활동지 작성이 끝나면 짝끼리 서로 마주 보도록 자리를 배치합니다. 이야기 내용이 다른 학생들에게 들리지 않을 정도로 간격을 벌리는 게 좋습니다. 한 명은 자퇴하려는 학생 역할을, 한 명은 말리는 교사 역할을 맡는데, 학생들이 역할을 선택하게 하지 말고 교사가 앉은 자리를 기준으로 일괄적으로 지정합니다. 창 쪽에 앉은 학생이 교사, 벽 쪽에 앉은 학생이 학생 하는 식으로요. 개인의 의견을 주장하는 게 목표가 아니라 설득의 논리를 연습하는 것이 목표이기 때문입니다. 발언의 시작은 문제를 제기하는 쪽, 즉 학생 역을 맡은 쪽부터 시작합니다. 시작되면 정해진 형식 없이 자유롭게 이야기를 나누게 합니다.

활동이 끝나면 어떤 결과가 나왔는지, 그런 결과가 나온 이유가 무엇인지 활동지를 작성하게 하고 누가 설득을 했는지 손을 들어 통계를 내 봅니다.

(3) 영상물 시청 및 소감 발표

이렇게 실제 경험을 하고 난 뒤, 영상물을 시청하며 알게 된 설득 방법을 마인드맵으로 정리하게 합니다. 자신의 설득 방법에 대해서도 생각해 보게 합니다.

영상물 시청 후에는 소감을 발표하게 하고 그것을 바탕으로 교사가 수업을 정리합니다. 설득의 비밀은 말하기에 있는 것이 아니라 듣기에 있다는 의외의 결론을 이끌어 낼 수 있을 것입니다.

TIP

- 교사와 학생 입장에서 모두 논리를 개발해 보게 한다.
- 역할은 개인의 의사에 맡기지 말고 교사가 앉은 자리를 기준으로 일괄적으로 정한다.
- 발언은 문제를 제기하는 쪽, 즉 학생 역할부터 시작한다.

수업 후기

이제까지는 내가 말을 많이 할수록 상대방이 압도당한다고 생각해 왔는데 지금 생각해 보니 아닐 수도 있을 것 같다. 상대방의 말문을 틔워 줌으로써 논리의 오류를 만들어 낼(발견해 낼) 수도 있고 내가 주장하는 바에 뒷받침하는 부분을 찾을 수 있을 거 같다는 생각이 많이 들었다. 그런데 협상을 하는 상황에서도 이 방법이 통할까? 갑자기 그런 의문이 든다. 좀 더 배워 보고 싶다.

경북여고 1-9 강구연

자퇴하고 싶다는 생각을 해 본 적이 없어서 근거를 많이 못 내세운 것 같다. 내가 말하기보다는 상대방에게 자꾸 말을 유도해야 하는 것을 미리 알았더라면 좋았을 텐데. 답답한 마음에 자꾸 내 말만 했다.

경북여고 1-9 이수연

상대의 마음을 움직여라 (설득 놀이)

( )학년 ( )반 ( )번 이름( ) / 짝꿍 ( )번 ( )

날짜	

학습활동 목표	목표 달성 정도 평가
1. '마음 듣기'를 실천할 수 있다.	
2. 상대방을 설득해 봄으로써 말하기의 부담감을 없앨 수 있다.	
3. 설득 방법을 3가지 이상 말할 수 있다.	
4. 나의 목표 :	

상황	자퇴하려는 학생 : 말리는 교사

자퇴해야 하는 이유와 근거	자퇴하면 안 되는 이유와 근거
1 ↔ 왜냐하면	1 왜냐하면
2 ↔ 왜냐하면	2 왜냐하면
3 ↔ 왜냐하면	3 왜냐하면

내가 맡은 역할	☐ 자퇴하려는 학생 ☐ 말리는 교사
결과	☐ 상대방을 설득함 ☐ 상대방에게 설득당함 ☐ 결론이 나지 않음
위 결과가 나온 이유	

알게 된 것	영상물에서 알게 된 설득 방법 (3가지 이상)	나만의 설득 방법, 무엇이 있을까? (3가지 이상)

내면 관찰 (메타 인지)	사실적 사고		추론적 사고	비판, 창의적 사고
	느낌 / 태도 관찰		생각 파악(느낌의 원인)	변화 대책(필요시)
학습활동 중 파악한 자신의 느낌과 행동 (이유를 구체적으로)	나의 느낌, 기분이 ( ) 것으로 관찰된다. 나의 행동, 자세가 ( ) 것으로 관찰된다.		그 이유는 ( )때문인 것 같다.	이렇게 하면 될 것 같다.
알게 된 것				
자신에 대해 알게 된 것 (변화된 것)				
질문이나 더 알고 싶은 것				
학습활동 소감 (실천 계획, 의견, 건의 등)				

L3 모듈 : 두 마음 토론

언제	–	토론에 흥미와 친밀감을 키워 주고 말하기에 대한 부담감을 덜어 주고자 할 때
목표	–	① 토론 정신(표현의 자유, 역지사지, 비판의 용기)을 실천할 수 있다. ② 두 마음 토론의 방법과 규칙에 따라 토론할 수 있다. ③ 토론의 즐거움을 느낄 수 있다.
수업 대상	–	초등 고학년 이상
교사 준비물	–	활동지, 모둠 수만큼의 빨간색·파란색 카드
걸리는 시간	–	45분

수업의 흐름 – 토론 방법 안내 – 모둠 짜기 – 역할별 작전 회의 ▶ 두 마음 토론 ▶ 심판의 판결 및 이유 발표, 소감 발표, 정리

진행 순서 –

① 전시 활동지 돌려주기, 제출 확인, 작성 내용 공유
② 학습활동 소개, 활동 목표 확인, 자신의 목표 세우기 — 5분
▼

③ 토론 방법 안내 + 활동지 나눠 주기
④ 논제 설명(딜레마가 있는 논제가 적절)
⑤ 모둠 짜기와 역할 정하기 – 세 사람이 한 모둠. 각각 '긍정 측' '부정 측' '심판' 역할을 맡는다. — 10분
⑥ 작전 회의 – 같은 역할을 맡은 사람들끼리 모여 작전 회의를 한다(5분).
⑦ 자리 배치 – 가능하면 정삼각형이 되도록 하면 좋다.
▼

⑧ 각 모둠으로 돌아가 토론 시작 – 토론 방법, 규칙에 따라 진행 — 10분
▼

⑨ 심판의 판결 – 각 모둠의 심판이 일어나 손을 들거나 색깔 카드를 들어 이긴 팀을 표시한다. 카드를 이용하는 것이 좋다(5분).
⑩ 승리 팀 발표 후 심판의 판결 이유 발표 – 심판에게도 발표의 기회를 주어 야 하므로 모든 모둠의 심판이 다 발표하게 한다. 판결에 대한 반론과 답변 을 진행해도 좋다. — 10분
▼

⑪ 활동 소감 발표(희망자 자발적으로)
⑫ 학생들의 발표 내용을 바탕으로 정리하기 — 5분
▼

⑬ 활동지의 내면 관찰(메타 인지) 표 작성
⑭ 다음 수업 안내 — 5분
⑮ 활동지 걷기

두 마음 토론은 다른 책에서도 많이 소개되었으므로[*] 매뉴얼 중심으로 간단히 다루겠습니다. 토론에 친숙해지도록 유도하면서 조금씩 전문적 논리 활용 전략도 써 보는 활동입니다.

『강의를 풍요롭게 하는 방법』(김성학, 새로운디자인)
『토론의 전사』(유동걸, 해냄에듀)
『토론 수업 레시피』(김혜숙 외, 교육과학사) 등 참조

게임 형식을 취하고 있기에 약간의 경쟁심을 유발해 재미있습니다.

두 마음 토론 방법은 다음과 같습니다.

1. 3인이 정삼각형 대형으로 앉아서 토론.
2. 심판이 바라보는 사람만 발언할 수 있음.
3. 토론자끼리는 질의응답할 수 없음.
4. 심판은 토론자에게 질문할 수 있으나 토론자는 심판에게 질문할 수 없음. 심판은 되도록 개입을 자제.
5. 1회에 한하여 심판의 어깨를 두드려 발언권을 강제로 요구할 수 있음.
6. 발언은 찬성 팀부터 시작(심판은 찬성 팀을 먼저 본다).
7. 각 입장의 발언을 3~4회 정도 들어 보고 결정.
8. 심판의 선택을 받은 팀이 승리.

논제로는 딜레마 상황을 제시하는 게 좋습니다. 학생들이 실제 겪을 수 있는 상황이면 더욱 좋을 것입니다. '시험을 앞두고 독서실에 갈 것인가 아니면 친구 생일 파티에 갈 것인가?' '이성 친구와 동성 친구의 약속이 겹칠 경우 누구를 만날 것인가?' '부모가 원하는 진로와 학생이 원하는 진로가 완전히 다를 때 어떻게 할 것인가?' 등의 논제를 사용할 수 있습니다. 관련 도서[*]를 참고해도 좋을 듯합니다.

『유쾌한 딜레마 여행』(줄리언 바지니, 한겨레출판)
『교실 속 딜레마 상황 1, 2』(우리교육 편집부, 우리교육) 등 참조

(1) 토론 안내, 모둠 짜기, 역할 정하기, 역할별 작전 회의

간단히 수업 내용을 안내하고 모둠 짜기와 역할 정하기로 넘어갑니다. 세 명이 한 모둠입니다. 모둠을 짤 때에는 학생들의 의견을 우선시하되, 시간 여유가 없다면 교사가 임의로 정해도 괜찮을 듯합니다.

작전 회의에서는 같은 역할을 맡은 사람들끼리 모여 어떻게 입론(설득, 공격)하고 반론(반박, 방어)할 것인지를 구체적으로 짜도록 합니다. 심판은 전체 진행에 큰 영향을 주므로 심판을 맡은 학생들은 교사가 따로 모아서 진행 방법을 자세히 안내해야 합니다.

심판은 토론 정신을 잘 실천하는지를 기준으로 두고 판정해야 합니다. 표현의 자유를 존중하는지, 즉 발언권을 얻고 말하는지, 상대의 말을 끝까지 잘 듣는지를 보는 것입니다. 상대방의 입장을 충분히 이해하려는 노력을 하는지, 상대방의 오류를 찾아내는 동시에 자신의 오류를 지적하는 반론도 받아들이는 용기를 가졌는지도 잘 살펴보게 합니다. 이런 기준이 잘 적용되어야 양측이 모두 승복하는 명판결이 나오게 됩니다.

(2) 두 마음 토론하기

모두 자리로 가 긍정 측과 부정 측, 심판이 정삼각형 배치가 되게 앉습니다. 찬성 측부터 입론을 시작합니다. 그 뒤에는 심판이 주도적으로 진행합니다. 격식을 갖춘 토론은 아니므로 규칙은 느슨하게 적용합니다. 모둠별로 토론의 열기나 집중도의 차이가 있습니다. 도저히 설득할 수가 없다거나 손쉽게 합의를 봤다면서 일찌감치 끝내는 모둠도 있고 목소리를 높여 흥분해 가며 시간 가는 줄 모르고 몰두하는 모둠도 있습니다. 끝나는 시간을 미리 알려서 토론 속도를 조절하도록 해야 합니다.

(3) 심판의 판결 및 이유 발표

심판이 판결을 내릴 때에는 색깔 카드를 이용하는 것이 좋습니다. 두 카드 중 어느 팀이 이겼는지를 나타내는 카드를 들고, 돌아가며 판정 이유를 발표합니다. 이때 서로 다른 판결을 한 심판들이 번갈아 발표해 판결 이유를 주고받는 형태가 되면 더욱 흥미로울 것입니다. 이긴 팀에게 작은 상품을 준다고 하면 학생들의 분위기가 더욱 달아오릅니다.

활동지를 만들어 활용할 수도 있으나 활동지를 적느라 실제 토론에 집중하지 못하는 경우가 꽤 있습니다. 간단히 메모지만 준비시켜도 될 것 같습니다.

TIP

- 역할을 지정할 때 개인의 의사를 꼭 반영할 필요는 없다. 어떤 입장이든 논리를 개발하는 연습을 하는 것이 목적이다.
- 심판의 역할이 가장 중요하다. 역할별 작전 회의 때, 심판들을 교사 앞으로 모이게 해서 진행에 대한 안내를 자세히 해야 한다.
- 활동지를 쓰지 않을 경우에는 메모지를 준비시켜 필요한 내용을 메모하도록 한다.

수업 후기

두 명의 주장을 듣고 주장이 뭔지 근거가 타당한지 잘 들어야 했기 때문에 집중했다.
판결 이유 – '독서실' 쪽이 적절한 주장과 근거를 댔다. 생일 파티에 가지 않았을 시에 생길 문제들에 대한 해결 방법이 다양했다. 국적은 바꿀 수 있어도 학력은 바꿀 수 없다는 것처럼 시험 결과는 바꿀 수 없고 나중에 그 결과 때문에 친구를 원망할 수도 있다고 했다.

경북여고 1-9 안혜영

내가 맡은 입장(생일 파티)이 현실적으로 봤을 땐 전혀 맞지 않는 입장처럼 보였는데 같은 의견인 친구들과 작전 회의하면서 생각해 보니까 생각 외로 전혀 맞지 않는 의견은 아니라는 것을 깨달았다. 토론할 때 나의 의견을 적극적으로 말할 수 있을까 걱정했는데, 준비를 많이 해서 해 보니까 생각보다 재미있었다. 토론할 때 나의 의견만 말하지 말고, 상대방의 의견도 들어 보면서 내가 말한 의견에 부족한 점은 없는지 확인해 봐야 한다는 것을 알게 되었다.

시지고 1-7 윤남령

활동지 두 마음 토론

( )학년 ( )반 ( )번 이름( )

날짜		
	학습활동 목표	목표 달성 정도 평가
1. 토론 정신(표현의 자유, 역지사지, 비판의 용기)을 실천할 수 있다.		
2. 두 마음 토론의 방법과 규칙에 따라 토론할 수 있다.		
3. 토론의 즐거움을 느낄 수 있다.		
4. 나의 목표 :		

모둠원 이름	( )번 ( )	( )번 ( )	( )번 ( )
두 마음 토론 (3인 1조) 규칙	1. 3인이 정삼각형 대형으로 앉아서 토론. 2. 심판이 바라보는 사람만 발언할 수 있음. 3. 토론자끼리는 질의응답할 수 없음. 4. 심판은 토론자에게 질문할 수 있으나 토론자는 심판에게 질문할 수 없음. 　심판은 되도록 개입을 자제. 5. 1회에 한하여 심판의 어깨를 두드려 발언권을 강제로 요구할 수 있음. 6. 발언은 찬성 팀부터 시작(심판은 찬성 팀을 먼저 본다). 7. 각 입장의 발언을 3~4회 정도 들어 보고 결정. 8. 심판의 선택을 받은 팀이 승리.		
논제 : 딜레마 상황	시험을 앞둔 당신. 독서실에 갈 것인가, 친구의 생일 파티에 갈 것인가?		
내가 맡은 입장	☐ 생일 파티 ☐ 독서실 ☐ 심판		
토론자 작성	토론 결과	나의 ☐ 승리 ☐ 패배	
	위 결과가 나온 이유		
심판만 작성	심판의 판정 – 이긴 팀	☐ 생일 파티 ☐ 독서실	
	판정 이유		

내면 관찰 (메타 인지)	사실적 사고	추론적 사고	비판, 창의적 사고
	느낌 / 태도 관찰	생각 파악(느낌의 원인)	변화 대책(필요시)
학습활동 중 파악한 자신의 느낌과 행동 (이유를 구체적으로)	나의 느낌, 기분이 ( ) 것으로 관찰된다. 나의 행동, 자세가 ( ) 것으로 관찰된다.	그 이유는 ( )때문인 것 같다.	이렇게 하면 될 것 같다.
알게 된 것			
자신에 대해 알게 된 것 (변화된 것)			
질문이나 더 알고 싶은 것			
학습활동 소감 (실천 계획, 의견, 건의 등)			

L4 모듈 : 모서리 토론

언제	–	토론에 흥미와 친밀감을 키워 주고 말하기에 대한 부담감을 덜어 주고자 할 때
목표	–	① 토론 정신(표현의 자유, 역지사지, 비판의 용기)을 실천할 수 있다. ② 모서리 토론의 방법과 규칙에 따라 토론할 수 있다. ③ 토론의 즐거움을 느낄 수 있다.
수업 대상	–	초등 고학년 이상
교사 준비물	–	투표용지, 타이머, 알림종
걸리는 시간	–	50분

수업의 흐름	–	토론 방법 알기 ▶ 모서리 토론 ▶ 소감 발표, 정리

진행 순서	–		
		① 전시 활동지 돌려주기, 제출 확인, 작성 내용 공유 ② 학습활동 소개, 활동 목표 확인, 자신의 목표 세우기	3분
		▼	
		③ 토론 방법 안내와 논제(누구를 태울까) 설명 ④ 활동지 나눠 주기 – 기본 사항과 자신의 목표 쓰기 ⑤ 입장 정하고 입론 쓰기 ⑥ 정해진 자리로 옮겨 가기 – 교실의 네 구석을 이용 ⑦ 모둠 인원 파악 및 대표 뽑기 ⑧ 모둠별 작전 회의(5분)	10분
		▼	
		⑨ 각 모둠 입론 – 모둠원 수가 적은 모둠부터 차례대로 　(각 모둠 2분 이내, 총 8분) ⑩ 각 모둠 자유 토론 – 제한 없이 발언권을 얻어 교차 질의(10분) ⑪ 각 모둠 마무리 발언(각 모둠 2분 이내, 총 8분) ⑫ 비밀 투표로 입장 재선택한 뒤 승리 팀 선정	30분
		▼	
		⑬ 활동 소감 발표(희망자 자발적으로) ⑭ 학생들의 발표 내용을 바탕으로 정리하기	3분
		▼	
		⑮ 활동지의 내면 관찰(메타 인지) 표 작성 ⑯ 다음 수업 안내 ⑰ 활동지 걷기	5분

찬반이 아니라도 토론할 수 있다

모서리 토론도 두 마음 토론처럼 토론에 대한 친밀감을 높이고 말문을 트는 활동입니다. 두 마음 토론이 딜레마 상황을 다루는 논제에 적당하다면 모서리 토론은 여러 가지 결론이 나올 수 있는 논제에 적당합니다. 토론에서는 일반적으로 찬반의 대립적인 상황만을 다루는 경우가 많은데 모서리 토론에서는 여러 가지 결론을 내릴 수 있습니다. 주위에서 흔히 찾아볼 수 있는 사례로 재미있게 토론을 할 수 있는 좋은 토론법입니다.

논제는 '누구를 태울까?'로 했습니다. 이른 아침, 멋진 승용차를 뽑은 기념으로 드라이브를 즐기려고 차를 몰고 집을 나선 당신. 한 시간 거리에 있는 아름다운 호숫가를 돌아보려고 합니다. 어느새 한적한 시골길로 들어섰습니다. 은은한 향기 같은 안개가 천천히 스쳐 가고 차 안에는 피아노 선율이 이제 막 떠오른 햇살처럼 투명하게 반짝이고 있습니다. 이때 당신은 버스 정류장에서 발을 동동 구르고 있는 네 사람을 발견합니다. 모두가 길로 뛰어나와 자신의 간절한 사연을 이야기합니다. 당신이라면 누굴 태우겠습니까?

※ 전제 조건 – 휴대폰이 터지지 않는 지역이다. 최신형 2인승 승용차이며 차 주인만 운전할 수 있게 설계되어 있다. 다음 버스는 두 시간 뒤에야 온다.

- 병노인 : 지병이 있는데, 갑자기 몸이 아픈 것 같다. 빨리 진료를 받아야 한다.
- 취준생 : 한 시간 뒤에 입사 면접을 보아야 한다. 3년째 서류 심사에서 떨어졌는데 이번에 겨우 서류 심사에 합격하여 면접을 볼 수 있게 되었다.
- 유력남 : 대기업의 임원으로 있는데 한 시간 뒤에 중요한 회의에 참석해야만 한다. 도와주면 사례를 후하게 하거나 취업에 도움을 줄 수 있다고 한다.
- 매력남(녀) : 첫눈에 반해 버렸다. 다시는 만나기 어려운 이상형이다.

논제는 바꿀 수 있습니다. 당연히 팽팽한 긴장감이 있는 것이 좋습니다. 배우자로

①나재벌(재산) ②김성실(성격) ③한얼짱(외모) ④고연봉(직장) 중 누굴 선택하겠는가 하는 논제도 해 본 적이 있는데 이유는 잘 모르겠지만 김성실 씨로 몰리는 바람에 토론이 잘 이뤄지지 않은 경우도 있었습니다.

진행 방법

같은 의견을 가진 사람들끼리 모여서 작전 회의를 한 다음 모둠 간 토론을 합니다. 그다음 각자 의견을 다시 택하게 하여 증가한 사람 수가 많은 모둠이 승리합니다.

(1) 토론 방법과 논제 안내

활동지를 나눠 주기 전에 토론 방법과 논제를 안내합니다. 네 사람 중 누구를 태울지 결정하고 그 이유를 활동지에 씁니다.

(2) 정해진 자리로 이동하여 작전 회의

다 쓰면 동시에 일어서서 자신의 결정에 맞게 네 구석으로 이동하도록 합니다. 각 모둠의 인원수를 세어 놓습니다. 다음에는 모둠별로 대표를 뽑습니다. 대표가 각 모둠의 사회자가 되어서 모둠별 논리를 개발하도록 합니다.

병노인 ( )명	취준생 ( )명
유력남 ( )명	매력남(녀) ( )명

(3) 모서리 토론하기

토론 방법은 원탁 토론 방식과 같습니다. 각 모둠의 대표나 정해진 사람이 1차 발언을 하여 자신들의 기본 논점을 밝힙니다. 입론인 셈이죠. 공평성을 위해 1차 발언은 모둠의 인원이 적은 순서대로 하는 것이 좋습니다. 네 모둠이 입론을 모두 발표한 다음에는 자유롭게 교차 질의를 합니다. 단, 많은 사람이 발표할 수 있도록 한 사람당 한 번씩만 발언하게 합니다. 토론이 충분히 이뤄졌다고 생각되면 미리 종료 예고를 한 뒤 토론을 종료합니다. 그리고 이번에는 모둠의 인원이 많은 순서대로 마무리 발언을 합니다.

(4) 모둠 재선택 비밀 투표

여기까지 끝난 다음에는 쪽지를 준비해서 무기명 비밀 투표로 팀을 다시 선택하게 합니다. 꼭 투표를 해야 하는 것은 아닌데, 공개적으로 팀을 선택하게 하면 눈치가 보여서인지 그룹을 옮기는 경우가 거의 없습니다. 비밀 투표로 해야 집계를 할 때의 긴장감도 있고 자유로운 의사 표현을 할 수 있어서 좋습니다. 개표하여 증가 인원수가 많은 모둠이 승리하게 됩니다.

> **TIP**
>
> - 교사는 토론하는 것을 엿듣거나 토론 모둠 내에 들어가지 않도록 한다. 자유로운 토론에 방해가 될 수 있다.
> - 한 사람당 한 번씩만 발언하게 한다. 되도록 많은 사람이 발언하는 게 좋다.
> - 모둠 간 토론이 끝난 뒤 무기명 비밀 투표로 인원수의 변동을 확인하여 인원 증가가 많은 모둠이 승리한다.
> - 활동지 없이 할 수도 있다.

활동지 모서리 토론

( )학년 ( )반 ( )번 이름( )

날짜		
학습활동 목표		**목표 달성 정도 평가**
1. 토론 정신(표현의 자유, 역지사지, 비판의 용기)을 실천할 수 있다.		
2. 모서리 토론의 방법과 규칙에 따라 토론할 수 있다.		
3. 토론의 즐거움을 느낄 수 있다.		
4. 나의 목표 :		

모서리 토론 절차	1. 자신의 의견 정리 2. 자리 이동 – 같은 의견끼리 모이기 3. 모둠 인원수 세기 4. 모둠 대표 뽑기 5. 모둠의 작전 회의 6. 1차 발언(입론) – 인원수가 적은 모둠부터 7. 2차 발언(모둠 간 자유 토론, 교차 질의) 8. 3차 발언(마무리) – 인원수가 많은 모둠부터 9. 무기명 비밀 투표 10. 개표와 승부 결정 – 투표 결과 인원수가 가장 많이 늘어난 모둠이 승리
논제	누굴 태울까?
내가 택한 사람	☐ 병노인 ☐ 취준생 ☐ 유력남 ☐ 매력남(매력녀)

이유	1.	2.	3.
근거(사례)			

모둠별 최초 인원수	병노인( )명	취준생( )명	유력남( )명	매력남(녀)( )명
최종 득표 인원수	병노인( )명	취준생( )명	유력남( )명	매력남(녀)( )명

💬 자유롭게 활용하세요! Memo!

~~~~~~

내면 관찰 (메타 인지)	사실적 사고	추론적 사고	비판, 창의적 사고
	느낌 / 태도 관찰	생각 파악(느낌의 원인)	변화 대책(필요시)
학습활동 중 파악한 자신의 느낌과 행동 (이유를 구체적으로)	나의 느낌, 기분이 ( ) 것으로 관찰된다. 나의 행동, 자세가 ( ) 것으로 관찰된다.	그 이유는 ( )때문인 것 같다.	이렇게 하면 될 것 같다.
알게 된 것			
자신에 대해 알게 된 것 (변화된 것)			
질문이나 더 알고 싶은 것			
학습활동 소감 (실천 계획, 의견, 건의 등)			

147

3. 토론의 줄기 : S(Stem) 모듈 유형

토론 기본기 연습

S1 모듈 : 논증 연습
(프렙 기법)

언제	–	토론 역량을 키우기 위한 본격적인 연습의 첫 단계로, 논증 구조를 안 뒤 입론과 반론에 활용하고자 할 때
목표	–	① 역지사지(易地思之–입장 바꿔 생각하기)의 토론 정신을 실천할 수 있다. ② 논증의 개념과 짜임을 알 수 있다. ③ 프렙(PREP) 형식을 갖추어 입론과 반론을 할 수 있다.
수업 대상	–	고등학생
교사 준비물	–	활동지, 영상 자료
걸리는 시간	–	50분
수업의 흐름	–	논증 방법(프렙 기법) 설명 ▷ 활동지 작성 ▷ 소감 발표, 정리

진행 순서	–	① 전시 활동지 돌려주기, 제출 확인, 작성 내용 공유 ② 학습활동 소개, 활동 목표 확인, 자신의 목표 세우기	3분
		③ 논증의 개념 및 짜임새(프렙 기법), 입론과 반론 방법 설명(프레젠테이션 자료 활용)	15분
		④ 논제 설명 – '우리 학교의 두발 단속은 문제가 많다.' ⑤ 활동지 받고 자기 목표 쓰기 ⑥ 활동지 작성 안내 – 활동지 왼쪽 부분의 긍정, 부정 입론을 모두 작성(5~7분) ⑦ 작성 후 짝꿍과 바꿔서 반론 작성(5~7분) ⑧ 다시 자신의 것을 돌려받은 다음 짝꿍의 반론을 읽어 보고 말로 답변	20분
		⑨ 활동 소감 발표(희망자 자발적으로) ⑩ 학생들의 발표 내용을 바탕으로 정리하기	7분
		⑪ 활동지의 내면 관찰(메타 인지) 표 작성 ⑫ 다음 수업 안내 ⑬ 활동지 걷기	5분

이제부터는 정식 토론답게 분석적으로 생각하고 논리적으로 말하는 공부 단계로 들어갑니다. 일상생활에서의 말하기도 어느 정도는 논리적인 짜임을 갖지만, 토론에서는 짧은 시간 안에 상대의 말을 정확히 분석하여 대응해야 하므로 더욱 빈틈없는 형식이 필요합니다.

쉽게 이해하고 활용할 수 있는 기법이 프렙(PREP) 기법입니다. **'프렙(PREP)'이란, 주장(Point) − 이유(Reason) − 사례(Example) − 주장(Point)의 형식으로 말하는 것**입니다. 이런 요소를 모두 갖추어 말하는 것을 '논증'이라고 합니다. '논증'이라는 말을 들으면 연역 논증, 귀납 논증 등을 떠올릴 수 있으나 실생활이나 토론 상황에서는 그대로 적용하기가 어렵고 딱 맞아떨어지지 않는 경우가 많습니다. 때문에 연역과 귀납이라는 틀을 종합하여 일상생활에 적용하기 알맞게 만든 '툴민(Toulmin)의 논증 모형'을 쓰기도 합니다. 프렙 기법은 그것을 간소화한 것이라고 볼 수 있습니다.

'논리적'으로 말하는 방법을 배워 보는 수업입니다. 프렙 형식을 갖추어 말하면 '똑 부러지게' 말한다는 인상을 받습니다. 일상생활에서 이렇게 말하면 어색하고 딱딱하게 느껴질 수도 있지만, 토론 때에는 반드시 이렇게 말해야 합니다.

초등학생이 휴대폰을 사 달라고 할 때의 예를 들어 보죠.

• 엄마, 나도 휴대폰 사 줘! ──── 주장 − P (Point)

• 우리 반 애들 다 있단 말야. ──── 이유 − R (Reason)

• 가은이, 나은이, 다은이… 다 있어! ──── 사례 − E (Example)

• 그러니까 나도 사 줘! ──── 주장 − P (Point)

아이들이 떼를 쓰며 하는 말에도 논리적인 짜임은 있습니다. 의식적으로 분석하지 않아서 잘 드러나지 않을 뿐이죠. 이런 요구를 받았을 때 어떻게 하실 건가요?

네 나이엔 휴대폰이 필요 없단다, 휴대폰 요금이 많이 나와, 아빠가 회사에서 잘렸단다, 휴대폰이 있으면 공부에 지장이 된다, 성적 올라가면 사 줄게, 한 번 더 말하면 맞는다, 못 사 준다면 못 사 주는 줄 알아, 너희 반에 휴대폰 없는 애들도 있던데 등 많은 대응 논리가 있겠죠. 이 중 어느 것이 논리적으로 가장 정확한 반론일까요? 실제로 효력이 있는 말이 무엇인지는 집안의 분위기에 따라 다르겠지만, 논리적으로 가장 정확한 반론은 맨 마지막의 '너희 반에 휴대폰 없는 애들도 있다'는 것입니다. 왜 그런지는 아시겠죠. 아이가 '우리 반 애들 다 있다'는 이유를 제시했으므로 그것의 허점을 집어낸 것이죠. 사실과 다른 점을 지적한 것입니다. 이렇게 허점을 집어내면 상대방의 주장이나 논지는 상당히 흔들리게 되겠죠(물론 결국에는 사 주게 될 확률이 높겠지만요).

반론도 프렙 형식으로 할 수 있습니다.

너희 반 애들이 다 휴대폰 있다고 너도 사 달라고 했는데(상대방 논증의 요약 확인)

- 난 사 줄 수 없어! ·· 주장 - P (Point)

- 너희 반 애들 중에 폰 없는 애들도 많더라. ········ 이유 - R (Reason)

- 하은이, 차식이는 없던데? ······························· 사례 - E (Example)

- 그러니까 사 줄 수 없어. ······························· 주장 - P (Point)

이런 틀을 분명히 알고 연습해서 실제 토론에서 활용하는 것이 이번 시간의 목표입니다.

이제부터는 본격적인 토론 연습에 들어가기 때문에, 논증과 연관된 용어를 명확히 정의해 주어야 합니다. 실제 토론에서도 용어나 개념의 정의가 중요하듯 토론 수업에서도 용어의 정의를 명확히 할 필요가 있습니다. 먼저 **입장**과 **주장**을 혼동해서 쓰는 경우가 많습니다. **어떤 문제를 두고 '문제가 있다 / 없다' '찬성한다 / 반대한다'고 하는 것은 입장이지 주장이 아닙니다.** 같은 입장이더라도 주장은 다를 수 있습니다. 두발 단속을 반대하는 학생들의 얘기를 들어 보면 자율권을 침해한다, 단속 기준이 들쭉날쭉하다, 단속 때문에 스트레스를 받는다는 등 같은 입장이더라도 다양한 '주장'을 펼칩니다.

하나의 명제는 여러 층위로 뒷받침됩니다. 입장, 주장(논지), 이유, 근거(논거), 사례 등의 용어를 예를 들어 정리하면 다음과 같습니다.

우리 학교의 두발 단속은	이런 점들에서 = 주장1, 주장2	문제가 많다. = 입장
	왜냐하면… = 이유	
	예를 들면… = 근거(시례)	

또 **논증**과 **실증**을 구별하는 것이 중요한데, **논증이란 생각들을 연결하여 새로운 결론을 이끌어 내거나 결론의 타당성을 증명하는 것이고, 실증은 실제 사례나 실험 결과 등을 근거로 제시하여 가설(주장)의 타당성을 증명하는 것입니다.** 따라서 논증의 경우에는 '주장 + 이유 + 근거'의 짜임을, 실증의 경우에는 '주장 + 근거(실제 사례나 실험 결과)'의 짜임을 갖게 됩니다.

'지구가 둥글다'는 주장을 증명한다고 해 볼까요? 아리스토텔레스는 "월식 때 달에 생기는 그림자의 외곽은 항상 곡선이다. 월식을 일으키는 것은 태양과 달 사이에 지구가 놓여서 지구 그림자를 달 표면에 드리우는 것이니 당연히 그 그림자의 모습은 지구 표면의 모습을 반영하는 것이다. 따라서 지구는 둥글다"고 했는데요. 아리스토텔레스는 관찰을 바탕으로 명제(생각)를 연결하여 주장하였으므로 논증을 한 것이라고 할 수 있습니다. 그런데 만약 '지구가 둥글다'는 주장을 증명하기 위해 지구 사진을 바로 제시한다면 이유를 댈 필요도 없이, 실제적 근거가 있으므로 '실증'이라고 할 수 있겠죠.

[연재] 아리스토텔레스 "지구는 둥글며 서쪽-동쪽이 연결"(사이언스 온, 2010. 5. 27)

토론에서는 논증과 실증을 모두 쓸 수 있지만, 논증을 사용하는 경우가 훨씬 많습니다. 다음의 예를 보더라도 이유와 근거를 따로 구별하고 있습니다. 이 예에서 '주장'만 맨 끝에 반복하면 프렙의 구조와 똑같아집니다.

- 주장: **사형 제도는 정당하다.**
- 이유: **왜냐하면 범죄를 예방하기 때문이다.**
- 근거: **다양한 연구에서 범죄 예방 효과가 강하게 나타나고 있다.**

용어 정의가 끝나면 입론, 반론 방법을 간단히 설명합니다. 문제를 제기하는 측은 기존의 가치, 사실, 제도, 정책 등에 문제가 있다는 입론을 해야 하므로 자연스럽게 현재 상황에 대한 문제점을 지적하고 해결 방안과 변화가 가져올 이점 등을 논증하게 됩니다. 기존 입장을 고수하는 측은 당연히 현재 상황에 문제가 없다는 점과 변화의 불필요성과 비현실성, 변화 시의 손실과 문제점 등을 입론하고 논증하면 됩니다.

반론은 상대의 입론을 보고 그것의 논리적 오류나 현실성, 근거 자료의 타당성 등을 분석하고 검토하여 논증하는 것입니다. 이때 상대의 주장이 '공유하는 상위 가치'에 얼마나 기여하는가 하는 점도 중요한 검토 기준이 될 것입니다. 이 부분은 S3 '논제 분석 연습' 모듈에서 다루게 됩니다.

시간이 촉박합니다. 내용도 복잡하고 어렵습니다. 논증 구조와 용어 정의만 다루고 입론, 반론은 토론 유형을 실습하는 시간에 해도 됩니다. 그 대신 학생들이 논제에 대해 충분히 생각할 수 있도록 시간을 많이 주면 좋겠습니다.

진행 방법

이 활동을 진행할 때 중요한 점은 프렙 기법을 역지사지의 토론 정신과 연결하는 것입니다. 이를 위해 학생들에게 찬반 양쪽의 입장을 모두 입론하게 하고 그다음에는 짝꿍과 바꿔서 양쪽의 입론에 다시 반론하게 합니다. 학생들은 찬반 양쪽 입장에서 입론과 반론을 모두 해 보며, 저절로 역지사지의 토론 정신을 공부하게 됩니다. 활동 목표에도 이런 내용을 분명히 내세워 학생들이 인식하도록 했습니다.

(1) 영상물 시청 및 논증 이론 설명

흥미 유발을 위해 〈역지사지〉라는 제목의 코미디 영상물을 잠시 틀어 주고 시작합니다. 식당 주인과 수리 기사가 똑같은 논리로 번갈아 공격하는 재미있는 상황입니다. 바로 이어서 논증의 개념, 논증의 종류, 논증과 실증, 프렙 기법, 논증의 구조 등을 설명합니다. 양이 많고 어려우므로 프레젠테이션 자료를 활용하는 게 좋습니다.

(2) 논제 소개하고 활동지 나눠 주기

'우리 학교의 두발 단속은 문제가 많다'라는 논제를 가지고 프렙 기법을 연습해 봤습니다. 학생들이 스트레스를 많이 받는 규정이므로 합리적인 검토와 검증이 필요함을 간략히 말한 뒤 활동지를 나눠 줍니다. 자신의 목표도 적게 합니다.

(3) 긍정/부정 입론 쓰기

먼저 활동지 왼쪽 부분의 긍정 입론과 부정 입론을 모두 쓰게 합니다. 자기 의견이 강한 학생은 자기와 생각이 다른 입장의 입론은 도저히 못 쓰겠다고 하기도 하는데, 수업의 일환이니 써 보게 합니다. 시간은 7분 정도를 주는데, 한꺼번에 다 주지 말고 5분쯤 준 다음 진행 상황을 보면서 더 주는 게 좋습니다. 만약 시간이 너무 오래 걸리거나 어려워하면 예시 부분은 생략하고 주장과 이유만이라도 쓰게 합니다.

(4) 짝꿍과 활동지 바꾸어 반론 쓰고 반론에 말로 재반박하기

입론 쓰기가 끝나면 짝꿍과 활동지를 바꿔 짝꿍 활동지의 오른쪽 칸을 채우게 합니다. 오른쪽 칸은 반론을 위한 곳입니다. 반론을 쓸 때에도 입론을 쓸 때와 비슷한 시간을 줍니다. 다 쓰면 활동지를 다시 짝꿍에게 돌려주고 자신의 것도 되돌려 받습니다. 그 뒤 서로 짝꿍의 반론에 재반박을 하게 하는데, 이때는 '글'이 아니라 '말'로 합니다. 자유롭게 의견을 말하도록 두어도 좋을 것 같습니다.

(5) 소감 발표와 정리

(4)까지 하고 나면 시간이 많이 걸립니다. 정리할 시간이 거의 나지 않을 것입니다. 한두 사람의 소감만 간단히 듣고, 자기 소감을 활동지에 자세히 쓰도록 합니다.

124 ◀ 5-4 ▶ 200, 216

192

136~142 ◀ 8-5 ▶ 192

136~142 ◀ 17-5 ▶ 182~192

136~142 ◀ 34~7 ▶ 162

136~142

TIP

- 논증, 실증, 주장, 이유, 근거, 사례, 입론, 반론 등의 용어를 명확히 정의하는 것이 중요!
- 활동지 왼쪽 부분의 긍정, 부정 입론을 모두 작성하도록 안내한다.
- 시간이 촉박하거나 학생들이 근거 사례 들기를 너무 힘들어하면 '주장' '이유'만이라도 쓰게 한다.
- 자신의 활동지를 받아 본 후 짝꿍의 반론에 말로 재반박할 때에는 비교적 자유롭게 이야기 를 나누게 한다.

수업 후기

프레젠테이션의 예시를 보았을 때는 나도 프렙 기법을 충분히 쓸 수 있을 것이라 생각하고 있었지만 막상 문제에 닥쳤을 때는 적용시키기 어려웠다. 긍정 입론과 부정 입론을 같이 생각하자니 배신하는 것만 같은 묘한 기분이 들었지만 그래도 역지사지의 토론 정신을 길러 주고픈 선생님의 의도가 잘 드러난 멋진 수업이었다. 제한 시간 안에 주장과 그에 대한 적절한 예시를 드는 것은 많이 어려운 활동이었지만, 머릿속으로 무언가를 곰곰이 생각할 수 있었던 시간이 되었다.

시지고 1-7 최재은

간단하게 주장을 펼치고 근거를 들 수 있을 것이라 느꼈는데 막상 해 보니 생각보다 주장에 대한 이유와 근거 등을 찾는 것이 어렵다고 느꼈다. 하지만 프렙 기법을 통해 더욱 확실하게 주장하고 반박할 수 있는 것을 알게 되었다. 또한 내가 주장한 것을 근거로 제시할 때는 다른 길로 새어 나가지 않게 되었다. 간단한 주장을 펼치는 데도 많은 근거가 있음을 알게 되었다. 나의 주장을 펼치는 것도 중요하지만 반대의 입장도 들어 보면서 나의 주장을 펼칠 때 빈틈이 있음을 느끼게 되었다. 또한 완벽해 보이는 상대방 주장도 조금씩 빈틈이 있음을 느꼈다.

시지고 1-7 윤남령

논증 연습(프렙 기법)

활동지

( )학년 ( )반 ( )번 이름( ) / 짝꿍 ( )번 ( )

날짜		
	학습활동 목표	목표 달성 정도 평가
1. 역지사지(易地思之-입장 바꿔 생각하기)의 토론 정신을 실천할 수 있다.		
2. 논증의 개념과 짜임을 알 수 있다.		
3. 프렙(PREP) 형식을 갖추어 입론과 반론을 할 수 있다.		
4. 나의 목표 :		

논증이란?		
오늘의 논제	[우리 학교의 두발 단속]은 문제가 많다.	

긍정 입장	긍정 입론(입안, 발제)		반론(반박) – 짝꿍이 작성	
	[우리 학교의 두발 단속]은 문제가 많다.	상대 주장 확인	토론자께서는 ( ) 라는 근거(이유)로 [우리 학교의 두발 단속]은 문제가 많다고 주장하셨습니다.	
주장/ P (Point)	저는 ( )라는 점에서 [우리 학교의 두발 단속]은 문제가 많다고 생각합니다.	오류 제시/ P	그러나 저는 ( )라는 점에서 오류(문제)가 있다고 생각합니다.	
이유/ R (Reason)	왜냐하면 ( )이기 때문입니다.	이유/ R	왜냐하면 ( )이기 때문입니다.	
근거 사례/ E (Example)	예를 들면(혹은 근거 자료는) ( )이 있습니다.	근거 사례/ E	예를 들면(혹은 근거 자료는) ( )이 있습니다.	
주장 강조/ P (Point)	그러므로 저는 ( ) 라는 점에서 [우리 학교의 두발 단속]은 문제 가 많다고 생각합니다.	주장 강조/ P	그러므로 토론자의 ( )라는 논지에 문제가 있다고 생각합니다.	
부정 입장	부정 입론(입안, 발제)		반론(반박) – 짝꿍이 작성	
	[우리 학교의 두발 단속]은 문제가 없다.	상대 주장 확인	토론자께서는 ( ) 라는 근거(이유)로 [우리 학교의 두발 단속]은 문제가 없다고 주장하셨습니다.	
주장/ P (Point)	저는 ( )라는 점에서 [우리 학교의 두발 단속]은 문제가 없 다고 생각합니다.	오류 제시/ P	그러나 저는 ( )라는 점에서 오류(문제)가 있다고 생각합니다.	
이유/ R (Reason)	왜냐하면 ( )이기 때문입니다.	이유/ R	왜냐하면 ( )이기 때문입니다.	
근거 사례/ E (Example)	예를 들면(혹은 근거 자료는) ( )이 있습니다.	근거 사례/ E	예를 들면(혹은 근거 자료는) ( )이 있습니다.	
주장 강조/ P (Point)	그러므로 저는 ( ) 라는 점에서 [우리 학교의 두발 단속]은 문제 가 많다고 생각합니다.	주장 강조/ P	그러므로 토론자의 ( )라는 논지에 문제가 있다고 생각합니다.	

■ **참고 자료**(생활 규정 중 발췌)

제21조【두발】

① 항상 단정하고 청결한 모습을 유지하며 그 기준은 다음의 각 호와 같다.

　1. 남학생 : 앞머리 8cm 정도, 뒷머리는 1cm를 넘지 않는 정도의 단정한 형태의 머리로 한다.

　2. 여학생 : 머리카락 길이가 교복 깃 하단에서 20cm 미만이어야 하고 요란하지 않은 머리핀은 허용한다.

　3. 무용 특기생, 연기자, 선천성 곱슬머리, 두상 기형, 두발로 인한 수술이나 정신과 치료로 의사의 진단을 받은 자 등은 예외로 한다.

② 다음 각 호의 행위는 금지한다.

　1. 염색, 가발, 파마, 착유, 가르마 타는 행위

　2. 모발용 고착제(무스, 스프레이, 헤어젤 등)의 사용

　3. 수염, 구레나룻을 기르는 행위

내면 관찰 (메타 인지)	사실적 사고		추론적 사고	비판, 창의적 사고
	느낌 / 태도 관찰		생각 파악(느낌의 원인)	변화 대책(필요시)
학습활동 중 파악한 자신의 느낌과 행동 (이유를 구체적으로)	나의 느낌, 기분이 ( ) 것으로 관찰된다.		그 이유는 ( )때문인 것 같다.	이렇게 하면 될 것 같다.
	나의 행동, 자세가 ( ) 것으로 관찰된다.			
알게 된 것				
자신에 대해 알게 된 것 (변화된 것)				
질문이나 더 알고 싶은 것				
학습활동 소감 (실천 계획, 의견, 건의 등)				

- 주   장(P) – 저는 (스트레스를 받는다)라는 점에서 [우리 학교의 두발 단속]은 문제가 많다고 주장합니다.
- 이   유(R) – 왜냐하면 (두발 단속으로 인하여 머리에 대한 잔소리를 듣고 그에 대한 스트레스를 받을 수도 있기) 때문입니다.
- 근거, 사례(E) – 예를 들면 (두발 단속을 받고 난 친구들의 얼굴이 하나같이 굳어 있고 단속받고 싶지 않다는 내용이 많이 있고 화를 내서 스트레스를 많이 받는 사례)가 있습니다.
- 주   장(P) – 그러므로 저는 (스트레스를 받는다)라는 점에서 [우리 학교의 두발 단속]은 문제가 많다고 주장합니다.

시지고 1-5 김승민

- 확   인 – 토론자께서는 (스트레스를 받는다)는 이유로 [우리 학교의 두발 단속]은 문제가 많다고 주장하셨습니다.
- 오류 제시(P) – 그러나 저는 (머리로 인해 스트레스를 받는다)라는 점에 오류가 있다고 생각합니다.
- 이   유(R) – 왜냐하면 (스트레스를 받고 화를 내는 이유가 두발 단속 때문이라고 생각하지 않기) 때문입니다.
- 근거, 사례(E) – 예를 들면 (두발 단속에 별 문제를 삼지 않는 학생들도 많이 존재하는 사례)가 있습니다.
- 주   장(P) – 그러므로 토론자의 논지에는 오류가 있다고 생각합니다.

시지고 1-5 최수빈(김승민 학생에 대한 반론)

- 주   장(P) – (저는 개인의 자유를 침해한다)는 점에서 [우리 학교의 두발 단속]은 문제가 많다고 주장합니다.
- 이   유(R) – 왜냐하면 (머리카락을 기르는 것은 개인의 자유)이기 때문입니다.
- 근거, 사례(E) – 예를 들면 (설문 조사를 한 결과 두발 단속이 개인의 권리를 침해한다는 의견이 많은 것)이 있습니다.
- 주   장(P) – 그러므로 (저는 개인의 자유를 침해한다)는 점에서 [우리 학교의 두발 단속]은 문제가 많다고 주장합니다.

시지고 1-5 오영은

- 확   인 – 토론자께서는 (개인의 자유를 침해한다)는 이유로 [우리 학교의 두발 단속]
  은 문제가 많다고 주장하셨습니다.
- 오류 제시(P) – 그러나 저는 (머리카락을 못 기르게 하는 것은 자유를 침해한다)는 점에 오류
  가 있다고 생각합니다.
- 이   유(R) – 왜냐하면 (머리카락을 기르는 것 외의 자유는 존중하고 있기) 때문입니다.
- 근거, 사례(E) – 예를 들면 (일정 길이는 허용하고) 있습니다.
- 주   장(P) – 그러므로 토론자의 논지에는 오류가 있다고 생각합니다.

시지고 1-5 서정인(오영은 학생에 대한 반론)

- 주   장(P) – 저는 (공동체의 질서 유지를 위해서)라는 점에서 [우리 학교의 두발 단속]은
  문제가 없다고 주장합니다.
- 이   유(R) – 왜냐하면 (모두 허용을 해 준다면 단속이 없어 질서가 흐트러질 것)이기 때
  문입니다.
- 근거, 사례(E) – 예를 들면 (설문 조사를 한 결과 허용해 준다면 질서가 혼란스럽게 될 것이라는
  의견이 나온 것 등)이 있습니다.
- 주   장(P) – 그러므로 저는 (공동체의 질서 유지를 위해서)라는 점에서 [우리 학교의 두발
  단속]은 문제가 없다고 주장합니다.

시지고 1-5 오영은

- 확   인 – 토론자께서는 (공동체의 질서 유지를 위해서)라는 이유로 [우리 학교의 두발
  단속]은 문제가 없다고 주장하셨습니다.
- 오류 제시(P) – 그러나 저는 (모두 허용 시 질서가 흐트러질 것)이라는 점에 오류가 있다고 생
  각합니다.
- 이   유(R) – 왜냐하면 (가정에서 부모님이 눈치를 주시게 되)기 때문입니다.
- 근거, 사례(E) – 예를 들면 (자녀가 염색을 하고 파마를 하면 부모님이 잔소리를 하게 되는 사례
  가 많이) 있습니다.
- 주   장(P) – 그러므로 토론자의 논지에는 오류가 있다고 생각합니다.

시지고 1-5 서정인(오영은 학생에 대한 반론)

S2 모듈 : 배구 토론
(프렙 기법 연습)

언제	–	논증 구조와 입론, 반론 방법을 알고 난 뒤 논증 연습을 재미있게 해 보고자 할 때
목표	–	① 논증의 형식(프렙 기법)에 맞게 입론, 반론할 수 있다. ② 배구 토론 방법을 알고 적극적으로 참여할 수 있다.
수업 대상	–	고등학생
교사 준비물	–	배구공 모양의 두꺼운 종이(자석 부착)
걸리는 시간	–	50분

수업의 흐름   –   경기 안내 + 팀 구성 ▶ 배구 토론 경기 진행 ▶ 소감 발표, 정리

진행 순서 –

① 전시 활동지 돌려주기, 제출 확인, 작성 내용 공유
② 학습활동 소개, 활동 목표 확인, 자신의 목표 세우기   3분

▼

③ 경기 규칙을 안내한다.
④ 반 전체를 두 팀으로 나눈다. 서로 마주 보게 좌석 배치를 하고 팀 사이를 넓게 벌린다.
⑤ 시간 심판 1명, 내용 심판 1명, 각 팀 주장 2명을 뽑는다.   15분
⑥ 주장이 나와서 동전 던지기나 제비뽑기로 긍정, 부정 입장을 정한다. 논제는 편의상 프렙 연습 때 했던 것으로 한다(두발 단속은 긍정적이다/부정적이다).
⑦ 작전 시간을 준다 – 주장을 중심으로 입론과 예상 반론과 답변을 준비한다(3분).

▼

⑧ 긍정 팀에서 먼저 서브 공격(입론)한다.
⑨ 부정 팀에서 리시브 방어(반론)한다.
⑩ 긍정 팀에서 리시브(답변)한다.   25분
⑪ 실격되면 상대방의 공격(입론)으로 넘어간다.
⑫ 같은 방법으로 계속한다.

▼

⑬ 활동 소감 발표(희망자 자발적으로)
⑭ 학생들의 발표 내용을 바탕으로 정리하기   6분

▼

⑮ 다음 수업 안내   1분

『Tennis Debates Instructions』(Middle School Public Debate Program)을 참조로 하여 약간 수정

토론은 기본적으로 입론과 반론으로 이루어져 있습니다. 프렙 기법은 입론과 반론에 필요한 말하기 방식을 체계화시킨 것입니다. 배구 토론은 학생들이 프렙 기법을 재미있게 익히고 입론과 반론에 익숙해질 수 있도록 놀이 형태로 만든 활동입니다. 반전체가 참여하는 활동이라 어수선할 수도 있으나 규칙을 잘 설명하고 정교하게 진행하면 매우 흥미로운 활동이 됩니다. 실제로 학생들이 열정적으로 참여합니다. 우선 경기 규칙을 알아보겠습니다.

＊ 경기 규칙

• 기본 사항

1. 기본적으로 배구 경기의 규칙을 준용한다.
2. 상대 팀이 실격되었을 때 1점을 얻는다.
3. 점수를 얻은 팀이 서브권을 갖는다.
4. 세트는 없고 정한 시간까지 경기를 하여 점수가 높은 팀이 이긴다.
5. 서브나 리시브는 본래 앉아 있던 순서대로 해도 되고, 팀별로 다시 정해도 된다. 순서에 따라 모두 한 번씩 말한 경우에는 다시 처음으로 돌아가 진행한다.
6. 프렙 형식에 맞게 말해야 한다.
7. 맨 처음 발언자는 핵심 용어의 정의, 토론의 중요성, 취지를 말한다.
8. 방어(답변, 반론)를 할 때에는 상대의 공격(입론) 내용에서 벗어난 말을 하거나 새로운 주장을 하면 안 된다.
9. 끝날 때는 '이상입니다'라고 말한다.
10. 주장은 1분간의 작전 시간을 요청할 수 있다(팀별로 3회까지).
11. 주장은 발언할 수 없다.

• 실격으로 보는 경우

1. 상대팀 발언이 끝난 후 15초 이내에 발언하지 못했을 때. 서브권을 가진 팀이 15초 이내에 발언하지 못했을 때.
2. 프렙 기법의 형식으로 말하지 않을 때(최소한 주장과 이유는 말해야 함).
3. 방어 시, 상대 입론 내용에서 벗어난 말을 하거나 새로운 주장을 할 때.

※ 방어를 할 때에는 배구처럼 같은 팀의 다른 사람에게 발언권을 넘길 수도 있다(단 한 번만 가능).

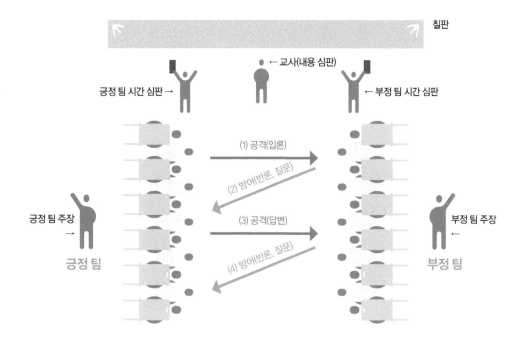

칠판

← 교사(내용 심판)

긍정 팀 시간 심판→

←부정 팀 시간 심판

(1) 공격(입론)

(2) 방어(반론, 질문)

(3) 공격(답변)

(4) 방어(반론, 질문)

긍정 팀 주장
→

부정 팀 주장
←

긍정 팀

부정 팀

진행 방법

(1) 경기 규칙 안내와 자리 정리

서로 마주 보게 자리를 배열합니다.

(2) 주장 및 심판 뽑고 동전으로 입장 정하기

주장, 내용 심판, 시간 심판을 뽑습니다. 내용 심판은 교사가 맡아도 좋습니다. 주장은 발언할 사람을 지정하거나 작전 시간을 요청할 수 있지만 발언은 하지 않습니다. 시간 심판은 상대편에게 공이 넘어간 뒤(발언자가 '이상입니다'라고 말한 뒤)부터 시간을 잽니다. 15초가 지나도 발언하지 못하면 '실격'을 선언합니다. 시간 심판은 제한 시간 5초 전부터 초읽기를 해 줍니다. 내용 심판은 반론이 적절한지, 프렙 기법을 사용해 말하는지 판정합니다.

(3) 작전 시간 후 경기 진행

입론 준비 시간을 절약하기 위해 전시에 연습했던 논제를 가지고 활동을 하는 것이 좋습니다. 주장을 중심으로 3분 정도 작전 회의를 하도록 합니다. 입론의 내용과 발언 순서 등을 짜게 합니다. 긍정 입장부터 입론을 시작합니다. 칠판에 점수판을 그려 놓고 공 모양 종이에 자석을 달아 서브권이 있는 팀 쪽으로 옮겨 가며 붙이면 편리합니다. 한 학생이 발언하다가 막히면 한 번에 한해서는 다른 학생이 넘겨받아 발언할 수 있습니다. 이때, 이미 발언한 학생은 그 모둠의 다른 학생이 모두 발언하기 전까지는 발언할 수 없습니다.

빠르고 역동적으로 진행되므로 활동지는 필요 없습니다. 수업이 끝나기 3~5분 정도까지만 진행합니다. 소감을 들어 보고 정리합니다.

TIP

- 판정 시비가 일어나지 않도록 공정함을 유지하는 것이 중요하다.
- 활동지는 필요 없다.

S3 모듈 : 논제 분석 연습

언제	–	논제를 분석하여 입론 논점을 개발하는 연습을 하고자 할 때
목표	–	① 논제의 종류와 좋은 논제의 조건을 알 수 있다. ② 논제 분석 방법을 알 수 있다. ③ 논제를 분석하여 입론을 개발할 수 있다.
수업 대상	–	고등학생
교사 준비물	–	활동지
걸리는 시간	–	45분
수업의 흐름	–	논제에 대한 설명 + 논제 분석 예제 풀이 ▶ 논제 분석 연습 ▶ 소감 발표, 정리

진행 순서	–	① 전시 활동지 돌려주기, 제출 확인, 작성 내용 공유 ② 학습활동 소개, 활동 목표 확인, 자신의 목표 세우기	3분
		③ 활동지 나눠 주고 자기 목표 쓰게 하기 ④ 논제에 대한 설명 – 논제의 종류, 좋은 논제의 조건, 논제 분석 방법(프레젠테이션 자료 활용하면 좋음) ⑤ 예시 논제 분석 – '교내에 CCTV를 설치해야 한다.'	15분
		⑥ 논제 분석 연습 – '남녀 합반 제도를 시행해야 한다.' ⑦ 작성 후 짝꿍과 비교하고 이야기해 보기	15분
		⑧ 활동 소감 발표(희망자 자발적으로) ⑨ 학생들의 발표 내용을 바탕으로 정리하기	7분
		⑩ 활동지의 내면 관찰(메타 인지) 표 작성 ⑪ 다음 수업 안내 ⑫ 활동지 걷기	5분

논제를 분석하면 입론거리가 나온다

프렙 기법을 연습하며 논증의 구조와 형식을 익혔다면 이제 토론의 내용적 측면, 즉 논제 분석에 들어갈 차례입니다. 논제 분석을 해야만 긍정, 부정 각 입장별 입론을 뽑아낼 수 있습니다. 입론을 어떻게 하는가에 따라 토론의 깊이와 수준이 결정되므로 이 과정은 매우 중요합니다. 때문에 논제 분석은 여러 관점에서 매우 치밀하게 이루어져야 하지만* 중등학교 수업 현장에 맞도록 핵심적인 원리만 뽑아 보았습니다.

논제 분석에 대한 자세한 내용은 『토론』(한상철, 커뮤니케이션북스) 27~61쪽 참조

논제의 종류와 조건

토론에서 논제는 굉장히 중요합니다. 논제에 대한 이론 수업을 간단히 진행합니다. 논제의 종류나 조건, 서술 방법 등을 프레젠테이션 자료를 이용해 알려 줍니다. 논제 란 토론에서 검토, 검증하고자 하는 중심 문제입니다. 사실 논제, 가치 논제, 정책 논제 로 나눌 수 있습니다. 교차조사 토론은 정책 토론이라고도 불릴 정도로 정책 명제 자 체가 논제가 되는 경우가 많은데, 사실 명제나 가치 명제도 논제로 삼을 수 있습니다.

* 논제 : 토론에서 검토, 검증하고자 하는 중심 문제. 따져 보고 싶은 주제나 사건, 정책 등.

1. 사실 논제 : 사실의 참 / 거짓을 따지는 논제. 학술 세미나나 법정 토론에서 많이 볼 수 있음.
   보기) '닭은 공룡이다' '빛은 입자이다' '이 사람이 범인이다'

2. 가치 논제 : 대상에 대한 의미와 관점의 차이를 따지는 논제.
   보기) '인간의 본성은 선하다' '아름다움은 주관적이다' '심청은 불효자다'

3. 정책 논제 : 정책의 적절성과 타당성을 판단하는 논제.
   　　　　　(개인의 가치관이 개입되므로 가치 논제의 성격도 지님)
   보기) '초등 교과서의 한자 병기는 문제가 많다' '인터넷 게임 셧다운제를 폐지해야 한다'

논제는 토론의 수준과 흥미를 결정하는 중요한 요소입니다. 아래 표를 보면 알 수 있듯, 좋은 논제를 찾는 일은 쉽지 않습니다. 되도록 학생들의 일상생활에서 흔히 일어나는 일로 잡을 것을 권합니다.

* 좋은 논제의 조건

- 토론해 볼 가치가 있는 것.
- 현재의 상황을 개선, 발전시키려는 것.
- 찬반 의견이 한쪽으로 치우치지 않는 것.
- 쟁점이 뚜렷하게 하나인 것.
- 토론 참여자의 관심과 수준에 맞는 것.

논제 분석과 쟁점 찾기

논제 분석이란 결국 쟁점을 찾는 일이라고 할 수 있습니다. 즉 상대방의 주장에서 무엇을 문제 삼을지를 찾아내는 일이지요. 학생들의 토론 수업에서는 정책 논제가 가장 많이 다뤄지므로 정책 논제에 맞춰 얘기해 보겠습니다.

정책 논제에서는 '타당성' '보편성' '신뢰성'이라는 기준을 두고 생각해 보면 쟁점을 찾을 수 있습니다. 긍정 입론에서든 부정 입론에서든 마찬가지입니다.

기준	내　　　　　용
타당성	논제가 추구하는 상위 가치, 목적이 무엇인지 확인하고 그것을 이룰 수 있는지 없는지를 따져 보는 것.
보편성 (보편적 합리성)	인류의 보편적인 양심, 인권, 헌법 등에 어긋나는 점은 없는지를 따져 보는 것.
현실성 (현실적 신뢰성)	현실적으로 공정하고 적합한지, 문제를 해결하거나 개선하는지, 이익을 주는지, 실현 가능성이 있는지 없는지를 따져 보는 것.

'교내에 CCTV를 설치해야 한다'는 논제에 이 기준을 적용해 보겠습니다.

기준	내 용	
논제	교내에 CCTV를 설치해야 한다.	
논제가 추구하는 가치	폭력 및 도난 사고 예방, 외부인 출입 감시	
	긍정 입장의 쟁점	부정 입장의 쟁점
타당성	CCTV가 있으면 폭력, 도난 사고가 많이 줄고 외부인도 함부로 출입하지 못할 것이다.	CCTV가 있어도 사고 예방, 외부인 출입 감시 효과가 없을 것이다.
보편성 (보편적 합리성)	인권 및 사생활 침해가 크지 않을 것이다.	인권 및 사생활 침해가 클 것이다.
현실성 (현실적 신뢰성)	인권 침해의 우려 때문에 현실적인 손실과 피해가 크다. 이것이 최선의 방법이다.	사고 예방 효과보다는 인권 침해가 더욱 큰 문제다. 정신적 피해가 우려된다. 다른 대안이 있을 것이다.

입장에 따라 핵심 쟁점은 조금 다릅니다. 긍정 측에서는 폭력, 도난 사고가 일어나고 외부인이 함부로 출입하는 점을 문제 삼을 것이고 CCTV를 설치함으로써 논제가 추구하는 가치나 목적을 달성할 수 있다고 주장할 것입니다. 반대 측에서는 인권과 사생활 침해를 핵심 쟁점으로 삼을 것이고, CCTV를 설치해도 목적을 달성하지 못한다고 주장할 것입니다. 서로 자신의 쟁점을 입증함과 동시에 상대측 쟁점을 비판하고 반박해야 할 것입니다. 공격과 방어를 함께 준비해야 하므로 상대의 쟁점도 분명히 파악해야 합니다.

긍정과 부정 측의 쟁점을 다시 정리해 보면 다음과 같습니다.

기준	내 용
논제	교내에 CCTV를 설치해야 한다.
논제가 추구하는 가치	폭력 및 도난 사고 예방, 외부인 출입 감시
	쟁 점
타당성	CCTV가 사고 예방 및 외부인 출입 감시에 효과적일까? 아닐까?
보편성(보편적 합리성)	인권 및 사생활 침해의 정도가 클까? 작을까?
현실성 (현실적 신뢰성)	현실적인 문제를 해결하는 데 도움이 될까? 안 될까? 결과적으로 이익이 될까? 안 될까? 최상의 방법일까? 아니면 다른 대안이 있을까?

긍정 입론을 하는 측의 주장은 '교내에 CCTV를 설치하면 사고 예방, 외부인 출입 감시에 큰 효과가 있을 것이다. 인권과 사생활 침해는 크지 않다. 약간의 문제는 있으나 결과적으로는 이익이 될 것이고 이것이 현실적인 최선의 방안이다'일 것입니다. 이런 주장들의 이유와 근거를 준비하면 되겠죠.

반대로 부정 입론을 하는 측은 '교내에 CCTV를 설치하면 인권과 사생활 침해가 클 것이다. 사고 예방, 외부인 출입 감시 효과는 크지 않을 것이다. 현실적으로 약간의 이점은 있을지 모르나 더 큰 문제가 발생할 것이므로 다른 대안을 마련해야 한다'는 주장을 할 것입니다.

긍정 측은 '사고 예방'을, 부정 측은 '인권'을 핵심 쟁점으로 잡았습니다. 상대의 쟁점을 인정하면서도 자신의 쟁점이 더욱 중요함을 검증하는 과정이 바로 토론입니다. 결론적으로는 '사고 예방도 하면서 인권도 보장하는 방안'이 공유하는 상위 가치가 될 테고, 이 방안을 찾아내는 것이 토론과 토의의 목적이 될 것입니다. 이 밖에 예산 확보나 설치 공사의 어려움 등의 사항도 쟁점이 될 수 있으나, 이러한 사항은 핵심 쟁점에 관해 토론한 뒤 다뤄도 될 것입니다.

학생들의 토론을 보면 핵심 쟁점을 찾지 못하고 사소한 것에 매여 말꼬리를 물고 늘어지는 경우가 많습니다. '교복 착용'에 대한 토론을 하다가 교복의 재질이나 색상을 두고 논쟁하기도 하고, '성공을 위해 명문대 진학은 반드시 필요하다'는 논제를 두고 토론하다가 명문대가 어디까지냐를 두고 논쟁하느라 시간을 다 쓰기도 합니다. 문제의 핵심을 파악하는 힘도 토론 수업에서 배워야 할 중요한 요소 중의 하나입니다.

진행 방법

(1) 논제에 대한 설명 듣고 보기 문제 풀어 보기

먼저 활동지를 나눠 주고 이름과 자신의 목표를 쓰게 합니다. 그 뒤 논제의 종류와 요건을 간략히 설명하고(프레젠테이션 자료를 만들어 이용하면 좋습니다) 학생들과 함께 정해진 논제를 분석해 봅니다. 이때 정답을 맞혀야 한다는 태도를 버리고 자신의 주관과 가치관을 마음껏 표현하게 하는 게 중요합니다. 논제에서 문제 삼는 부분은 사람마다 다를 것이며, 이는 그 사람의 가치관과 연관된 문제이기 때문입니다.

(2) 논제 분석하고 입론 논점 개발해 보기

'남녀 합반 제도를 시행해야 한다'는 논제를 각자 분석해 보고 논점을 개발하게 합니다. 남녀 합반이 추구하는 목적으로는 학습 분위기 및 학업 성적 향상, 이성에 대한 긍정적 이해, 사회 적응 준비, 성 역할 학습, 다른 성에 대한 상호 배려와 존중 등이 나올 것입니다. 남녀 합반이 이런 목적을 달성할 수 있는지 없는지, 어떤 것이 가장 중요한 쟁점인지 등을 쓰고 난 뒤 짝꿍과 비교하고 의견을 나누도록 합니다.

시간이 된다면 원탁 토론이나 찬반 토론으로 연결하는 것도 좋습니다.

TIP

- 교사가 예제 논제를 가지고 학생들과 함께 분석해 본다.
- 가치관에 따라 쟁점은 다를 수 있다는 것을 유의한다.
- 연습 후에는 짝꿍과 내용을 서로 비교하여 의견을 나누게 한다.

수업 후기

핵심 쟁점의 기준에 타당성, 보편성, 현실성이 있다는 것을 알게 되었다. 핵심 쟁점의 기준을 통해 어떻게 분석하는지 기준을 잡을 수 있어서 좋았다.

시지고 1-10 여다은

처음에 왜 각 토론 팀들끼리 추구하는 가치를 쓰는지 알게 되었고 수준이 높아진 느낌이 들었다.

시지고 1-11 이가영

논제 분석 연습

( )학년 ( )반 ( )번 이름( ) / 짝꿍 ( )번 ( )

날짜		
	학습활동 목표	목표 달성 정도 평가
1. 논제의 종류와 좋은 논제의 조건을 알 수 있다.		
2. 논제 분석 방법을 알 수 있다.		
3. 논제를 분석하여 입론을 개발할 수 있다.		
4. 나의 목표:		

논제의 개념과 종류	※논제 : 토론에서 검토, 검증하고자 하는 중심 문제. 따져 보고 싶은 주제나 사건, 정책 등. 1. 사실 논제 : 사실의 참/거짓을 따지는 논제. 학술 세미나나 법정 토론에서 많이 볼 수 있음. 　보기) '닭은 공룡이다' '이 사람이 범인이다' 2. 가치 논제 : 대상에 대한 의미와 관점의 차이를 따지는 논제. 　보기) '인간의 본성은 선하다' '아름다움은 주관적이다' '심청은 불효자다' 3. 정책 논제 : 정책의 적절성과 타당성을 검증하는 논제. 　　　　(정책을 판단하는 바탕에 가치관이 개입되므로 가치 논제의 성격도 지님) 　보기) '초등 교과서의 한자 병기는 문제가 많다' '인터넷 게임 셧다운제를 폐지해야 한다'
좋은 논제의 조건	• 토론해 볼 가치가 있는 것. • 현재 상황을 개선, 발전시키려는 것. • 찬반 의견이 한쪽으로 치우치지 않는 것. • 찬반의 쟁점이 뚜렷하게 하나인 것. • 토론 참여자의 관심과 수준에 맞는 것.

논제	교내에 CCTV를 설치해야 한다.			
논제 분석	핵심 용어 정의	교내 : CCTV :		
	논제가 추구하는 가치, 목적은 무엇일까? (공유 상위 가치)			
	이것이 잘 이루어질 것이라고 생각하는가?			☐ 그렇다 ☐ 아니다
	그렇게 생각하는 이유는?			
	쟁점 도출 (무엇을 문제 삼을까?)		기준	쟁점
		타당성 [취지와 목적에 맞는가?]		
		보편성 [인권, 양심, 헌법에 어긋나지 않는가?]		
		현실성 [불공평, 부적합, 불편, 불이익은 없는가?]		
	핵심 쟁점	가장 중요한 쟁점은 무엇이라 생각하나?		
입론 개발	긍정 입론	주장		
		이유	왜냐하면	
		근거 사례	예를 들면	
	부정 입론	주장		
		이유	왜냐하면	
		근거 사례	예를 들면	

논제		남녀 합반 제도를 시행해야 한다.		
논제 분석	핵심 용어 정의	남녀 합반 :		
	논제가 추구하는 가치, 목적은 무엇일까? (공유 상위 가치)			
	이것이 잘 이루어질 것이라고 생각하는가?		☐ 그렇다 ☐ 아니다	
	그렇게 생각하는 이유는?			
	쟁점 도출 (무엇을 문제 삼을까?)		기준	쟁점
		타당성 [취지와 목적에 맞는가?]		
		보편성 [인권, 양심, 헌법에 어긋나지 않는가?]		
		현실성 [불공평, 부적합, 불편, 불이익은 없는가?]		
	핵심 쟁점	가장 중요한 쟁점은 무엇이라 생각하나?		
입론 개발	긍정 입론	주장		
		이유	왜냐하면	
		근거 사례	예를 들면	
	부정 입론	주장		
		이유	왜냐하면	
		근거 사례	예를 들면	

내면 관찰 (메타 인지)	사실적 사고	추론적 사고	비판, 창의적 사고
	느낌 / 태도 관찰	생각 파악(느낌의 원인)	변화 대책(필요시)
학습활동 중 파악한 자신의 느낌과 행동 (이유를 구체적으로)	나의 느낌, 기분이 ( ) 것으로 관찰된다. 나의 행동, 자세가 ( ) 것으로 관찰된다.	그 이유는 ( )때문인 것 같다.	이렇게 하면 될 것 같다.
알게 된 것			
자신에 대해 알게 된 것 (변화된 것)			
질문이나 더 알고 싶은 것			
학습활동 소감 (실천 계획, 의견, 건의 등)			

S4 모듈 : 질문 연습

언제	–	토론 및 일상생활에서 효과적으로 질문하는 방법을 익혀 보고자 할 때
목표	–	① 질문의 중요성을 알 수 있다. ② 질문의 유형과 방법을 알고 적절한 질문을 할 수 있다. ③ 질문에 적절히 답변할 수 있다.
수업 대상	–	고등학생
교사 준비물	–	활동지
걸리는 시간	–	50분
수업의 흐름	–	질문에 대한 설명 ▶ 질문 만들기 + 답변하기 ▶ 모둠별 최고 질문 발표

진행 순서	–	① 전시 활동지 돌려주기, 제출 확인, 작성 내용 공유 ② 학습활동 소개, 활동 목표 확인, 자신의 목표 세우기	3분
		③ 질문에 대한 설명 – 질문의 중요성, 질문의 유형과 방법(5~7분) ④ 논제 소개 – '등교 후 학생의 휴대폰을 걷어야 한다.' ⑤ 활동지 받고 자기 목표 쓰기 ⑥ 입장 정하고 입론 쓰기(5분) ⑦ 짝꿍과 활동지 바꾸고 질문 만들기(5~7분) ⑧ 활동지를 돌려받아서 말로 답변해 보기(5분) – 추가 질문과 답변을 이어 가도 좋음	30분
		⑨ 모둠끼리 모여서 각 유형별로 가장 좋은 질문 하나씩 뽑기(3분) ⑩ 각 모둠의 유형별 질문 발표한 뒤 유형 분류가 타당한지 함께 정리해 보고 내용 평가하기(5분)	8분
		⑪ 활동 소감 발표(희망자 자발적으로) ⑫ 학생들의 발표 내용을 바탕으로 정리하기	4분
		⑬ 활동지의 내면 관찰(메타 인지) 표 작성 ⑭ 다음 수업 안내 ⑮ 활동지 걷기	5분

우리나라 사람들의 질문 능력은 2010년 G-20 정상회담 폐막 기자회견장에서의 해프닝으로 세계적인 수치가 된 적이 있지요.* 기자들은 다른 직종의 사람보다 비판력이 뛰어나고 질문을 잘할 것이라고 기대했기 때문에 충격은 상당히 컸습니다. 이 영상을 보여 주면 학생들은 분노를 터뜨리고는 합니다. 이 일로 우리나라 사람들의 질문 능력이 논란이 되었는데, 지금까지도 별 대책은 없는 듯합니다.

〈왜 우리는 대학에 가는가 - 5부. 말문을 터라〉(EBS)

'모난 돌이 정 맞는다'는 속담을 비롯하여 '가만히 있으면 중간은 간다' '남아일언중천금' '입이 무겁다' '점잖다' 등의 말에서 볼 수 있듯 우리 문화는 아주 오랫동안 말 없는 것을 품격 있고 예의 바른 것으로 여겨 왔습니다. 그와 반대로 '나댄다'는 말이 있습니다. 자신만 말 안 하고 질문 안 하면 될 것을 다른 사람까지 끌어내리려는 바람직하지 않은 문화가 있는 것 같습니다.

학교 교육의 분위기도 마찬가지입니다. '다음 물음에 답'만 찾으면 되는 교육을 10년 넘게 받고 나면 아이들의 질문 능력은 사라지고 맙니다. 질문이 학습 능률을 떨어뜨리는 눈치 없는 짓이 되는 분위기에서 질문 능력은 더욱 퇴화되어 갑니다. 사회 전반에 걸쳐 질문을 못 하도록 하는 은밀한 압박이나 강요 장치가 있는 듯도 합니다. 이런 여러 가지 이유로 어른 아이 할 것 없이 우리나라 사람들은 질문하지 않습니다.

그러나 질문하지 않으면 사고가 깊어지지 않습니다. 질문은 스스로 생각하여 의심나는 것을 찾아내는 적극적인 사고 활동입니다. 질문이 있다는 것은 관심과 호기심, 관점이 있다는 말입니다. 질문하면 관심과 호기심이 절로 생기고, 관심과 호기심을 가지면 질문이 저절로 생깁니다. 질문하지 않으면 사회의 부속품 같은, 순응적인 삶을 살게 됩니다. 그렇게 살아 이득을 보는 사람도 있겠지만, 이런 풍조가 만연해서는 개인이나 사회가 발전하기 어렵습니다. 요즘은 인문학이 유행인데, 인문학을 되살리는 힘도 바로 질문에 있습니다. 아이들에게 질문하는 힘을 길러 주어야 합니다.

토론 속의 질문

격식을 갖춘 토론에는 대부분 질문 순서가 들어가 있습니다. 질문은 상대방과의 적극적인 소통입니다. 질문에는 강제력이 있어 답변을 피하기 어렵습니다. 그래서 토론에 질문이 들어가면 긴장감이 생기고 보는 사람의 흥미도 높아집니다. 질문을 통해 토론자들의 논지를 더욱 명료하게 이해할 수 있고 심층적으로 조사하고 따져 볼 수 있습니다.

학교나 토론 대회에서 많이 쓰이는 '교차조사(CEDA) 토론'이나 1:1로 진행되는 '링컨-더글라스 토론'에서는 입론 발언마다 교차조사 질문이 이어집니다. '칼 포퍼 토론' 방식에서는 입론에서는 물론 반론에서도 교차조사 질문이 뒤따릅니다. '의회식 토론'에서는 반론 순서 때에는 질문할 수 없으나, 입론이 시작되고 1분이 지나면 종료 1분 전까지는 발언 도중 언제나 자유롭게 보충 질의할 수 있습니다.

이 중 앞으로 저희가 주로 다룰 토론 방식은 교차조사(CEDA) 토론입니다. 교차조사 토론에서 질문은 말 그대로 교차조사를 위해 쓰이는데요. 조사하는 목적은 사실 확인을 정밀하고 심도 있게 하기 위해서, 조사로 얻은 결과를 반박 자료로 쓰기 위해서입니다. 예를 들어, 교차조사에서 상대측이 제시한 근거 자료의 출처, 조사 연도, 조사 대상 등을 질문한 뒤 반론 순서에서 "상대측에서 제시한 자료는 조사 연도가 너무 오래됐고 조사 대상도 본 논제와 관련성이 떨어지므로 주장의 타당성을 뒷받침하지 못합니다"라고 반론할 수 있겠죠. 교차조사 토론에 대해서는 이후 B2 모듈에서 자세히 다룹니다.

육하원칙과 질문의 유형

질문에도 길이 있고 방법이 있습니다. 그걸 알면 질문하기가 쉬워질 것입니다. 가장 간단한 방법은 육하원칙에 따르는 것입니다. '한국사 교과서를 국정화해야 한다'라는 주장(논지)이 있다면. 누가, 언제, 어디서, 어떻게 한 말인가, 역사란 무엇이고 국정화란 무슨 뜻인가, 왜 했는가 등을 묻는 것입니다.

사고 영역의 틀에 따라 질문할 수도 있습니다. 이에 따라 질문의 유형을 정리해 봤습니다.

질문의 유형	뜻	보기	성격
사실적 질문	정확한 뜻이나 사실 여부를 확인하는 질문. 명료화를 위한 질문.	• 토론자께서는 ~라고 말씀하신 거죠? • 여기에서 ~라는 용어는 무슨 뜻으로 사용하신 건가요? • ~라는 용어를 예를 들어 설명해 주세요.	닫힌 질문 (폐쇄적)
추론적 질문	주장과 이유, 이유와 근거 사례 사이의 타당성을 살피는 질문. 사실 관계를 따져 보는 질문. 전제나 근거를 확인하는 질문.	• 그 주장의 전제(상위 가치)는 무엇인가요? • 토론자의 주장을 뒷받침하는 사례를 들어 줄 수 있나요? • 그 주장의 근거는 무엇인가요? • 근거 자료의 출처는 어디인가요? • 인용한 설문 조사의 대상자는 몇 명인가요?	
비판적 질문	발언한 논증에 대해 다른 견해, 관점, 의견 등을 묻는 질문. 상대방의 주장이나 표현의 오류를 지적하는 질문. 질문자의 주관, 판단이 개입된다. 질문이라기보다 주장이나 반론이 되기 쉽다.	• 저는 ~하게 생각하는데 토론자께서는 어떻게 생각하시나요? • ~라고 주장한다면 뭐라고 대답할 건가요? • 그렇다면 ~의 경우는 어떻게 생각하시나요? • ~의 경우에도 정당하다고 할 수 있을까요? • ~의 경우와는 모순되는 것이 아닌가요? • 개인적인 의견에 불과한 것은 아닌가요? • 만약 ~라는 관점에서 본다면 어떻게 될까요?	열린 질문 (개방적)
창의적 질문	당연한 것을 묻는 것. 논제에 대한 근본적 성찰을 묻는 것. 논리의 비약이나 논제 일탈이 일어날 가능성이 크므로 조심해서 사용해야 한다.	• 진정한 행복은 무엇이라 생각하세요? • 인간 삶의 목적이 무엇이라 생각하세요? • 국가의 역할은 무엇이라고 생각하세요? • ~ 것은 과연 무엇일까요? • 이 토론을 하는 궁극적인 목적이 무어라 생각하세요?	

위의 유형 이외에도 '성찰적 질문'이 있습니다. 이는 자신의 내면과 삶을 돌아보는 질문이라고 할 수 있는데요. 토론 상황에서는 직접적으로 쓰이지 않아 생략했습니다. 그러나 토론 전후에는 꼭 필요한 질문이라고 할 수 있습니다. 모든 언어활동은 자신의 내면에서 나와 자신의 내면 성찰과 변화로 이어져야 하는 것이니까요.

진행 방법

먼저 '등교 후 학생의 휴대폰을 걷어야 한다'는 논제에 대해 각자 입장을 정해 입론

합니다. 그 뒤 짝꿍과 활동지를 바꾸어 짝꿍의 입론에 의문을 제기하는 질문을 만듭니다. 여기까지 다 되면 다시 자기 활동지를 돌려받아 짝꿍의 질문에 '말로' 답변합니다. 그 뒤 네 명씩 한 모둠을 이루어 세 명이 만든 질문 중 유형별로 가장 좋은 질문을 하나씩 뽑아 발표합니다.

(1) 질문에 대해 설명하고 논제 소개하기

질문의 중요성과 질문의 유형 등을 설명합니다. 이때 앞에서 말한 2010년 G-20 정상회담 폐막 기자회견 영상을 틀어 줍니다. 질문에는 자연적으로 답변이 따르므로 답변하는 방법에 대해서도 간단히 언급합니다. 답변은 반드시 두괄식으로 하고 설명이나 예시는 나중에 덧붙이게 합니다. 모르는 내용에 대해서는 솔직하게 말하도록 합니다. 논제를 간단히 소개한 다음 활동지를 나눠 주고 자기 목표를 쓰게 합니다.

(2) 입장 정하고 입론 쓰기

입장을 정해 준 뒤 입론으로 논점을 두 개 쓰도록 합니다. 만약 시간이 모자라면 한 개만 써도 됩니다.

(3) 짝꿍과 활동지 바꿔서 질문 만들기

다음에는 짝꿍과 활동지를 바꾸어서 짝꿍이 쓴 논점에 대해 질문을 만들게 합니다. 질문 만들기에 의외로 시간이 많이 들어갑니다. 학생들은 질문 만들기를 매우 힘들어합니다. 하나도 만들지 못하고 머리만 쥐어짜는 학생도 있습니다. 질문에 답하는 연습만 했지, 정작 질문해 본 경험은 없기 때문이겠죠. 육하원칙 같은 간단한 질문부터 생각해 보도록 안내하면 좋습니다. 질문의 유형 분류를 어려워할 수 있습니다. 분류가 애매할 수도 있습니다. 그럴 경우 자신이 생각한 대로 분류하여 쓰도록 하고 짝꿍 활동이나 모둠 활동을 통해 검토하게 합니다.

(4) 말로 답변하기

다시 자신의 활동지를 돌려받고 짝꿍이 적어 준 질문에 '말로' 답변하게 합니다. 이때 단답으로 끝내지 말고 추가 질문과 답변을 이어 가게 합니다.

(5) 모둠별 최고의 질문 뽑기

다음에는 네 명이 한 모둠이 되어 가장 좋은 질문을 유형별로 하나씩 뽑아 발표하게 합니다. 모둠별로 질문 내용을 공유하고 함께 질문의 유형을 확인한 뒤 긍정, 부정 입장의 최고 질문도 뽑아 봅니다. 최고의 질문을 한 학생에게 작은 상품을 줄 수도 있습니다.

학생들은 비판적 유형의 질문을 많이 하는 편입니다. 반대 의견을 가진 상태에서 상대방의 의견을 묻는 것이죠. 그런데 실제 교차조사 토론에서 이런 질문은 바람직하지 않습니다. 사실 비판적 유형의 질문은 질문이라고 보기 어렵기 때문입니다. 질문 형식을 띠고 있지만, 결국 자신의 의견을 주장하거나 상대방의 주장에 반론하고 있는 것입니다. 주장은 입론 순서에서 하면 되고 반론은 반론 순서에서 하면 됩니다. 교차조사 질문 순서에서는 말 그대로 조사만 하도록 해야 합니다.

> **TIP**
>
> • 교사는 질문의 유형 등에 대하여 너무 자세히 설명하지 말고, 활동 후 정리를 하면서 학생들의 질문을 구체적 사례로 이용하여 함께 유형 나누기를 한다.
> • 시간이 모자라거나 학생들이 힘들어하면 논점을 하나만 만들게 하고 질문 만드는 순서로 넘어가게 한다.
> • 유형에 맞춰서 질문을 만들기보다는 일단 질문을 최대한 많이 만든 다음 유형별로 분류하게 한다.
> • 일단은 자신이 생각하는 대로 질문의 유형을 분류하게 하고, 분류가 적합한지는 나중에 짝꿍이나 모둠과 같이 확인하게 한다.

( )학년 ( )반 ( )번 이름( ) / 짝꿍 ( )번 ( )

날짜		
	학습활동 목표	목표 달성 정도 평가
1. 질문의 중요성을 알 수 있다.		
2. 질문의 유형과 방법을 알고 적절한 질문을 할 수 있다.		
3. 질문에 적절히 답변할 수 있다.		
4. 나의 목표:		

논제	등교 후 학생의 휴대폰을 걷어야 한다.
질문의 중요성	1. 질문은 마음 듣기의 표현이다. 2. 질문은 궁금증을 풀어 준다. 3. 질문은 정보(상대의 생각)를 정밀하게 확인할 수 있게 한다. 4. 질문은 반론거리를 찾는 도구다. 5. 질문은 내 생각을 자라게 한다. 6. 질문은 스스로 답을 찾는 힘이 있다(질문 속에 답이 있다).
질문의 유형과 방법	1. 사실적 질문 = 정확한 뜻이나 사실 여부를 확인하는 질문. 명료화를 위한 질문. 〈보기〉 토론자께서는 ~라고 말씀하신 거죠? / 여기에서 ~라는 용어는 무슨 뜻으로 사용하신 건가요? / ~라는 용어를 예를 들어 설명해 주세요. 2. 추론적 질문 = 주장과 이유, 이유와 근거 사례 사이의 타당성을 살피는 질문. 사실 관계를 따져 보는 질문. 전제나 근거를 확인하는 질문. 〈보기〉 그 주장의 전제(상위 가치)는 무엇인가요? / 토론자의 주장을 뒷받침하는 사례를 들어 줄 수 있나요? / 근거 자료의 출처는 어디인가요? / 다른 근거는 없나요? / 인용한 설문 조사의 대상자는 몇 명인가요? 3. 비판적 질문 = 발언한 논증에 대해 다른 견해, 관점, 의견 등을 묻는 질문. 상대방의 주장이나 표현의 오류를 지적하는 질문. 질문자의 주관, 판단이 개입된다. 질문이라기보다 주장이나 반론이 되기 쉽다. 〈보기〉 저는 ~하게 생각하는데 토론자께서는 어떻게 생각하시나요? / ~라고 주장한다면 뭐라고 대답할 건가요? / ~의 경우에도 정당하다고 할 수 있을까요? / ~의 경우와는 모순되는 것이 아닌가요? / 개인적인 의견에 불과한 것은 아닌가요? 4. 창의적 질문 = 당연한 것을 묻는 것. 논제에 대한 근본적 성찰을 묻는 것. 논리의 비약이나 논제 일탈이 일어날 가능성이 크므로 조심해서 사용해야 한다. 〈보기〉 진정한 행복은 무엇이라 생각하세요? / 인간 삶의 목적이 무엇이라 생각하세요? / 국가의 역할은 무엇이라고 생각하세요? / ~ 것은 과연 무엇인가요? / 이 토론을 하는 궁극적인 목적이 무어라 생각하세요?
답변 방법	두괄식으로 답한다(= 답을 먼저 말한다). 질문의 핵심을 정확히 파악하여 그에 맞게 답한다. 설명이나 예시를 덧붙여 논지를 강조한다.

논제	등교 후 학생의 휴대폰을 걷어야 한다.						
입장	등교 후 학생의 휴대폰을 거두 (□어야 한다 □면 안 된다)	질문 만들기(짝꿍이 씀) – 답변(짝꿍에게 말로 함)					
		질문	사	추	비	창	

논점 1	핵심 용어 정의	휴대폰 사용 : 규제 :					
	주장(P)	저는 ( )라고 주장(생각)합니다.					
	이유, 근거(R)	왜냐하면 ( )이기 때문입니다.					
	예시(E)	예를 들면(혹은 근거 자료는) ( )이 있습니다.					
	강조(P)	그러므로 저는 ( )라고 주장(생각)합니다.					
논점 2	주장(P)	저는 ( )라고 주장(생각)합니다.					
	이유, 근거(R)	왜냐하면 ( )이기 때문입니다.					
	예시(E)	예를 들면(혹은 근거 자료는) ( )이 있습니다.					
	강조(P)	그러므로 저는 ( )라고 주장(생각)합니다.					

우리 모둠 '최고의 질문'

사실적 질문	
추론적 질문	
비판적 질문	
창의적 질문	

내면 관찰 (메타 인지)	사실적 사고		추론적 사고	비판, 창의적 사고
	느낌 / 태도 관찰		생각 파악(느낌의 원인)	변화 대책(필요시)

학습활동 중
파악한 자신의
느낌과 행동
(이유를 구체적으로)
	나의 느낌, 기분이 (
	             ) 것으로 관찰된다.
			그 이유는 (
			
			             )때문인 것 같다.
				이렇게 하면
				될 것 같다.

	나의 행동, 자세가 ( ) 것으로 관찰된다.			
알게 된 것				
자신에 대해 알게 된 것(변화된 것)				
질문이나 더 알고 싶은 것				
학습활동 소감 (실천 계획, 의견, 건의 등)				

S5 모듈 : 반론 연습(오류 찾기 퀴즈 대회)

언제	–	주장과 이유/근거 사이에서 발생하는 논리적 오류를 찾아내는 힘을 기르고자 할 때
목표	–	① 비형식적 오류의 종류를 알 수 있다. ② 토론이나 일상생활에서 오류에 빠지지 않을 수 있다. ③ 토론에서 상대방 주장의 오류를 찾아 반론할 수 있다.
수업 대상	–	고등학생
교사 준비물	–	활동지, 영상 자료
걸리는 시간	–	50분
수업의 흐름	–	오류에 대한 설명 + 오류 문제 풀기 ▶ 오류 퀴즈 대회 ▶ 소감 발표, 정리

진행 순서	–	① 전시 활동지 돌려주기, 제출 확인, 작성 내용 공유 ② 학습활동 소개, 활동 목표 확인, 자신의 목표 세우기	3분
		▼	
		③ 오류에 대한 설명 – 오류의 정의, 종류(프레젠테이션 자료 활용하면 좋음) ④ 활동지 받고 오류 문제 풀기	20분
		▼	
		⑤ 오류 퀴즈 대회 ⑥ 주위에서 오류 찾아보기	20분
		▼	
		⑦ 활동 소감 발표(희망자 자발적으로) ⑧ 학생들의 발표 내용을 바탕으로 정리하기	5분
		▼	
		⑨ 다음 수업 안내	2분

이게 틀린 말이라고?

　모든 논리는 나름대로의 일리가 있다(논리의 자기 완결성)고 했습니다. 그런데 이 말은 맞으면 맞는 대로 틀리면 틀린 대로 논리가 있다는 말이지 맞고 틀림이 아예 없다거나 구분할 수 없다는 뜻은 아닙니다.

　문제는 논리에 대한 예민한 인식이 없어서 틀려도 틀린 줄을 모르고 당연하게 쓰는 것입니다. 토론에서는 논증 자체가 엄밀하고 정확해야 합니다. 그러므로 엄정한 논리 훈련이 필요합니다. 일상생활에서 합리적인 생각과 판단을 하는 데에도 도움이 됩니다.

　논리적 오류에는 형식적 오류와 비형식적 오류가 있는데 토론이나 일상생활에서 흔히 볼 수 있는 것은 비형식적 오류이므로 이 시간에는 비형식적 오류만을 다루었습니다. 비형식적 오류는 언어, 자료, 심리적인 부주의로 인해 생기는데 주로 **주장**과 **이유/근거** 사이에서 발생합니다.

논증 = 주장 + 이유/근거

오류 발생 지점

진행 방법

(1) 오류에 대해 설명하기

　설명에 앞서 인터넷에 많이 돌아다니는 〈7×13=28〉이란 영상물을 보여 주었습니다. 언뜻 보기에는 맞는 것 같지만 사실은 틀린 계산을 하는 모습을 짧게 보여 주는 영상인데요. 한번 같이 어디가 틀렸나 찾아보시죠.

　영상을 보여 준 다음에는 오류의 개념과 오류를 공부해야 하는 이유를 간단히 말하고 구체적인 종류나 의미는 말해 주지 않습니다. 시간도 부족할뿐더러 암시를 주면 학생들의 학습활동에 방해가 되기 때문입니다.

■ 7 × 13 = 28

1. 곱셈으로 증명

```
        13
    ×    7
    ──────
        21
         7
    ──────
        28
```

2. 나눗셈으로 증명

```
          1 3
      ┌───────
    7 │    28
      │     7
      │  ─────
      │    21
      │    21
      │  ─────
      │     0
```

(2) 활동지 받고 오류 문제 풀기

이번 시간의 활동지는 활동지라기보다는 학습지라고 할 수 있습니다. 문제만 가득 담겨 있습니다. 문제는 짝꿍과 서로 이야기하면서 풀도록 하였습니다. 아무리 읽어도 오류가 없다고 하는 학생도 많기 때문에 서로 이야기하면서 찾아보도록 하는 것이 좋습니다.

(3) 오류 찾기 퀴즈 대회

답을 맞혀 볼 때는 퀴즈 대회처럼 진행하되 오류에 대한 설명을 자세히 덧붙이도록 합니다. 가장 많이 맞힌 학생에게는 작은 상품을 주어도 좋습니다.

(4) 주위의 오류 찾기

퀴즈 대회가 끝나면 주위에서 오류를 범하고 있는 말이나 문구를 찾아보게 하여 발표시킵니다. 일상생활에서도 적용할 수 있게 하는 것이 중요합니다.

TIP

- 오류의 종류나 의미를 미리 말해 주지 않고 문제부터 풀게 한다.

- 짝꿍과 함께 상의하면서 풀도록 한다.

- 퀴즈 대회 형식으로 진행하고, 답을 말해 주면서 각 오류의 의미를 설명해 준다.

오류 찾기 퀴즈 대회

토론은 논리의 검증 과정이라 할 수 있습니다. 언뜻 보기에는 맞는 것 같은 논리에도 오류가 숨어 있습니다. 논리의 오류를 잘 파악하면 토론은 물론 일상생활에서도 많은 도움이 될 것입니다.

다음 말들이 범하고 있는 오류의 종류는?

1) 오빠: 얘, 영희야! 방이 이게 뭐니? 옷 좀 치우고 살자!
　동생: 오빤 뭘 잘했다고 그래? 오빠도 방에 책을 쌓아 놨으면서.
　　　　　　　　　　　　　　[　　　　　　오류]

2) 친구1: 이 식당에 오는 어린애들은 모두 소란을 피우고 장난을 쳐.
　친구2: 그럼 모든 어린애들이 식당에서 소란을 피우고 장난을 칠 거야. 그러니까 어린애들은 입장을 금지시켜야 해.
　　　　　　　　　　　　　　[　　　　　　오류]

3) 친구1: 영수는 우리와 의견이 같지 않다고 했어.
　친구2: 그러면 영수는 우리의 적이구나.
　　　　　　　　　　　　　　[　　　　　　오류]

4) 너, 빗자루를 드는 걸 보니 날 치려는 모양이구나. 그래 쳐 봐라!
　　　　　　　　　　　　　　[　　　　　　오류]

5) 이안 보스트리지가 부르는 독일 가곡은 확실히 깊이가 있어. 옥스퍼드 대학 역사학 박사 출신이거든.
　　　　　　　　　　　　　　[　　　　　　오류]

6) 대전제: 인간은 모두 죄인이다.
　소전제: 죄인은 감옥에 가야 한다.
　결　론: 그러므로 인간은 모두 감옥에 가야 한다.
　　　　　　　　　　　　　　[　　　　　　오류]

7) 갑: 내 말이 틀리다는 걸 증명할 수 있어?
　을: 아니.
　갑: 그러니까 내 말이 맞는 거야.
　　　　　　　　　　　　　　[　　　　　　오류]

8) 한국은 양궁을 잘하는 나라다. 그러므로 한국 사람은 모두 양궁을 잘할 것이다.
　　　　　　　　　　　　　　[　　　　　　오류]

9) 이번 수능을 망친 건, 그날 아침 미역국을 먹었기 때문이야.
　　　　　　　　　　　　　　[　　　　　　오류]

10) 지방 대학 나온 게 뭘 알겠어?
　　　　　　　　　　　　　　[　　　　　　오류]

11) 선생님: 도서관에서 책 볼 때는 조용히 하세요.
　학　생: 그럼 폰을 볼 때는 떠들어도 되겠네요!
　　　　　　　　　　　　　　[　　　　　　오류]

12) 자기들은 뭘 잘했다고 우리에게 욕하고 난리야?

　　　　　　　　[　　　　　오류]

13) 이 상품을 선택한 백만 고객이 그 품질을 보증
합니다.　　　　[　　　　　오류]

14) 친구1: 수면제를 먹으면 왜 잠이 오지?

친구2: 왜냐하면 잠이 오게 하는 성분을 포함
하고 있기 때문이야.

　　　　　　　　[　　　　　오류]

15) 어머니: 너는 집에 와서 왜 텔레비전만 보고 있니?

학　생: 공부는 학교에서 했기 때문에 좀 쉬는
것 뿐이에요.

어머니: 그럼 대학 진학은 포기하겠다는 거구나.
그래 좋다. 공장 가라.

　　　　　　　　[　　　　　오류]

16) 친구1: 너무 뜨거워서 손도 못 대겠어.

친구2: 그럼 발은 대도 된단 소리지?

　　　　　　　　[　　　　　오류]

17) 그 후보자는 우리 학교 출신이잖아. 그러니까
그 사람을 찍어야 해.

　　　　　　　　[　　　　　오류]

18) 나의 모든 주장은 애국심에서 나온 것입니다.
따라서 나의 주장에 반대하는 사람은 애국자가
아닙니다.　　　　[　　　　　오류]

19) 담배는 폐암의 주요 원인이란다. 그런데도 담배
를 그렇게 피워 대니 도대체 어쩔 셈이냐? 그렇
게 폐암에 걸리고 싶어 하니 나로서도 어쩔 도
리가 없구나.　　　[　　　　　오류]

20) 우리 병원이 잘못한 게 아닙니다. 다른 병원도
다 그런 시술을 합니다.

　　　　　　　　[　　　　　오류]

21) 이 약은 몸에 좋은 약재 24가지로 만들었다. 그
러므로 이 약은 몸에 매우 좋을 것이다.

　　　　　　　　[　　　　　오류]

22) 검　사: 당신, 횡령한 돈으로 부동산을 사들였지
요?

혐의자: 아니요.

검　사: 그러면 횡령한 것은 사실이군. 얼마나
횡령했소? [　　　　　오류]

23) 모든 생명체는 세포로 이루어졌다. 세포는 눈으
로는 보이지 않는다. 그러므로 생명체는 눈으로
는 볼 수 없다.

　　　　　　　　[　　　　　오류]

24) 감히 어른이 말하는데 어딜 끼어들어.

　　　　　　　　[　　　　　오류]

25) 화상을 입었다고? 그럼 된장을 발라 봐. 우리 아
버지께서 화상을 입었을 때 된장 바르고 바로 나
은 적이 있어.　　[　　　　　오류]

26) 이 영화는 최고의 명화입니다. 올 상반기 동안 천만을 돌파한 영화거든요.

[오류]

27) 김 의원이 제안한 법안은 부결 처리되어야 합니다. 그는 부동산 투기를 한 사람 아닙니까?

[오류]

28) 사장님, 제가 해고당하면 저희 식구들은 모두 굶어 죽습니다.

[오류]

29) 선생님이나 학생이나 다 같은 사람이다. 그러니 선생님이 파마를 해도 된다면 학생도 해도 되는 거다.

[오류]

30) 이 양복은 정말 좋은 옷임에 틀림없다. 엊그제 텔레비전에서 우리나라 최고의 가수가 입었거든.

[오류]

31) 소크라테스의 철학은 무가치하다. 그는 사형 선고를 받고 죽은 인물이니까.

[오류]

32) 과거에도 이런 일이 있었으나 문제가 없었으므로 이번 일도 아무 문제없습니다.

[오류]

주위에서 흔히 들을 수 있는 오류 표현을 두 개 이상 찾아본 뒤, 어떤 오류인지 알아봅시다.

오류 표현	오류의 종류

비형식적 오류의 종류

언어적 오류

· **애매어**의 오류
뜻이 약간 다른 단어를 같다고 봄

· **강조**의 오류
특정 부분만을 강조하여 본래의 뜻을 왜곡

· **은밀한 재정의**의 오류
일부러 정의를 애매하게 함

· **선결문제 요구**의(순환 논리의) 오류
논점을 해결하지 않은 채 논점의 주장을 사실로 가정하여 사용. 결론에서 주장하는 바를 논거로 제시

심리적 오류

· **권위에 호소**하는 오류
힘이나 권위에 근거하여 주장

· **대중에 호소**하는 오류
군중, 다수를 근거로 제시

· **동정(연민)에 호소**하는 오류
동정심을 일으켜서 주장

· **인신공격**의 오류
내용과 직접 관련이 없는 성격, 사상으로 공격

· **정황**의 오류
관련 없는 정황, 상황을 근거로 제시

· **피장파장**의(역공격의) 오류

다른 사람의 잘못 등으로 역공격

발생학적 오류

출신, 발생 과정을 이유로 결과를 판단

원천봉쇄의(우물에 독 풀기) 오류

반론의 유일한 원천을 비판함으로써 반론 제기
자체를 불가능하게 함

사적 관계에 호소하는 오류

개인적 친분을 근거로 제시

자료적 오류

무지에 호소하는 오류

거짓(참)이라 증명되지 않았음을 근거로 참(거짓)
이라 주장

의도 확대의 오류

의도하지 않은 것까지 근거 없이 추정

복합 질문의(유도 심문의) 오류

여러 개를 한꺼번에 물음. 숨겨진 쟁점이 있음

분할의(분해의) 오류

전체의 성질을 부분도 가지고 있다고 주장

합성의(결합의) 오류

부분의 성질을 전체도 가지고 있다고 주장

논점 일탈의 오류

논의의 핵심에서 벗어남

흑백 사고(논리)의 오류

중립적인 것이 있음에도 인정 않음

심리적 논증의 오류

성급한 일반화의 오류

불충분한 자료나 사례로 일반화

원인 오판의(잘못 판단의) 오류

우연의 일치를 인과 관계로 생각

잘못된 유비추리의 오류

일부분이 비슷하다고 나머지도 옳다고 판단

🎯 오류 찾기 퀴즈 문제 답안

1) 피장파장의(역공격의)

2) 성급한 일반화의

3) 흑백 사고(논리)의

4) 의도 확대의

5) 발생학적

6) 애매어의

7) 무지에 호소하는

8) 분할의(분해의)

9) 원인 오판의(잘못 판단의)

10) 발생학적

11) 강조의

12) 피장파장의(역공격의)

13) 대중에 호소하는

14) 선결문제 요구의(순환 논리의)

15) 의도 확대의

16) 강조의

17) 사적 관계에 호소하는

18) 원천봉쇄의(우물에 독 풀기)

19) 의도 확대의

20) 피장파장의(역공격의)

21) 합성의(결합의)

22) 복합 질문의(유도 심문의)

23) 합성의(결합의)

24) 권위에 호소하는

25) 원인 오판의(잘못 판단의), 성급한 일반화의

26) 대중에 호소하는

27) 인신공격의

28) 동정(연민)에 호소하는

29) 잘못된 유비추리의

30) 권위에 호소하는

31) 인신공격의

32) 잘못된 유비추리의

4. 토론의 가지 : B(Branch) 모듈 유형

격식 토론 연습

+

B1

윈탁 토론
연습

+

B2

교차조사 토론
연습

+

B3

교차조사 토론
영상 분석

+

B4

18인의 교차조사
토론

B1 모듈 : 원탁 토론 연습

언제	–	기본기 연습을 끝내고 격식을 갖추어 원탁 토론을 연습해 보려 할 때
목표	–	① 원탁 토론의 중요성과 특성을 알 수 있다. ② 원탁 토론의 순서와 방법을 알고 적극적으로 참여할 수 있다. ③ 입론, 반론, 질문, 답변 등을 연습할 수 있다. ④ 토론 정신(표현의 자유, 역지사지, 비판의 용기)을 실천할 수 있다.
수업 대상	–	초등 고학년 이상
교사 준비물	–	타이머, 알림종, 활동지
걸리는 시간	–	50분
수업의 흐름	–	원탁 토론 안내 + 토론 준비　▶　원탁 토론 연습　▶　모둠별 토론 결과 종합 및 정리

진행 순서	–	① 전시 활동지 돌려주기, 제출 확인, 작성 내용 공유 ② 학습활동 소개, 활동 목표 확인, 자신의 목표 세우기	3분
		▼	
		③ 원탁 토론 안내(프레젠테이션 자료 활용) ④ 논제 제시 – '남녀 합반 제도를 시행해야 한다.' ⑤ 모둠 짜기 – 앉아 있는 대로 4~6명 정도 ⑥ 사회자 뽑기 – 자발적으로 하는 것이 가장 좋음 ⑦ 활동지에 자기 목표 쓰기 ⑧ 논제 분석하기(2분) ⑨ 입론 준비 – 각자 입장 선택, 활동지에 작성(3분)	14분
		▼	
		⑩ 1차 발언 – 입론하기(4~6분) ⑪ 2차 발언 – 반론 혹은 질문하기(4~6분) ⑫ 3차 발언 – 답변과 마무리 발언하기(4~6분)	18분
		▼	
		⑬ 모둠별 토론 내용을 전체 학급과 공유 ⑭ 학생들의 발표 내용을 바탕으로 정리하기	10분
		▼	
		⑮ 활동지의 내면 관찰(메타 인지) 표 작성 ⑯ 다음 수업 안내 ⑰ 활동지 걷기	5분

B1

3차시

5차시

150 ◀ 8-6 ▶ 200

150 ◀ 17-6 ▶ 200

150 ◀ 34-11 ▶ 200

182 ◀ 34-11 ▶ 200

토론 앞에 평등!

토론의 유형을 여러 가지 소개하고 모두 다 연습해 보면 좋겠으나 시간이 그렇게 여유 있지 않으므로 B 모듈 유형에서는 쉽게 접할 수 있는 원탁 토론과 FL 모듈 유형에서 모둠별로 실습하게 될 교차조사 토론만 한 번씩 연습하려 합니다. 이 단계에서 토론의 유형을 전반적으로 다루는 것도 좋겠습니다.

원탁 토론은 중세의 아서왕과 원탁의 기사에서 유래했다고 하는데요. 평등성을 중요시하는 토론 방법입니다. 규칙이 엄격하지 않아 누구든 쉽게 참여할 수 있고, 많은 사람이 한꺼번에 하기에도 좋지요. 서울이나 경기, 경남, 수원, 광주 등 각지에서 500인의 원탁 토론 행사가 활발히 이루어지고 있습니다. 경북여고에서는 자체 교내 연수에서 60명 정도 되는 선생님이 한꺼번에 참여하는 원탁 토론을 하기도 했습니다. 독서 토론에도 알맞고 토론 대회의 예선전에서도 자주 사용됩니다.

원탁 토론의 순서와 방법

앉아 있는 자리에서 움직이지 않고 의자만 돌려 4명이나 6명이 모둠을 짜도록 합니다. 사회자는 자발적으로 하고 싶어 하는 사람으로 뽑아야 진행이 가장 잘 됩니다. 모두 안 하려고 하거나 두 명 이상이 동시에 하려는 경우는 능력으로 뽑기보다는 가위바위보나 제비뽑기 등의 임의적인 방법으로 뽑는 것이 좋습니다. 찬반은 임의로 나누지 않고 개인의 선택에 맡기면 됩니다. 모둠원 모두가 같은 입장을 택하는 경우도 있는데, 같은 입장이라도 주장과 이유는 다를 수 있으므로 그냥 진행해도 될 것입니다.

사회자의 안내에 따라 정해진 순서 없이 발표 준비가 된 사람부터 순서대로 돌아가며 한 번씩, 단 누구도 빠짐없이 1차(입론) 발언을 하도록 합니다. 이후 2차(반론 혹은 질문), 3차(답변과 마무리) 발언도 이어 진행합니다. 반드시 사회자의 진행에 따라 발언권을 얻어 발언하고, 다른 사람의 말을 끊지 않도록 합니다. 토론 정신을 존중하는 법, 토론 예절을 지키는 법을 배워야 합니다. 사회자도 발언해야 하며, 한 사람이 발언을 독점하지 않도록 사회자가 조절합니다. 발언 시간은 엄격하게 적용하지 않아도 좋습니다.

순서	개인당 발언 시간	방　　　　　법
1차 발언	1분 이내	입론 – 논제에 대한 입장, 주장, 이유를 말하고 근거 사례를 두 가지쯤 든다.
2차 발언	1분 이내	반론 혹은 질문 – 메모를 해 두었다가 토론자를 지명하여 반론하거나 질문한다. 한 사람에게 해도 되고 여러 사람에게 해도 된다. 토론자끼리 일문일답은 하지 않는다. 답변할 거리가 있을 경우는 메모해 두었다가 3차 발언에서 한다.
3차 발언	1분 이내	답변 및 마무리 – 반론과 질문에 대해 답변하고 자신의 논점을 요약하고 마무리한다. 재반박은 하지 않는다.

시간 여유가 있다면 4차 발언도 할 수 있습니다. 그럴 경우에는 3차 발언에서 답변 및 재반박 질문을 하고 4차 발언에서 답변 및 마무리 발언을 하도록 합니다. 물론 다른 순서도 상황에 따라 탄력적으로 진행해도 됩니다.

모둠별로 원탁 토론이 끝나면 각 모둠의 토론 내용을 종합하여 발표하게 합니다. 각 모둠에서 어떤 입장이 많았는지, 주요 주장과 이유는 무엇인지 발표하여 공유하면서 논제에 대한 다양한 관점들을 이해합니다. 이런 원리를 응용하면 몇 백 명이 토론을 하더라도 그 내용을 알차게 모을 수 있을 것입니다.

진행 방법

(1) 원탁 토론 안내 및 논제 제시

간단히 원탁 토론의 기원과 쓰임새, 발언 순서 및 방법에 대한 안내를 합니다. 프레젠테이션 자료를 준비하면 좋습니다. 만약 논제 분석 방법에 대한 수업(S3 모듈)을 하지 않았다면 이번 시간의 논제를 가지고 연습해 보도록 합니다. 논제 분석이 잘 돼야 입론이 좋고, 입론이 좋아야 토론이 알차게 이루어집니다. 논제는 학생들의 흥미와 수준에 맞는 것으로 선정하는 게 가장 좋습니다. 제가 근무하는 학교는 남녀 공학이지

B1

3차시

5차시

150 ◀8-6▶ 200

150 ◀17-6▶ 200

150 ◀34-11▶ 200

182 ◀34-11▶ 200

만 반은 성별에 따라 나뉘어 있는데, 이번 1학년이 2학년으로 진급할 때 남녀 합반을 해야 한다는 의견이 강력히 대두되면서 찬반 논의가 뜨거워지던 중이었습니다. 그래서 이 논제로 원탁 토론을 진행했더니 관심도와 집중도, 흥미도가 상당히 높았습니다.

(2) 활동지 받고 논제 분석과 입론 준비

1차 발언 준비를 충실히 하기 위해 시간을 조금 넉넉히 줄 필요가 있습니다. 반 전체를 돌아보면서 진행 상황을 보고 적절히 판단해서 조절하면 됩니다. 활동지에 1차 발언을 제외한 2차 발언과 3차 발언의 빈칸은 쓰지 않아도 된다고 하는 것이 좋습니다. 활동지에 내용을 적느라고 정작 토론 활동을 소홀히 하는 경우가 많기 때문입니다. 학생들은 모든 걸 평가와 연결시키기 때문에 혹시라도 감점을 받을까 늘 걱정입니다. 감점을 안 할 테니 상대방의 논증을 잘 메모, 기록하며 듣는 칸으로 활용하라고 안내하면 좋을 것 같습니다.

(3) 원탁 토론 진행

원탁 토론을 진행할 때에도 역시 각 모둠의 상황을 세심히 살피며 시간이나 속도를 조절해야 합니다. 주어지는 1분이 어떤 학생에겐 짧지만 어떤 학생에게는 매우 길 수 있습니다. 어떤 모둠은 한창 열이 올라 있는데 어떤 모둠은 일찌감치 끝내고 노는 경우도 있습니다. 각 모둠별로 인원 차이가 나는 경우에는 더욱 그렇습니다.

1, 2, 3차 발언의 전체 진행은 교사가 하고 매차의 개인별 발언은 각 모둠의 사회자가 진행하면 편차를 줄일 수 있습니다. "지금부터 각 모둠 사회자의 진행으로 1차 발언 시작해 주시기 바랍니다"라고 말하면 1차 발언이 시작됩니다. 이 말을 하기 전에 1차 발언은 논제에 대한 입론을 하는 것임을 다시 일러 줍니다.

교사가 타이머로 시간을 재서 "1차 발언 끝나기 2분 전입니다" "1차 발언이 끝났습니다. 이제부터 사회자의 진행으로 2차 발언을 시작해 주시기 바랍니다" 등의 안내를 하면 좋습니다. 학생들은 이야기를 시작하면 교사의 말을 듣지 못할 때도 많으므로 알림종을 이용해도 좋습니다. 같은 방법으로 3차 발언까지 진행합니다. 2, 3차 발언에도 각각 무엇을 해야 하는 순서인지를 일러 줍니다. 3차 발언까지 다 끝낸 모둠은 손뼉을 치도록 안내합니다. 그러면 각 모둠의 진행 상황을 알 수 있습니다.

* 원탁 토론 진행 예시

- 교사 : 지금부터 각 모둠 사회자의 진행으로 1차 발언을 시작해 주시기 바랍니다.
- 각 모둠 사회자 : 지금부터 1차 발언을 시작하겠습니다. 한 사람마다 1분씩 발언합니다. 준비된 토론자부터 손을 들고 발표해 주세요(모든 모둠원이 1회씩 발언한다).
- 교사 : 1차 발언 끝나기 2분 전(20초 전)입니다(알림종이나 카드로 신호한다).
- 교사 : 1차 발언이 끝났습니다. 이제부터 사회자의 진행으로 2차 발언을 시작하기 바랍니다. (3차 발언까지 같은 방법으로 진행한다.)

·
·
·

- 교사 : 2차 발언이 끝났습니다. 이제부터 사회자의 진행으로 3차 발언을 시작하기 바랍니다. 3차 발언을 모두 끝낸 모둠은 손뼉을 쳐 주시기 바랍니다.

발언 허용 시간을 넘지 않도록 미리 카드를 만들어 사회자가 20초 전에 보이거나 손가락을 두 개 펴서 신호하도록 합니다. 발언 시간을 넘을 경우에는 사회자가 부드럽게 말리도록 합니다. 만약 인원이 많은 모둠이 있으면 전체 시간을 늘려 잡되 그 모둠의 개인 시간은 약간씩 줄이도록 일러둡니다. 이때 중요한 점은 아무리 바빠도 발언을 안 한 사람이 있으면 안 된다는 것입니다. 표현의 자유와 평등권이 중요하니까요.

(4) 모둠별 토론 내용을 전체 학생들과 공유

모든 모둠의 토론이 끝나면 각 모둠의 사회자가 그 모둠의 토론 결과를 종합해서 발표합니다. 사회자는 토론을 진행하고 내용을 요약하여 발표하는 '퍼실리테이터 facilitator'의 역할을 합니다. 퍼실리테이터는 큰 규모의 토론이나 워크숍을 기획, 진행, 보조하는 역할을 하는 전문가로서 사회를 보거나 기록, 시간 안내, 발표 등을 합니다. 이런 경험은 나중에라도 도움이 될 수 있을 것입니다. 학생 몇 명에게 소감을 발표하게 하여 원탁 토론의 특징과 장점을 정리합니다.

TIP

- 만약 S3 '논제 분석 연습' 모듈을 하지 않았다면 이 시간에 간략히 관련 내용을 설명한다.
- 활동지 작성은 입론까지만 하도록 하고 2, 3차 발언은 기록보다는 발언에 집중하도록 한다.
- 1, 2, 3차 발언 안내는 교사가 전체적으로 진행하고 각 모둠 안에서의 발언은 사회자(퍼실리테이터)가 진행한다.
- 구성원이 많은 모둠은 1인당 발언 시간을 줄이도록 한다.
- 3차 발언까지 모두 끝난 모둠은 손뼉을 치도록 한다.
- 원탁 토론 연습 시간이 20분을 넘지 않도록 한다.

수업 후기

원탁 토론을 대략 알고는 있었지만 이렇게 자세히 알게 된 것은 오늘이 처음이었다. 원탁 토론이 지난 수업 시간 때 했던 토론과 다르다는 것을 알게 되었다. 원탁 토론은 훨씬 단순한 것 같고 많은 사람들이 참여할 수 있다는 장점을 알았다.

시지고 1-10 여다은

하나의 논제로 참 많은 의견이 나올 수 있다는 것을 알게 되었다. 내 주장에 대한 의견을 생각해 내는 것이 어려웠다. 교차조사 토론보다 원탁 토론이 더 편하고 자유로운 느낌이 들었다.

시지고 1-12 추은서

원탁 토론 연습

(   )학년 (   )반 (   )번   이름(   )

날짜		
학습활동 목표		**목표 달성 정도 평가**
1. 원탁 토론의 중요성과 특성을 알 수 있다.		
2. 원탁 토론의 순서와 방법을 알고 적극적으로 참여할 수 있다.		
3. 입론, 반론, 질문, 답변 등을 연습할 수 있다.		
4. 토론 정신(표현의 자유, 역지사지, 비판의 용기)을 실천할 수 있다.		
5. 나의 목표:		

논제		남녀 합반 제도를 시행해야 한다.	
논제 분석	핵심 용어 정의	남녀 합반 :	
	논제가 추구하는 가치, 목적은 무엇일까? (공유 상위 가치)		
	이것이 잘 이루어질 것이라고 생각하는가?		☐ 그렇다 ☐ 아니다
	그렇게 생각하는 이유는?		
	쟁점 도출 (무엇을 문제 삼을까?)	기준	쟁점
		타당성 [취지와 목적에 맞는가?]	
		보편성 [인권, 양심, 헌법에 어긋나지 않는가?]	
		현실성 [불공평, 부적합, 불편, 불이익은 없는가?]	
	핵심 쟁점	가장 중요한 쟁점은 무엇이라 생각하나?	
1차 발언 입론		결론적으로 자신의 입장은?	☐ 긍정 ☐ 부정
	주장1		
	이유	왜냐하면	
	근거 사례	예를 들면	
	주장2		
	이유	왜냐하면	
	근거 사례	예를 들면	

2차	반론, 질문	메모 : ( ) 토론자께서는
3차	답변, 마무리	메모
	원탁 토론 순서	1. 준비 자리 배치(4~6명 한 모둠)/ 사회자(퍼실리테이터) 정하기/ 사회자 역할 알기 2. 토론 진행 → 1차 발언(입론. 순서 없이 준비된 대로 모두 한 번씩. 총 6분 이내) 　　　　　　　→ 2차 발언(반론, 질문. 모두 한 번씩. 총 6분 이내) 　　　　　　　→ 3차 발언(답변 및 요약, 마무리 강조. 모두 한 번씩. 총 6분 이내) 3. 각 모둠의 토론 요약 및 소감 발표

우리 모둠의 원탁 토론 결과 종합 보고   사회자 (   )번   이름 (   )

찬성 입장 ( )명		반대 입장 ( )명	
주요 주장	이유	주요 주장	이유

내면 관찰 (메타 인지)	사실적 사고	추론적 사고	비판, 창의적 사고
	느낌 / 태도 관찰	생각 파악(느낌의 원인)	변화 대책(필요시)
학습활동 중 파악한 자신의 느낌과 행동 (이유를 구체적으로)	나의 느낌, 기분이 (　　　) 것으로 관찰된다. 나의 행동, 자세가 (　　　) 것으로 관찰된다.	그 이유는 (　　　)때문인 것 같다.	이렇게 하면 될 것 같다.
알게 된 것			
자신에 대해 알게 된 것(변화된 것)			
질문이나 더 알고 싶은 것			
학습활동 소감 (실천 계획, 의견, 건의 등)			

B2 모듈 : 교차조사 토론 연습

언제	–	기본기 연습을 끝내고 격식을 갖추어 교차조사 토론을 연습해 보고자 할 때
목표	–	① 교차조사(CEDA) 토론의 방법을 알고 적극적으로 참여할 수 있다. ② 마음 듣기, 입론, 반론, 질문, 답변을 연습할 수 있다. ③ 논제에 대해 논리적, 비판적으로 생각할 수 있다. ④ 토론 정신(표현의 자유, 역지사지, 비판의 용기)을 실천할 수 있다.
수업 대상	–	중학생 이상
교사 준비물	–	타이머, 알림종, 활동지
걸리는 시간	–	50분

수업의 흐름	–	교차조사 토론 안내 + 논제 제시 ▶ 교차조사 토론 연습 ▶ 모둠별 토론 요약, 소감 발표 및 정리

진행 순서	–	① 전시 활동지 돌려주기, 제출 확인, 작성 내용 공유 ② 학습활동 소개, 활동 목표 확인, 자신의 목표 세우기

3분

▼

③ 교차조사 토론 방법 안내(프레젠테이션 자료 활용, 10분)
④ 모둠 짜기 및 역할 알기
⑤ 논제 제시 – '우리 학교 두발 단속에는 문제가 많다.'
⑥ 활동지 받고 자기 목표 쓰기
⑦ 팀별 작전 회의 – 논제 쟁점 분석 및 입론 준비(3분)

15분

▼

⑧ 모둠별로 교차조사 토론 연습하기 – 정해진 순서대로 교사가 진행

20분

▼

⑨ 모둠별 토론 요약 및 소감 발표
⑩ 학생들의 발표 내용을 바탕으로 정리하기

7분

▼

⑪ 활동지의 내면 관찰(메타 인지) 표 작성
⑫ 다음 수업 안내
⑬ 활동지 걷기

5분

교차조사 토론을 해 보자!

교차조사(CEDA) 토론이라는 이름은 이 토론법을 구상한 미국의 교차조사토론협회 (CEDA, Cross Examination Debate Association)라는 곳의 이름을 따 지었다고 합니다. 그러니 정확히 하자면 '세다(CEDA)식 토론'이라고 해야 할 것 같습니다만, 일반적으로는 그냥 '세다(CEDA) 토론'이라고 부릅니다. 정책 명제를 다루기 적합하기 때문에 '정책 토론'이라고도 하고 교차조사(반대 신문)가 있기 때문에 '교차조사 토론' 혹은 '반대 신문 토론'이라고도 합니다. 토론을 공부하기에 좋은 방식이고 미국의 대학교나 고등학교, 토론 대회에서 많이 실시되어 '아카데미식 토론'이라고도 합니다. 교육과정에서는 '반대 신문 토론'이라는 이름을 쓰나 이 책에서는 '교차조사 토론'이라는 용어를 쓰겠습니다.

전통적인 토론이 입론과 반론으로 이루어졌다면 교차조사 토론은 그 사이에 조사를 위한 질문이 들어가는 것이 특징입니다. 이러한 특징은 토론의 이름에서도 알 수 있습니다. 질문은 일문일답으로 진행되는데, 마치 수사관이 피의자를 조사하듯 내용의 정확성과 근거의 타당성에 대해 주로 단답형, 진위형 질문을 합니다. 질문을 통해 상대 논증을 확인하고 조사하게 되면서 토론에 더욱 긴장감과 흥미가 생깁니다. FL 모듈 유형에서는 모둠별로 교차조사 토론을 실습합니다. 곧장 실습에 돌입할 수는 없기에, 이 모듈에서 교차조사 토론을 소개하고 그 방법과 절차를 익히게 하는 것이 좋습니다.

『토론』(백미숙, 커뮤니케이션북스) 102쪽 참조

원래 CEDA 표준형 교차조사 토론은 본 토론 72분에 팀당 숙의 시간 10분까지 해서 총 92분이 걸립니다.*

❶	긍정 측 첫째 토론자의 입론	9분
❷	부정 측 둘째 토론자의 교차조사	3분
❸	부정 측 첫째 토론자의 입론	9분
❹	긍정 측 첫째 토론자의 교차조사	3분
❺	긍정 측 둘째 토론자의 입론	9분
❻	부정 측 첫째 토론자의 교차조사	3분
❼	부정 측 둘째 토론자의 입론	9분
❽	긍정 측 둘째 토론자의 교차조사	3분
❾	부정 측 첫째 토론자의 반박	6분
❿	긍정 측 첫째 토론자의 반박	6분
⓫	부정 측 둘째 토론자의 반박	6분
⓬	긍정 측 둘째 토론자의 반박	6분
	숙의 시간	20분 (팀당 10분)
	총 소요 시간	92분

교차조사 토론을 한국 교실에 최적화하기

그런데 위의 절차로는 시간 때문에 실습할 수 없습니다. 그래서 50분 이내에 실습과 정리가 이루어지도록 절차를 변형하였습니다. 학생들에게 공평한 조건을 준다는 의미에서 각 순서는 1분씩으로 정했습니다. 숙의(작전) 시간도 똑같이 1분씩 2회를 주었습니다. 그러면 본 토론에 12분, 숙의 시간에 2분씩 해서 총 14분이 걸립니다. 이렇게 하면 교차조사 토론 연습을 20분 이내에 끝낼 수 있고 준비 학습과 정리 학습까지 할 여유가 생기게 됩니다.

또 원래 교차조사 토론에서는 팀별로 두 번의 반박을 하며 끝납니다. 그런데 이렇게 하면 마무리하는 과정이 없어서 조금 아쉬운 감이 있습니다. 때문에 마지막 순서를 '답변 및 마무리'라고 조금 변형하여 상대의 반론에 답변만 하고 재반박은 하지 않으며 자신 팀의 논점을 요약하고 초점을 강조하게 했습니다. 이는 퍼블릭 포럼 디베이

트의 절차를 참고한 것입니다.

바쁘고 정신없다고 불평을 하는 학생도 있긴 합니다만 어디까지나 연습이니까 한 번 경험해 보는 것에 의의를 두었습니다.

교차조사 토론 발언 순서 및 시간

긍정 팀	부정 팀
1. 긍정 측 입론(A1) [a1] – 1분	
	2. 부정 측 교차조사 질문(B2) [b3] – 1분
	3. 부정 측 입론(B1) [b1] – 1분
4. 긍정 측 교차조사 질문(A1) [a3] – 1분	
숙의(작전) 시간 – 1분	
5. 긍정 측 입론(A2) [a2] – 1분	
	6. 부정 측 교차조사 질문(B1) [b1] – 1분
	7. 부정 측 입론(B2) [b2] – 1분
8. 긍정 측 교차조사 질문(A2) [a1] – 1분	
숙의(작전) 시간 – 1분	
	9. 부정 측 반론(B1) [b3] – 1분
10. 긍정 측 반론(A1) [a3] – 1분	
	11. 부정 측 답변 및 마무리(B2) [b2] – 1분
12. 긍정 측 답변 및 마무리(A2) [a2] – 1분	

[　]안의 소문자는 3:3(6명 모둠)의 경우임

일단 교실에 들어가서 앉아 있는 대로 모둠을 짭니다. 앞에서부터 홀수 줄에 앉아 있는 학생을 뒤로 돌아보게 하면 자동으로 네 명씩 한 모둠이 이뤄집니다. 긍정 팀과 부정 팀 학생을 편의상 기호로 A1과 A2, B1과 B2로 이름 붙입니다. 만약 2:3이나 3:3 이 되는 경우에는 A3, B3이라고 이름을 붙이면 됩니다.

자리 배치

칠판

A1	A2		A1	A2		A1	A2
▽	▽		▽	▽		▽	▽
▲	▲		▲	▲		▲	▲
B1	B2		B1	B2		B1	B2

A1	A2		A1	A2		A1▷	◁B1
▽	▽		▽	▽			
▲	▲		▲	▲		A2▷	◁B2
B1	B2		B1	B2			
						A3▷	◁B3

A1 – 긍정 팀 첫째 토론자   B1 – 부정 팀 첫째 토론자
A2 – 긍정 팀 둘째 토론자   B2 – 부정 팀 둘째 토론자
A3 – 긍정 팀 셋째 토론자   B3 – 부정 팀 셋째 토론자

진행 방법

(1) 교차조사 토론 안내, 모둠 짜기, 역할 알기

간단히 교차조사 토론에 대한 안내를 합니다. 교차조사 토론의 유래와 특징, 순서 등을 설명합니다. 앉은 자리대로 모둠을 짜되 역할을 정확히 알도록 하는 것이 중요합니다. 손을 들게 해서 각 역할을 확인하는 것이 좋습니다.

(2) 논제 제시, 활동지 나눠 주기, 팀별 작전 회의

만약 논제 분석 연습(S3 모듈)도 하지 않았고 원탁 토론 연습(B1 모듈)도 하지 않았다면 이 시간에 간략히라도 논제 분석 연습을 해야 합니다. 주어진 논제에 대해 교사와 함께 분석 연습을 해 보는 것이 좋습니다. 만약 교차조사 질문 연습 수업(S4 모듈)도

하지 않았다면 이 부분도 간략하나마 해야 합니다. 모두 마쳤으면 3분 이내의 시간 동안 팀별 작전 회의를 하도록 합니다. 작전 회의 시간 동안 입론과 질문 등을 준비하게 합니다.

(3) 교차조사 토론 진행

교차조사 토론을 실습해 봅니다. 사회자는 두지 않고 교사가 진행합니다. 작전 시간이 끝나면 "지금부터 ~라는 논제에 대해 긍정 팀 첫째(A1) 토론자가 1분간 입론을 시작합니다"라는 문구로 시작합니다. 프레젠테이션 자료로 화면에 진행 순서를 띄우는 것이 좋습니다.

각 토론자를 A1, B1 등으로 부르는 것이 더 명확합니다. 순서에 따라 호칭을 불러 안내하면 됩니다. 이때 타이머로 시간을 재면서 전체 진행 상황을 잘 살펴야 합니다. 개인당 발표 시간은 1분 정도가 적당할 듯합니다. 전제 수업 시간이 빠듯할뿐더러 1분도 다 못 채우는 학생들이 많기 때문입니다.

자리가 정해져 있으므로 절차 및 입장과 역할에 따라 정해진 토론자가 발언하는지 확인할 수 있습니다. 발언해야 할 토론자와 답변해야 할 토론자가 자기의 역할을 하지 않을 수도 있고 다른 토론자들이 중간에 끼어들 수도 있습니다. 발언 규칙 및 순서를 명확히 지키도록 합니다.

역시 다른 활동 때처럼 모둠별로 끝나는 시간이 차이가 나는 경우가 많습니다. 토론을 별로 접해 보지 않은 학생에게는 1분이 상당히 길 수 있습니다. 그래서 주장 한두 가지만 하고 나서 "이상입니다" 하고 끝내 버리는 경우도 있습니다. 그럴 때 그 모둠은 남은 시간 동안 작전을 짜도록 하는 것이 좋습니다. 마음대로 다음 순서로 넘어가지 않도록 하는 것이 중요합니다. 순서가 뒤죽박죽이 되면 교사가 각 모둠의 진행 정도와 각 토론자가 자기 역할을 잘하고 있는지를 파악하기가 매우 어렵습니다.

원래 정식 토론에서는 각 팀에서 요청하는 대로 숙의 시간을 갖게 되어 있지만, 연습에서는 수업의 편의를 위해 일괄적으로 갖도록 합니다. 네 번째와 여덟 번째 순서가 끝난 뒤에 1분씩 주는 것이 좋습니다. 네 번째 순서가 끝난 뒤에는 입론과 질문을 준비하도록 하고, 여덟 번째 순서가 끝난 뒤에는 반론을 준비하도록 합니다. 상대의 논지를 메모하며 듣도록 안내하면 좋을 것 같습니다.

연습이 끝난 뒤 모둠별로 대표 학생이 자신이 속한 모둠의 토론 경과와 소감을 간단히 발표하도록 합니다. 격식 토론을 어렵게만 생각했던 학생들이 자신감을 갖는 계기가 되었다고 말하는 경우가 많습니다. 토론을 싸움이나 대립으로 생각했던 학생이나 흑백 논리에 빠져 있던 학생이 의견을 바꾸어 열린 마음을 가지게 되었다고 말하는 경우도 많습니다.

TIP

- 만약 논제 분석 연습(S3 모둠)이나 교차조사 질문 연습(S4 모둠) 수업을 하지 않았다면 이 시간에 간략히 관련 내용을 수업한다.
- 앉는 자리에 따라 역할을 일괄적으로 정한다. 그래야 각 토론자가 절차에 맞춰 연습을 하는지 확인할 수 있다.

수업 후기

세다(CEDA)라는 토론 방법을 처음 알게 되었는데, 나는 세다의 과정 중 '질문하기'가 가장 마음에 들었다. 상대방의 주장과 근거를 질문을 통해 더 깊게 이해할 수 있었고 소통이 잘 되지 않는 답답함도 줄어들었다.

긴장감 때문에 토론을 좋아하지 않는 아이들도 있지만 그 쾌감에 빠진 친구들도 많은 것 같다. 나는 내가 토론을 좋아한다는 것도 알았지만, 내가 한편으로는 공격적인 것 같다는 생각이 들었다. 내 생각을 앞세워 이기려고 하다 보니 자꾸만 질문 시간에 반론을 하고 싶었다. 내 주장을 밀어붙이기보단 모두의 의견을 고루 듣고 내 생각의 폭을 넓히는 데에 토론을 이용해야겠다. 나는 개인적으로 논리적인 사고를 거쳐 타인과 의견을 주고받는 것을 엄청 좋아해서 매우 즐거운 활동이었다. 그러나 부족한 시간 때문에 아쉬움이 많았다.

시지고 1-7 최새날

세다 토론의 순서에 입론과 반론뿐만 아니라 질문도 포함이 된다는 것을 알게 되었다. 또 논제를 분석할 때에는 용어를 정의하고 가치를 파악하고 핵심 쟁점을 파악해야 한다는 것을 알게 되었다.

긍정 팀에서 주장을 펼치고 싶었는데 부정 팀에서 나의 주장을 펼치게 되어서 조금 어려웠지만 모둠 짝꿍과 함께 의견을 모아 보니 생각보다 어렵지는 않았다. 토론을 할 때 양쪽 입장 모두에서 생각해 보는 것이 좋을 것 같다.

토론을 실제로 하면서 다른 사람의 의견을 잘 경청하고 나의 의견을 말하는 방법을 배웠다. 자신의 생각을 조리 있게 말하는 게 아직도 어렵다는 것과 연습이 많이 필요하다는 것을 알게 되었다.

시지고 1-7 한규리

활동지 교차조사 토론 연습

( )학년 ( )반 ( )번 이름( )

날짜	

학습활동 목표	목표 달성 정도 평가
1. 교차조사(CEDA) 토론의 방법을 알고 적극적으로 참여할 수 있다.	
2. 마음 듣기, 입론, 반론, 질문, 답변을 연습할 수 있다.	
3. 논제에 대해 논리적, 비판적으로 생각할 수 있다.	
4. 나의 목표:	

	긍정 팀	부정 팀
세다 토론 순서 및 시간 [ ]안의 소문자는 3:3 경우	1. 긍정 측 입론(A1) [a1] – 1분	
		2. 부정 측 교차조사 질문(B2) [b3] – 1분
		3. 부정 측 입론(B1) [b1] – 1분
	4. 긍정 측 교차조사 질문(A1) [a3] – 1분	
	숙의(작전) 시간 – 1분	
	5. 긍정 측 입론(A2) [a2] – 1분	
		6. 부정 측 교차조사 질문(B1) [b1] – 1분
		7. 부정 측 입론(B2) [b2] – 1분
	8. 긍정 측 교차조사 질문(A2) [a1] – 1분	
	숙의(작전) 시간 – 1분	
		9. 부정 측 반론(B1) [b3] – 1분
	10. 긍정 측 반론(A1) [a3] – 1분	
		11. 부정 측 답변 및 마무리(B2) [b2] – 1분
	12. 긍정 측 답변 및 마무리(A2) [a2] – 1분	

논제	우리 학교의 두발 단속은 문제가 많다.	

논제 분석	핵심 용어 정의	두발 단속이란 :	
	두발 단속이 추구하는 가치는 무엇일까?		
	쟁점 도출 (무엇을 문제 삼을까?)		기준	쟁점
		타당성 [취지, 목적에 맞는가?]	
		보편성 [인권, 양심, 헌법에 어긋나지 않는가?]	
		현실성 [불공평, 부적합, 불편, 불이익은 없는가?]	

모둠원 이름	긍정 팀			부정 팀		
	( )번 ( )	( )번 ( )	( )번 ( )	( )번 ( )	( )번 ( )	( )번 ( )
자신의 역할	긍정 팀			부정 팀		
	☐ A1 ☐ A2 ☐ A3			☐ B1 ☐ B2 ☐ B3		

입론	주장1	저는 ( )라는 점에서 우리 학교의 두발 단속은 문제가 ( )다고 주장(생각)합니다.
	이유	왜냐하면
	근거, 사례	예를 들면
	주장2	저는 ( )라는 점에서 우리 학교의 두발 단속은 문제가 ( )다고 주장(생각)합니다.
	이유	왜냐하면
	근거, 사례	예를 들면

내면 관찰 (메타 인지)	사실적 사고	추론적 사고	비판, 창의적 사고
	느낌 / 태도 관찰	생각 파악(느낌의 원인)	변화 대책(필요시)
학습활동 중 파악한 자신의 느낌과 행동 (이유를 구체적으로)	나의 느낌, 기분이 ( ) 것으로 관찰된다. 나의 자세, 행동이 ( ) 것으로 관찰된다.	그 이유는 ( )때문인 것 같다.	이렇게 하면 될 것 같다.
알게 된 것			
자신에 대해 알게 된 것 (변화된 것)			
질문이나 더 알고 싶은 것			
학습활동 소감 (실천 계획, 의견, 건의 등)			

B3 모듈 : 교차조사 토론 영상 분석

언제	–	다른 사람들이 교차조사 토론하는 영상을 보면서 교차조사 토론의 절차를 익히고 토론을 분석하는 안목을 높이고자 할 때
목표	–	① 교차조사 토론의 순서를 확인할 수 있다. ② 토론의 논증 내용을 논리적으로 분석할 수 있다. ③ 토론을 심사하여 승패를 결정하고 최고 토론자를 뽑을 수 있다.
수업 대상	–	중학생 이상
교사 준비물	–	교차조사 토론 영상물, 활동지
걸리는 시간	–	50분
수업의 흐름	–	영상물 시청하며 분석하기 ▶ 심사하기 ▶ 모둠별 심사 결과 발표 및 정리

진행 순서	–	
① 전시 활동지 돌려주기, 제출 확인, 작성 내용 공유 ② 학습활동 소개, 활동 목표 확인, 자신의 목표 세우기		3분
▼		
③ 영상 소개 – 논제, 토론 단체, 토론자 등 ④ 활동지 나눠 주고 자기 목표 쓰게 하기 ⑤ 활동지 작성 안내 ⑥ 영상 시청하며 분석하기		30분 이내 – 탄력적 진행
▼		
⑦ 시청 후 개인별 심사하기(개인 활동) ⑧ 모둠별 심사하기(모둠 활동) ⑨ 최종 심사하기(전체 활동)		7분
▼		
⑩ 활동 소감 발표 ⑪ 학생들의 발표 내용을 바탕으로 정리하기		5분
▼		
⑫ 활동지의 내면 관찰(메타 인지) 표 작성 ⑬ 다음 수업 안내 ⑭ 활동지 걷기		5분

토론 심사 위원이 되어보자!

교차조사 토론 연습을 해 봤다면 다른 사람들이 한 토론 영상을 보면서 토론에 대한 안목을 높이는 것도 좋습니다. 토론 절차를 익히는 동시에 논리적으로 분석하고 비판, 평가하는 힘을 기를 수 있습니다.

영상을 구하는 것이 조금 힘들 수 있습니다. 영상물이 너무 전문적이거나 어려운 내용이라면 오히려 토론에 대한 흥미와 자신감을 떨어뜨릴 수도 있습니다. 때문에 너무 잘하는 토론보다는 —물론 그런 영상이 흔하지는 않습니다만— 허점이 약간 있는 영상이 분석하고 비판하기에 좋습니다. 또래의 토론을 직접 찍은 영상이 이런 조건에 가장 잘 맞습니다. 찍어 두었던 선배들의 토론 실습 수업 영상이 있다면 그걸 쓰는 게 가장 좋습니다.

진행 방법

(1) 영상 소개, 활동지 작성 안내

언제, 어디서, 어떤 모임에서 촬영한 영상인지 간단히 안내합니다. 활동지를 나눠 주고 자신의 목표를 쓰게 합니다. 활동지 양식이 약간 복잡합니다. 작성하는 방법을 알려 줍니다. 활동지는 크게 '분석 활동'과 '심사 활동'으로 나뉘어 있습니다. 번호대로 작성해 나가되, 영상에 나온 내용을 그대로 적기보다는 그 내용을 분석, 평가해 메모하여 바로바로 점수를 매기도록 합니다. 토론에 참여하는 인원수, 토론의 절차나 방법 등에 따라 활동지는 조금 변형해서 쓰셔야 할 것입니다.

(2) 영상물 시청하며 분석하기

영상이 상당히 빠르게 진행되므로 각 발언마다 영상을 정지시켜 학생들의 의견을 들어 보는 게 좋습니다. 시간 관계상 토론 영상물을 끝까지 다 보지는 못할 것입니다. 격식을 갖추어 진행된 토론을 촬영한 영상이라면 영상물을 보기만 해도 시간이 모자랍니다. 그러므로 시간을 잘 따져 보고 적절하게 끊어야 합니다. 시청한 장면까지를 대상으로 심사 활동을 하면 됩니다. 되도록 활동지의 ⑭번째 순서, 즉 '찬성 팀 반론1'까지는 들어 보는 것이 좋습니다. 아니면 미리 시간에 맞추어 영상을 편집해도 됩니다.

(3) 심사 활동

심사 활동은 종합적 비판 능력을 키우기 위해, 학생들 간의 상호작용을 위해 하는 것입니다. 영상을 보고 난 뒤 의견을 나누며 승패 판정을 내리는 과정에서 저절로 작은 토론, 토의를 연습하게 됩니다. 먼저 개인별로 의견을 정리한 다음, 그 의견을 종합해 모둠별로 결정을 내리고, 칠판에 그 결과를 적어 전체 토론으로 최종 결정을 내리면 됩니다.

심사를 할 때에는 주관적인 잣대가 아니라 앞에서 배운 내용(토론 정신을 잘 지키는지, 질문이 적절한지, 주장에 오류는 없는지 등)을 활용하도록 합니다. 토론 수준이 팽팽할 경우에는 이야기할 거리가 많지만 그렇지 않다면 거의 일방적으로 결정되는 경우도 많습니다. 그래도 '개인 활동 → 모둠 활동 → 전체 활동'의 단계를 거치고 판정 이유를 들어 보는 것이 좋습니다.

수업 내용을 활동지에 기록하는 것이 바쁘거나 어려울 수 있습니다. 그래도 활동지를 이용해야 토론의 순서를 파악하고 메모도 하는 등 학생들의 집중력이 높아집니다. 영상물을 보고 '우리도 저렇게 할 수 있을까' 놀라거나 걱정을 하는 경우도 있고 '저 정도밖에 못하나' 하며 답답해하는 경우도 있습니다. 그러나 자신들이 실제 토론을 해 보고 나면 대개는 겸손하게 바뀝니다. '쉬운 게 아니었구나!' 하면서요.

TIP

- 영상 전체를 다 보고 활동하기에는 시간이 촉박하므로, 각 발언 내용별로 정지시켜서 학생들의 의견을 듣는 것이 좋다.
- 심사 결과 자체에 신경 쓰기보다는 심사한 이유에 신경을 쓰도록 지도하고, 모든 모둠의 발표를 공유하여 생각의 차이나 공통점을 확인하는 것이 좋다.

활동지 교차조사 토론 영상 분석

( )학년 ( )반 ( )번 이름( )

날짜			
학습활동 목표			**목표 달성 정도 평가**
1. 교차조사 토론의 순서를 확인할 수 있다.			
2. 토론의 논증 내용을 논리적으로 분석할 수 있다.			
3. 토론을 심사하여 승패를 결정하고 최고 토론자를 뽑을 수 있다.			
4. 나의 목표:			

논제				
찬성 팀		**반대 팀**		
점수 (5점 만점)	① 찬성 입론1	찬성 팀 제1 토론자		점수 (5점 만점)
	③ 답변	A1: A2: A3:	② 교차 조사	반대 팀 제3 토론자 Q1: Q2: Q3:
			④ 반대 입론1	반대 팀 제1 토론자
	⑤ 교차 조사	찬성 팀 제3 토론자 Q1: Q2: Q3:	⑥ 답변	A1: A2: A3:
	⑦ 찬성 입론2	찬성 팀 제2 토론자		
	⑨ 답변	A1: A2: A3:	⑧ 교차 조사	반대 팀 제1 토론자 Q1: Q2: Q3:
			⑩ 반대 입론2	반대 팀 제2 토론자
	⑪ 교차 조사	찬성 팀 제1 토론자 Q1: Q2: Q3:	⑫ 답변	A1: A2: A3:

⑭ 반론1	찬성 팀 제3 토론자	⑬ 반론1	반대 팀 제3 토론자	
⑯ 반론2 (마무리)	찬성 팀 제2 토론자	⑮ 반론2 (마무리)	반대 팀 제2 토론자	
점수 합계		이긴 팀은?		점수 합계

이긴 팀	□ 찬성 팀 □ 반대 팀	심사평		근거	논리성, 창의성, 토론 정신 (자유, 배려, 비판)
최고 토론자		심사평			

우리 모둠의 심사 결과

이긴 팀	□ 찬성 팀 □ 반대 팀	심사평		근거	논리성, 창의성, 토론 정신 (자유, 배려, 비판)
최고 토론자		심사평			

내면 관찰 (메타 인지)	사실적 사고	추론적 사고	비판, 창의적 사고
	느낌 / 태도 관찰	생각 파악(느낌의 원인)	변화 대책(필요시)
학습활동 중 파악한 자신의 느낌과 행동 (이유를 구체적으로)	나의 느낌, 기분이 ( ) 것으로 관찰된다. 나의 자세, 행동이 ( ) 것으로 관찰된다.	그 이유는 ( )때문인 것 같다.	이렇게 하면 될 것 같다.
알게 된 것			
자신에 대해 알게 된 것 (변화된 것)			
질문이나 더 알고 싶은 것			
학습활동 소감 (실천 계획, 의견, 건의 등)			

B4 모듈 : 18인의 교차조사 토론*

언제	–	기본기 연습을 끝내고 18인 이상 다수를 대상으로 교차조사 토론 연습을 하고자 할 때
목표	–	① 논제 및 쟁점 분석을 바탕으로 주장과 반박을 효과적으로 할 수 있다. ② 주장과 근거의 논리성(타당성, 보편성, 현실성)을 판단하며 들을 수 있다. ③ 사회적 쟁점에 대하여 협력적 상호 작용을 바탕으로 문제를 해결하는 태도를 가질 수 있다.
수업 대상	–	중학생 이상
교사 준비물	–	활동지
걸리는 시간	–	50분
수업의 흐름	–	교차조사 토론 안내 + 토론 준비 ▶ 토론하기 ▶ 심사 결과 발표 및 정리

진행 순서	–	① 전시 활동지 돌려주기, 제출 확인, 작성 내용 공유 ② 학습활동 소개, 활동 목표 확인, 자신의 목표 세우기	3분
		▼	
		③ '18인의 교차조사 토론' 역할 정하기 ④ 활동지 나눠 주고 작성 안내 ⑤ 팀별 작전 회의 – 논제 분석하기, 입장, 쟁점, 주장, 근거, 예시 만들기	7분
		▼	
		⑥ 18인의 교차조사 토론하기	25분
		▼	
		⑦ 심판 판정하기 ⑧ 활동 소감 발표 ⑨ 학생들의 발표 내용을 바탕으로 정리하기	10분
		▼	
		⑩ 활동지의 내면 관찰(메타 인지) 표 작성 ⑪ 다음 수업 안내 ⑫ 활동지 걷기	5분

이 수업은 학남고등학교 김미향 선생님의 자료를 바탕으로 재구성하였음.

18명이 동시에 교차조사 토론하기

토론 수업을 할 때 어려운 점 중 하나가 어떻게 실습을 할 것인가 하는 점입니다. 어려움의 가장 큰 원인은 학급당 30명을 넘나드는 학생 수입니다. 모든 학생에게 2:2 교차조사 토론을 시킬 수업 시수를 확보하기도 어렵고, 그렇다고 몇 명만 뽑아 대표로 토론을 시키고 다른 학생들은 구경꾼으로 남겨 둘 수도 없는 일입니다. 이런 현실을 타개할 방법을 찾다가 많은 학생이 동시에 참여하는 토론을 구상하게 되었습니다. 여기 소개하는 방법은 18명이 동시에 토론 및 토론자에 준하는 역할을 수행합니다. 이와 같은 수업을 2회 반복할 경우, 반 학생 전원이 토론에 참여하는 수업이 가능합니다.

이를 위해 다음과 같은 토론 방식 및 역할이 필요합니다.

18인의 교차조사 토론 방식 및 진행 순서

자리 배치, 역할 확인, 토론 분위기 형성(5분)				
			찬 성(A팀)	반 대(B팀)
교차조사 토론 (총 25분)	1회전	2분	1. 입론(A1)	2. 교차조사(B2)
	2회전	2분	4. 교차조사(A1)	3. 입론(B1)
	3회전	2분	5. 입론(A2)	6. 교차조사(B1)
	4회전	2분	8. 교차조사(A2)	7. 입론(B2)
	5회전	2분	10. 반론(A3)	9. 반론(B3)
	6회전	5분	11. 청중 자유 교차 질의	
	7회전	2분	13. 반론(A4)	12. 반론(B4)
	작전 시간: 팀별 2분×2팀 = 4분 진행 중 여유시간: 3~4분			
심판 판정 및 발표(5분)				
토론 소감 작성 및 발표(5분)				
수업 내용 정리 및 마무리(5분)				

찬성 측(A팀)			반대 측(B팀)		
A1: 1회전 입론, 2회전 교차조사	1. ( )번 (	)	B1: 2회전 입론, 3회전 교차조사	7. ( )번 (	)
A2: 3회전 입론, 4회전 교차조사	2. ( )번 (	)	B2: 1회전 교차조사, 4회전 입론	8. ( )번 (	)
A3: 5회전 반론	3. ( )번 (	)	B3: 5회전 반론	9. ( )번 (	)
A4: 7회전 반론	4. ( )번 (	)	B4: 7회전 반론	10. ( )번 (	)
A5: 찬성 측 감독	5. ( )번 (	)	B5: 반대 측 감독	11. ( )번 (	)
A6: 찬성 측 보조, 시간 계시원	6. ( )번 (	)	B6: 반대 측 보조, 기록원	12. ( )번 (	)
심판(3명, 판결문 작성)	13. ( )번 (	)	14. ( )번 (	)	15. ( )번 (	)
기자(2명, 사진 촬영, 기사 작성)	16. ( )번 (	)	17. ( )번 (	)	
사회자(1명)	18. ( )번 (	)			

원래 2:2로 진행되는 교차조사 토론을 4:4로 할 수 있게 바꿨습니다. A3, A4, B3, B4의 경우 맡은 역할이 반박 1회에 그쳐 처음 두 토론자보다 하는 일이 적은 듯하지만, 이 단계에서는 비판력을 발휘하여 짧은 시간에 효율적으로 상대방의 주장을 요약, 반박해야 하므로 횟수만으로 활동의 강도가 적다고 하기 어렵습니다.

또한 양 팀에 감독을 배치하였습니다. 감독은 운동 경기의 감독이자 보조 선수 같은 개념으로 생각하면 됩니다. 토론 전, 중, 후에 모둠을 총괄하고, 토론 현장에서 팀의 토론자가 열세에 처할 때 긴급 투입되어서 의견 발표 및 방어를 해 줄 수 있습니다. 감독을 배치하면 토론이 한결 역동적이고 원활해지며, 토론자들의 부담도 적어집니다.

시간 계시원은 남은 시간을 알려 주는 역할을, 기록원은 토론의 내용을 기록하는 서기 역할을 합니다. 특히 서기 역할이 만만치 않은데, 토론 내용을 잘 듣고 요약해야 합니다. 이 학생들 또한 팀에 소속시키는데, 팀이 토론을 하는 동안 각종 보조의 역할도 적극적으로 실시하도록 독려합니다.

심판은 홀수로 배치하는 것이 좋습니다. 심판들은 심판 기준을 만들고, 각 토론 장면에 꼼꼼하게 점수를 매깁니다. 토론이 끝나면 심판들은 회의를 거쳐 우승팀을 가리고, 그 결과는 심판장이 판결문으로 발표합니다. 토론이 끝난 후 다음 시간까지 심판 판결문을 써 오게 하면 좋으며, 이것이 어려울 경우 A4 1쪽 분량의 토론 수업 소감문을 작성해 오게 합니다.

기자를 배치해 토론 현장을 사진으로 찍고, 참가자들을 인터뷰하는 등 토론 모습을 기록하게 합니다. 기자들 역시 다음 시간까지 토론 현장에 대한 기사문을 써 오게 하면 수업 내용 적용 및 내면화에 도움이 됩니다. 사회자에게는 간단한 진행 문구를 사전에 제시한 뒤, 본인이 거기서 내용을 가감하여 사용하게 합니다.

이렇게 배치하면 1회의 토론에 18명의 학생이 참여하게 됩니다. 나머지 학생들은 청중 역할을 맡는데, 청중들 또한 찬성/반대 팀으로 가릅니다. 청중들은 책상 위에 메모지를 여러 장 두고 각 팀에 도움이 될 만한 의견을 적어서 토론 도중 감독들에게 전달합니다. 감독은 메모지를 받은 후 좋은 내용이 있으면 토론자에게 전달하여 적극 활용하도록 합니다. 메모지는 수업 후 모두 거두어 평가에 반영합니다. 또한 청중에 해당하는 학생들은 '청중 교차 질의' 시간에 직접 참여할 수 있습니다. '교차조사' 시간이 아니라 '교차 질의' 시간이므로 양 팀에서 누구든 자유롭게 질의응답할 수 있습니다. 이 시간을 넉넉하게 두어 더 많은 학생들이 참여하도록 하면 더욱 좋을 것입니다.

진행 방법

(1) 역할 정하기

18명이 참여하는 토론이므로 각자의 역할을 나누는 것이 중요합니다. 앉은 자리를 기준으로 우선 A팀, B팀으로 나눈 뒤 그 안에서 협의하여 각자 역할을 나누게 하는 것이 좋습니다. 따로 역할을 맡지 않는 학생들은 청중이지만, 다음 시간에는 자동적으로 참여자가 됩니다.

(2) 활동지 나눠 준 뒤 작성법 안내

대형이 갖춰지면 활동지를 나눠 주고 작성법을 안내합니다. 작성법은 앞의 B3 모듈의 활동지와 거의 같습니다. 토론 진행 순서에 따라 발언 내용을 정리하고 점수를 매기면 됩니다.

(3) 팀별 작전 회의

토론을 앞두고 팀별로 회의가 충분히 이루어지도록 하는 것이 좋습니다. 팀별로 미리 개요서를 쓴 뒤 예상 질문을 만들고 답변을 준비하게 하면 됩니다. 각자 맡은 역할을 얼마나 잘 수행하느냐에 따라 팀에 큰 영향을 줄 수 있음을 주지시켜 책임감을 부여합니다.

(4) 18인의 교차조사 토론 진행

사회자가 토론을 진행합니다. 모든 학생의 참여가 원활히 이루어지도록 하고, 시간에 맞추기보다는 내용에 충실하도록 융통성을 가지고 진행하게 합니다.

(5) 심판 판정과 소감 발표

심판진의 토의를 거쳐 이긴 팀과 판결문을 발표합니다. 끝나면 학생들의 소감을 들어 보고 정리합니다.

TIP

- 팀별로 사전에 회의가 충분히 이루어질 수 있도록 하는 것이 좋다.
- 교실 상황에 따라 인원 배치 및 시간 배정을 유연하게 한다.
- 교차조사 토론의 기본 순서를 꼭 고집할 필요는 없다.

18인의 교차조사 토론

( )학년 ( )반 ( )번 이름( )

날짜	

학습활동 목표	목표 달성 정도 평가
1. 논제 및 쟁점 분석을 바탕으로 주장과 반박을 효과적으로 할 수 있다.	
2. 주장과 근거의 논리성(타당성, 보편성, 현실성)을 판단하며 들을 수 있다.	
3. 사회적 쟁점에 대하여 협력적 상호 작용을 바탕으로 문제를 해결하는 태도를 가질 수 있다.	
4. 나의 목표:	

논제										
	찬성 팀				반대 팀					
참가자	A1:	A2:	A3:	A4:	A1:	A2:	A3:	A4:		참가자
점수 (5점 만점)	① 찬성 입론1	A1								점수 (5점 만점)
	③ 답변	A1: A2: A3:			② 교차 조사	B2 Q1: Q2: Q3:				
					④ 반대 입론1	B1				
	⑤ 교차 조사	A1 Q1: Q2: Q3:			⑥ 답변	A1: A2: A3:				
	⑦ 찬성 입론2	A2								
	⑨ 답변	A1: A2: A3:			⑧ 교차 조사	B1 Q1: Q2: Q3:				
					⑩ 반대 입론2	B2				
	⑪ 교차 조사	A2 Q1: Q2: Q3:			⑫ 답변	A1: A2: A3:				

		A3			B3	
⑭ 반론1			⑬ 반론1			
		A4			B4	
⑯ 반론2 (마무리)			⑮ 반론2 (마무리)			
점수 합계			이긴 팀은?			점수 합계

이긴 팀	☐ 찬성 팀 ☐ 반대 팀	심사평		근거	논리성, 창의성, 토론 정신 (자유, 배려, 비판)
최고 토론자		심사평			

내면 관찰 (메타 인지)	사실적 사고	추론적 사고	비판, 창의적 사고
	느낌 / 태도 관찰	생각 파악(느낌의 원인)	변화 대책(필요시)
학습활동 중 파악한 자신의 느낌과 행동 (이유를 구체적으로)	나의 느낌, 기분이 ( ) 것으로 관찰된다. 나의 행동, 자세가 ( ) 것으로 관찰된다.	그 이유는 ( )때문인 것 같다.	이렇게 하면 될 것 같다.
알게 된 것			
자신에 대해 알게 된 것 (변화된 것)			
질문이나 더 알고 싶은 것			
학습활동 소감 (실천 계획, 의견, 건의 등)			

5. 토론의 꽃 : FL(Flower) 모둘 유형

토론 실습

+

FL1

모둠 짜기와
논제 정하기

+

FL2

모둠별 교차조사
토론 실습

+

FL3

왕중왕전

FL1 모듈 : 모둠 짜기와 논제 정하기

언제	–	토론에 대한 모든 과정을 거친 후, 모둠별 교차조사 토론 실습을 준비하고자 할 때
목표	–	① 모둠원들과 친해지고 의사소통 능력을 키울 수 있다. ② 토론하고 싶은 논제를 정할 수 있다. ③ 자신의 역할을 확인하고 토론 실습을 준비할 수 있다.
수업 대상	–	초등 고학년 이상
교사 준비물	–	타이머, 제비쪽지(발표 순서 추첨), 교차조사 토론 실습 안내 유인물, 브레인라이팅 활동지, 교차조사 토론 실습 준비서, 교차조사 토론 입론서, 교차조사 토론 반론서
걸리는 시간	–	50분

수업의 흐름	–	논제 관련 설명 + 모둠 짜고 모둠 세우기 ▶ 논제 정하기 (브레인라이팅) ▶ 모둠별 논제 발표 및 질의응답

진행 순서	–	① 전시 활동지 돌려주기, 제출 확인, 작성 내용 공유 ② 학습활동 소개, 활동 목표 확인, 자신의 목표 세우기	2분

▼

	③ 논제의 종류, 요건 설명(프레젠테이션 자료 활용) ④ 모둠 짜기 및 자리 이동(컴퓨터 프로그램 이용) ⑤ 브레인라이팅 활동지 나눠 주기 ⑥ 발표 순서 정하기(제비뽑기로) ⑦ 모둠 세우기(팀 빌딩) – 모둠 이름, 모둠 구호, 모둠 규칙 정하기(5분)	10분

▼

	⑧ 모둠별로 논제 정하기 – 브레인라이팅	25분

▼

	⑨ 각 모둠의 논제 발표하고 질의응답하기 ⑩ 교차조사 토론 실습 안내지(첫 발표 모둠에게는 교차조사 토론 입론서, 교차 조사 토론 반론서도) 나눠 주기	10분

▼

	⑪ 활동지의 내면 관찰(메타 인지) 표 작성 ⑫ 다음 수업 안내 ⑬ 활동지 걷기	3분

모둠별 교차조사 토론 실습을 준비하는 시간입니다. 이 시간에는 크게 논제의 종류와 조건 설명, 모둠 짜기, 모둠 세우기(팀 빌딩), 논제 정하고 발표하기 이렇게 네 가지 활동을 해야 합니다. 이다음 시간부터는 모듈별로 돌아가며 교차조사 토론 실습을 할 것입니다.

진행 방법

(1) 논제에 대한 설명 및 모둠 짜기

우선 논제의 개념과 종류, 요건에 대한 설명, 이번 시간 활동 안내를 한 뒤 바로 모둠을 짭니다. 관련 내용은 S1 모듈과 S3 모듈에 있습니다. 만약 논제 분석 연습을 해 본 적이 없다면 S3 모듈을 간단히 합니다.

모둠을 짜는 데에는 여러 방법이 있으나 대부분의 학생들은 임의로 짜는 것을 원했습니다. 성적을 기준으로 짜는 것을 가장 싫어했습니다. 모둠 편성 프로그램은 인터넷에 꽤 올라와 있습니다. 컴퓨터로 무작위 배정을 한 뒤 각자의 기호와 역할, 모둠별 자리를 정합니다. 2:2로 편성해 토론하면 가장 좋지만, 인원이 많으면 3:3이나 3:4 혹은 4:4까지도 하는 수밖에 없습니다. 여기에 소개하는 자료는 3:3으로 모둠을 짜 진행할 때를 기준으로 한 것입니다. 인원 구성이 달라지면 여러 가지가 조금씩 달라집니다.

만약 수업을 특별 교실에서 한다면 학생들이 자리에 앉기 전에 바로 모둠 짜기를 하는 것도 좋습니다. 컴퓨터로 모둠을 짜고, 바로 모둠별로 자리에 앉으면 되기 때문입니다.

모둠 짜기와 동시에 A1~A4, B1~B4 등의 기호로 각자 맡아야 하는 역할 또한 지정합니다. 실제 토론에서는 역할 분담이 굉장히 중요하지만, 수업에서는 토론을 공부하는 것이 목표이므로 임의로 역할을 지정합니다. 이후 모둠원끼리 '모둠 세우기(팀 빌딩)'를 하게 합니다.

(2) 발표 순서 정하고 모둠 세우기

모둠 세우기는 '팀 빌딩'이란 용어를 번역한 것입니다. 원활한 모둠 활동을 위해 모둠원 간의 친밀도를 높이고 협동심을 기르기 위해 하는 활동을 뜻합니다. 시간이 넉넉하다면 한 시간 동안 모둠 세우기만 해도 좋습니다. 모둠원끼리 서로 잘 협력하고 소통하는 분위기가 생기면 토론 수업 때는 물론 이후 반 전체의 분위기도 좋아질 것입니다.

모둠별로 정해진 자리에 앉으면 각 모둠의 대표(A1)를 앞으로 나오게 합니다. 대표들끼리 교사가 미리 준비한 제비쪽지를 뽑아 발표 순서를 정합니다. 이후 5분 정도 모둠 세우기를 하는 시간을 주는데, 함께 모둠 이름을 짓고 모둠 구호와 규칙을 정하도록 합니다. 모둠 구호는 모둠별 논제 발표를 할 때에 모든 모둠원이 나가 함께 외칠 것입니다. 유치하지만 수업에 활기와 재미를 더합니다. 만약 시간이 모자라면 모둠 이름만이라도 정합니다.

(3) 브레인라이팅으로 논제 정하기

모둠 만들기가 됐으면 자신의 모둠에서 토론할 논제를 정해야 합니다. 먼저 학생들에게 생각나는 좋은 논제들, 인터넷에 많이 나올 법한 것을 말해 보라고 합니다. 사형제, 안락사, 동물 실험, 유전자 변형 식품과 관련된 논제들이 많이 나올 것입니다. 이것들을 칠판에 적은 뒤 크게 엑스 표시를 하고, 이 논제들은 제외하라고 합니다. 웬만한 논제는 전부 인터넷에 찬반 논증이 정리되어 있어 오히려 안 나오는 것을 찾기가 어렵지만, 그래도 인터넷에 나오지 않는 논제를 찾도록 권하고 있습니다. 인터넷에 있는 논제를 가지고 토론할 경우에는 인터넷에 나온 대로 베껴서 발표하는 경우가 대부분입니다. 학생들의 추론적, 비판적 사고를 기르는 데에 거의 도움을 주지 못하죠.

이 단계에서 '브레인라이팅brainwriting'을 하면 좋습니다. 브레인라이팅은 서로 자신이 생각하는 논제를 두세 가지 쓴 다음 옆으로 돌려 가며 다른 사람이 적은 의견에서 연상되는 새로운 의견을 적어 가는 식으로 모둠원의 의견을 모으는 방법입니다. 브레인라이팅 활동지를 이용하면 됩니다. 의견이 다 모이면 논의를 통해 그중 하나를 골라 결정하고 발표하게 합니다.

각자 2~3분 정도 고민하고 다른 사람에게 넘기면 됩니다. 핵심어만 써도 좋습니다. 만약 시간이 없거나 생각이 나지 않으면 두 가지만 쓰게 합니다. 이렇게 같은 방향으로 계속 돌리면서 모든 모둠원이 쓰고 자신의 활동지가 돌아오면 마칩니다. 그러면 12~18분 정도가 걸립니다. 브레인라이팅이 끝나면 모둠원들의 활동지를 전부 모은 뒤 토의하여 최종 논제를 결정합니다. 논제가 결정되면 각 모둠 서기가 바로 칠판에 적도록 합니다.

(4) 논제 발표하고 질의응답하기

모둠별로 모둠원이 함께 나와 논제를 발표합니다. 인사를 하고 모둠 구호를 외친 뒤에 조장이 모둠원과 모둠 이름을 소개하고 논제에 관해 설명한 뒤 질의응답을 합니다. 질의응답을 통해 논제가 찬/반 한쪽으로 치우치지는 않는지, 토론하기에 적절한지 등을 확인합니다. 이때 논제가 부적합하다고 생각되면 다른 것으로 바꿀 수 있을 것입니다. 여기까지 하면 이 수업에서 중요한 부분은 전부 끝난 것입니다. 학생들이 토론 실습 때 참고하도록 '교차조사 토론 실습 안내' 유인물을 나누어 줍니다.

(5) 처음 발표하는 모둠에게 준비 안내하기

첫 발표 모둠의 학생들 각자에게 '교차조사 토론 입론, 반론 및 답변 준비서'를 나눠 줍니다. 실습하는 모둠은 발표 하루나 이틀 전에 교사와 준비 모임을 한다고도 알려 줍니다.

TIP

- 논제에 관한 설명이 길어지지 않도록 한다. 시간도 없을뿐더러 학생들이 지칠 수 있다.
- 먼저 활동에 대한 안내를 한 뒤 자리 이동을 하게 해야 한다. 학생들이 움직이고 난 뒤에는 집중시키기가 어렵다.
- 모둠 세우기는 '내용'이 아니라 '시간'을 기준으로 하는 것이 좋다. 정해진 시간까지, 할 수 있는 만큼만 한다. 모둠 이름만 정해졌다면 바로 다음 활동을 해도 좋다.
- 논제가 결정되는 대로 모둠 서기가 칠판에 나와 적도록 한다.

수업 후기

논제의 개념과 종류, 좋은 논제의 조건에 대해 배우고 브레인라이팅을 통해 주제를 정했는데 생각을 하는 것이 생각보다 어려웠다. 앞으로 진행되는 토론 수업에서 나의 역할을 충실히 하기 위해 준비를 잘하고 적극적으로 참여해야겠다.

시지고 1-7 한규리

모둠을 랜덤으로 짜서 함께 브레인라이팅을 하며 다양한 의견을 나누고 논제를 정하면서 토론 맛보기(?)를 할 수 있었다. 다음 시간에 직접 토론해 보면 정말 재미있을 것 같다.

시지고 1-11 이수연

친구들의 기본 의견에 점점 더 아이디어를 추가해서 좋은 아이디어가 나오는 것이 신기하고 재미있었다.

시지고 1-11 임유아

유인물 교차조사 토론 실습 안내

I. 교차조사 토론 소개

어떤 논제를 두고 찬성자와 반대자가 입론, 질문, 반론을 해 보며 논점을 검증하는 역량을 키우고 토론 정신을 공부하는 토론 방법. 미국의 토론 협회 CEDA(Cross Examination Debate Association)에서 시작했으므로 '세다 토론'이라고 불린다. 토론을 배울 때에 많이 쓰이므로 '아카데미식 토론'이라고도 한다.

II. 토론 절차

한 모둠은 두 팀으로 이루어지며 각 팀은 2~4인으로 구성. 각 토론자는 2~3번의 발언 기회가 있음(총 28분이 걸림).

교차조사 토론 진행 개요

	순서	단계	발언자 2:2	발언자 3:3	시간(분)	발언 내용
1	1	긍정 팀 입론 1	긍정 1	긍정 1	2	• 논제의 배경 및 핵심 용어 • 토론해 볼 필요성과 가치 • 논제에 대한 주장과 이유, 근거
	2	부정 팀 교차조사 1	부정 2	부정 3	2	• 상대 팀 주장과 이유, 근거를 확인 및 검토 (반론 자료 수집)
	3	부정 팀 입론 1	부정 1	부정 1	2	• 논제 및 핵심 용어 설명 • 반대 주장과 이유, 근거 제시
	4	긍정 팀 교차조사 1	긍정 1	긍정 3	2	• 상대 팀 주장과 이유, 근거를 확인 및 검토 (반론 자료 수집)
2	5	긍정 팀 입론 2	긍정 2	긍정 2	2	위와 같음. 단, 핵심 용어 설명은 필요 없음
	6	부정 팀 교차조사 2	부정 1	부정 1	2	
	7	부정 팀 입론 2	부정 2	부정 2	2	
	8	긍정 팀 교차조사 2	긍정 2	긍정 1	2	
3	9	부정 팀 반론	부정 1	부정 3	2	• 상대 입론 논증의 문제점, 오류, 허점 지적
	10	긍정 팀 반론	긍정 1	긍정 3	2	• 상대 입론 논증의 문제점, 오류, 허점 지적
	11	부정 팀 답변 및 요약, 마지막 강조	부정 2	부정 2	2	• 상대의 반론에 대한 답변 • 토론 내용 요약 및 마지막 강조, 설득
	12	긍정 팀 답변 및 요약, 마지막 강조	긍정 2	긍정 2	2	• 상대의 반론에 대한 답변 • 토론 내용 요약 및 마지막 강조, 설득

• 숙의(작전) 시간은 발언권을 가지고 있을 때, 1분 단위로 2회 요청할 수 있다. 양 팀 합해서 총 4분을 쓸 수 있다.

III. 토론 전 준비

1. 긍정/부정 입론서, 반론 및 답변서 작성

▷ **찬반 입장을 모두 준비**해야 한다. 자료 조사보다 더 중요한 것은 **독자적인 논리 개발**이다.

▷ 각자 할 일을 나누어 논리 개발과 자료 조사를 하되 반드시 자주 만나서 **내용을 공유하고 서로 돕도록** 한다.

2. 준비 모임

▷ 토론 1~2일 전, 점심시간이나 청소 시간에 **담당 교사와 만나** 입론서 및 반론서 작성 정도, 토론 준비 상태, 지켜야 할 일, 주의점 등을 확인한다.

IV. 교차조사 토론의 단계별 방법

1. 입론

▷ "(   )라는 논제의 '긍정/부정' 팀 입론을 맡은 '긍정/부정' 팀 (   )째 토론자입니다"라는 소개로 시작.

▷ 논제를 둘러싼 사회적 배경, 토론해 볼 이유, 공유해야 할 상위 가치 등을 제시한다.

▷ 핵심 용어의 개념을 정의한다. 토론의 범위를 한정하는 매우 중요한 단계이다.

▷ 팀의 입장을 지지하는 논점(= 주장 + 이유 + 근거/사례)을 2개 정도의 항목으로 정리하여 발언한다.

▷ 가장 핵심적인 쟁점을 먼저 제시한다.

▷ 각 논지를 지지하는 분명하고 명료한 논거, 자료, 구체적인 예를 제시한다.

2. 교차조사 및 답변

▷ "(   )라는 논제의 '긍정/부정' 팀 교차조사를 맡은 '긍정/부정' 팀 (   )째 토론자입니다"라는 소개로 시작.

▷ 교차조사는 **반론의 근거를 수집하기 위해** 상대의 입론을 확인, 조사하는 활동. **반론과 혼동하지 말아야 함.**

▷ 상대 팀이 **발언(입론)한 내용에 대해서만** 조사, 질문한다.

▷ 한 가지씩 간단하고 명료하게 질문(일문일답). 예의 있는 태도로 질문하도록 하고, 답변자는 성실하고 분명하게 답변.

▷ 질문하기 전에 상대방의 발언 내용을 한 번 더 말해 주고 난 뒤에 다음 질문을 덧붙이는 것이 좋다.

"토론자께서 ~라고 말씀하셨는데요. 그것의 근거 자료가 있나요?"

▷ 발언 내용이 잘 이해되지 않거나 명확하지 않으면 질문하여 확인한다.

"~가 이런 내용이 맞습니까?", "~는 이런 뜻인가요?"(=사실적 질문)

▷ 상대방이 내세운 논점이나 발언 내용의 **객관적인 근거**에 대해 질문한다. 출처가 어디인지, 언제의 자료인지, 증거 자료나 사례가 있는지 등(주로 사실적, 추론적 질문을 한다).

▷ 심화, 확장하는 질문(상대의 의견을 더 자세히 알아보는 질문)은 좋으나 상대가 자신의 논점을 장황히 늘어놓을 때는 "미안합니다만, 더 자세한 것은 나중에 듣겠습니다" 등의 말로 **예의를 갖추어** 저지한다.

3. 반론

▷ "(   )라는 논제의 '긍정/부정' 팀 반론을 맡은 '긍정/부정' 팀 (   )째 토론자입니다"라는 소개로 시작.

▷ 교차조사로 수집한 결과를 바탕으로 상대방이 제시한 근거의 문제점, 주장과

근거의 논리적 오류 등을 지적.

▷ 상대방이 입론한 논점 하나하나마다 반론해야 한다. 반론하지 않으면 경청하지 않았거나 인정하는 것으로 간주한다.

※ 주의할 점 – 입론에서 제시하지 않은 논점을 들어 반론해서는 안 된다.

4. 답변 및 요약, 마지막 강조

▷ "(   )라는 논제의 '긍정/부정' 팀 답변 및 요약, 마지막 강조를 맡은 '긍정/부정' 팀 (   )째 토론자입니다"라는 소개로 시작.

▷ 상대방의 반론에 대해 이유, 근거를 제시하여 답변한다.

▷ 먼저 상대 팀의 논점을 간략하게 요약하고 이에 대한 자기 팀의 논점을 명료하게 요약, 정리한다.

▷ 자기 팀 논점의 핵심과 자기 팀의 뛰어난 점을 **마지막으로 강조**한다.

▷ 토론 내용을 압축적으로 담을 수 있는 **비유나 일화** 등을 활용해도 좋다.

V. 교차조사 토론 진행 유의점

▷ 토론 시작 전에 미리 책상과 의자를 토론 대형으로 배열해 놓아야 한다.

▷ 찬반 입장은 토론 시작 직전에 교실에서 동전 던지기로 정한다.

▷ 청중은 '마음 듣기'를 하며, 손뼉을 치거나 야유하지 않는다.

▷ 청중은 논제에 대해 함께 생각해 보며 자신의 입장과 논점을 스스로 살펴본다. 토론이 끝난 후 '청중 참여 토론' 순서에서 추가 질문, 보충 발언, 소감 발표 등을 할 수 있다.

▷ 토론자, 사회자, 계시원, 청중 모두가 토론 정신(표현의 자유, 역지사지, 비판의 용기)을 가지고 토론 절차와 규칙을 지킨다.

VI. 교차조사 토론 평가

▷ 토론 정신, 마음 듣기, 논리 개발, 개념 파악, 논거나 사례 제시, 주장의 일관성, 자료 조사, 상대 주장에 대한 정확한 지적, 시선 처리, 목소리, 말투 등을 종합적으로 평가 - **평가지에 의한 평가**

▷ 양 팀이 동점인 경우에는 부정 팀이 이기는 것으로 한다(부정 팀은 방어의 입장이므로 방어가 잘된 것으로 봄. 토론 순서도 긍정 팀에게 유리함).

▷ 각 모둠마다 최고 토론자를 선발(추후 최고 토론자들끼리 왕중왕전 실시).

▷ 평가 기준에 따라 수행평가에 반영한다. 승리 팀과 최고 토론자에게는 가산점을 준다(생활기록부 과목별 세부특기사항에도 반영).

VII. 논술문 제출

▷ 토론이 끝나면 토론자는 발표 다음 날까지 논술문을 제출해야 한다.

▷ 토론 실습 때 맡았던 입장과 상관없이 **자신의 개인적 입장과 논점을 서론, 본론, 결론의 단락을 갖춘 완결된 논술문 형태로 쓴다.**

▷ 끝에 **토론 활동 소감**을 꼭 쓴다.

교차조사 토론 논제 정하기 – 브레인라이팅

( )학년 ( )반 ( )번 이름( )

우리 모둠 발표 순서		번째	토론 날짜	
모둠 이름				

활동 목표			
1. 모둠원끼리 친해지기 2. 자신의 역할 확인하고 준비하기 3. 토론에 적합한 논제 정하기			
나의 기호	나의 역할	준비 때 할 일	토론 때 할 일

논제의 개념과 종류	※ 논제 : 토론에서 검토, 검증하고자 하는 중심 문제. 따져 보고 싶은 주제나 사건, 정책 등. 1. 사실 논제 : 사실의 참, 거짓을 따지는 것. 학술 세미나나 법정 토론에서 많이 볼 수 있음. 보기)‘닭은 공룡이다’ ‘외계인은 존재한다’ 2. 가치 논제 : 가치관의 차이를 따지는 것. 보기) ‘인간의 본성은 선하다’ ‘아름다움은 주관적이다’ 3. 정책 논제 : 정책의 적절성과 타당성을 판단하는 논제(정책을 판단하는 바탕에 가치관이 개입되므로 가치 논제의 성격도 지님). 보기)‘우리 학교 매점에서 탄산음료를 판매해야 한다’ ‘우리 학교 보충수업을 폐지해야 한다’
좋은 논제의 조건	1. 토론할 가치가 있는 주제 . 2. 현재 상황을 변화시키려는 주제 = 문제를 제기하는 주제 = 시사성이 있는 주제. 3. 찬반 의견이 한쪽으로 치우치지 않은, 균형 잡힌 주제 . 4. 찬반의 쟁점이 뚜렷하게 하나인 주제(∴ 논제는 단문, 긍정 서술문으로). 5. 토론 참여자의 관심과 수준에 맞는 주제.

조번호(=발표 순서)				조	발표 날짜	

	기호	이름	역할	준비 때 할 일	토론 때 할 일
2:2의 경우					
A팀	A1		A조 조장	긍정 입론, 반론, 답변서 쓰기	입론(2분), 교차조사(2분), 반론(2분)
	A2		A조 총무	부정 입론, 반론, 답변서 쓰기	입론(2분), 교차조사(2분), 답변 및 요약, 마지막 강조(2분)
B팀	B1		B조 조장	긍정 입론, 반론, 답변서 쓰기	입론(2분), 교차조사(2분), 반론(2분)
	B2		B조 총무	부정 입론, 반론, 답변서 쓰기	입론(2분), 교차조사(2분), 답변 및 요약, 마지막 강조(2분)
3:3의 경우					
A팀	A1		A조 조장	긍정 입론서 쓰기	입론(2분), 교차조사(2분)
	A2		A조 총무	부정 입론서 쓰기	입론(2분), 답변 및 요약, 마지막 강조(2분)
	A3		A조 서기	반론 및 답변서 쓰기	교차조사(2분), 반론(2분)
B팀	B1		B조 조장	긍정 입론서 쓰기	입론(2분), 교차조사(2분)
	B2		B조 총무	부정 입론서 쓰기	입론(2분), 답변 및 요약, 마지막 강조(2분)
	B3		B조 서기	반론 및 답변서 쓰기	교차조사(2분), 반론(2분)

활동지 교차조사 토론 실습 준비서(모둠 활동용)

( )학년 ( )반 ( )조

주제	브레인라이팅 – 우리 모둠의 토론 주제(논제)를 무엇으로 할까? (낱말로 적어도 됨)		
1	내가 쓰는 곳 ①	내가 쓰는 곳 ②	내가 쓰는 곳 ③
2	친구가 쓰는 곳 ①	친구가 쓰는 곳 ②	친구가 쓰는 곳 ③
3			
4			
최종 결정 논제	(홑문장, 평서형 혹은 청유형으로 서술)		
모둠 이름			
모둠 구호			
모둠 규칙	1. 2. 3.		
학습활동 소감 (실천 계획, 의견, 건의 등)			

활동지 교차조사 토론 (□긍정□부정) 입론, 반론 및 답변 준비서

모둠 이름	( )학년 ( )반 ( )모둠 (□ A팀 □ B팀)		토론 날짜	
작성자	( )번 ( )	팀원 ( )번 ( )	( )번 ( )	
논제				
핵심 용어의 정의				
토론해 볼 가치, 이유				
논제가 추구하는 가치, 목적				

	검토 기준	판단	이유	
논제 분석	논제가 인권, 양심, 헌법에 어긋나지 않는가?(보편성)	□ 그렇다 □ 아니다	왜냐하면	
	위의 목적을 달성할 수 있는 방법이 이 방안(정책) 밖에 없는가?(타당성)	□ 그렇다 □ 아니다	왜냐하면	
	이 방안(정책)을 하는 것이 안 하는 것보다 이득이 더 큰가?(현실성, 상당성)	□ 그렇다 □ 아니다	왜냐하면	
	핵심 쟁점(가장 중요한 문제점)은 무엇이라 생각하나?			

	요소	입론	예상 반론	답변
논점 1	주장1			
	이유	왜냐하면		
	근거 자료, 사례			

238

	주장2			
논점 2	이유	왜냐하면		
	근거 자료, 사례			
	주장3			
논점 3	이유	왜냐하면		
	근거 자료, 사례			
	주장4			
논점 4	이유	왜냐하면		
	근거 자료, 사례			

1. 더 쓸 내용이 있으면 뒤쪽에 이어서 써도 됩니다.
2. 컴퓨터 파일로 작성하여 출력해 제출해도 됩니다(이 양식에 있는 항목을 **빠뜨리지** 않게 해 주세요).
3. 실제 토론에서 가지고 있을 수는 있으나 보고 읽지 않기 바랍니다. 설득력을 높이기 위해, 이 내용을 충분히 머릿속에 정리하기 바랍니다.
4. 토론 전날 점심시간이나 청소 시간에 '준비 모임'이 있으며 그때 검사를 받아야 합니다(모둠원 4~6명이 모두 함께).
5. 토론 발표 끝나고 바로 내 주세요.

FL2 모듈 : 모둠별 교차조사 토론 실습

언제	–	토론에 대한 모든 것을 실천하기 위해 토론 대회 형식으로 실제 토론을 해 보고자 할 때

목표 – 토론자 – 토론 정신을 가지고 토론에 적극적으로 참여할 수 있다.
청 중 – ① 토론 정신을 실천할 수 있다.
② 토론을 잘 듣고 기준에 따라 평가할 수 있다.
③ 토론이 끝난 후 참여하여 발표할 수 있다.
④ 자신의 삶을 비판적으로 바라보고 새로운 논리를 만들어 적용할 수 있다.

수업 대상 – 중학생 이상

교사 준비물 – 타이머, 명패 4개, 교차조사 토론 평가지, 다음 모둠에게 배부할 유인물(입론서, 반론서), 시상 상품

걸리는 시간 – 50분

수업의 흐름 – 토론 준비 ▶ 토론 실습 ▶ 승패 판정 및 청중 참여 토론

진행 순서 –

① 전시 활동지 돌려주기, 제출 확인, 작성 내용 공유
② 학습활동 소개, 활동 목표 확인, 자신의 목표 세우기 　　　3분
▼
③ 토론 대형 갖추기 – 사회자, 시간 계시원 중심으로 좌우 3:3으로 배치
④ 긍정/부정 입장 나누기(동전 던지기)
⑤ 토론자 제자리에 앉아 토론 준비하기
⑥ 사회자, 계시원 역할 안내 　　　7분
⑦ 토론 평가서 나눠 주고 이전 조 평가서 돌려주기
⑧ 토론 안내 판서
⑨ 토론 평가서 쓰는 방법 안내
▼
⑩ 교차조사 토론 대회 진행 – 사회자가 진행 　　　30분
▼
⑪ 청중 평가단의 심사 – 거수로 승패 결정
⑫ 최고 토론자 시상(두 번째 실습부터) 　　　7분
⑬ 청중 참여 토론 – 사회자가 진행
▼
⑭ 교사의 정리
⑮ 평가지 작성
⑯ 다음 수업 안내 – 다음 토론 모둠 확인 및 유인물 전달 　　　3분
⑰ 토론자의 토론 소감 발표
⑱ 평가지 걷기

토론, 꽃으로 피어나다

이제부터는 토론 실습입니다. 매주 한 모둠씩 같은 방법으로 수업을 진행합니다. 모둠마다 다른 논제로 토론하기 때문에 다양한 분야의 토론을 살펴볼 수 있습니다. 여느 수업에서 보기 어려운, 학생들의 아름답게 피어나는 열정과 지성을 볼 수 있습니다.

토론 준비 모임

토론 발표 하루나 이틀 전에 조용한 곳으로 6명을 모두 불러 토론 준비 모임을 합니다. 토론을 깊이 있게 공부할 수 있는 소중한 기회임을 일러 주고 의미 있는 시간을 만들기를 당부합니다. 논제를 확정하고 입론서/반론서가 작성되었는지 확인한 뒤, 실제 토론 대형으로 앉게 합니다. 아직 찬반 입장이 정해지지 않았으므로 임의로 긍정 팀과 부정 팀을 나누어 간단히 예행연습을 합니다. 이때 말하는 형식을 강조합니다. 시작할 때에 자기소개(안내 유인물에 나와 있음)를 하는 것, 발언이 끝나면 "이상입니다"라고 말하는 것 등을 분명히 하게 합니다. 질문할 때에도 자기소개를 하고 이전 토론자의 발언을 한 번 더 반복하게 합니다. 번거로워 보이는 이 절차를 잘 지키기만 해도 말할 때의 막연한 불안감을 덜 수 있습니다. 미리 나눠 주었던 토론 안내서를 바탕으로 자신의 역할, 입론, 질문, 반론 방법 및 주의점 등을 확인하고 발언 순서를 익히는 정도로 마무리합니다.

진행 방법

(1) 좌석 배치

우선 교실에 들어가서 좌석 배치를 합니다. 다음 그림과 같이 배치하면 됩니다. 계시원은 토론자가 모두 볼 수 있도록 사회자와 마주 보는 자리에 앉습니다.

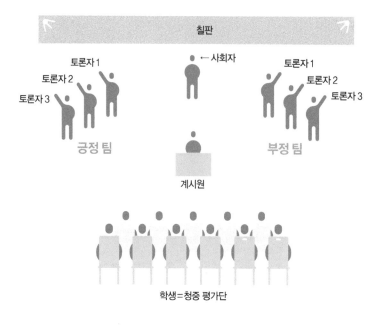

교차조사 토론 실습 좌석 배치

몇 시간 반복되면 학생들이 스스로 배치를 해 놓고 기다리기도 합니다. 기특하지요.

(2) 입장 정하기

다음에 할 일은 입장을 나누는 것입니다. 각 팀의 대표를 불러서 동전 던지기로 긍정/부정 입장을 정한 뒤 긍정 팀은 청중들을 기준으로 왼쪽에, 부정 팀은 오른쪽에 앉습니다. 이것은 거의 관례로 정해진 것인데요. 좌익, 우익이란 말도 여기서 나왔다고 하네요. 긍정 팀은 대개 **현실에 문제를 제기하는 논제에 긍정적인 팀**으로, 현실을 바꾸고자 하는 진보적인 성향이 있습니다. 부정 팀은 반대이겠죠.

(3) 평가지 배부 및 사회자, 계시원 역할 안내

토론자들을 자리에 앉힌 다음, 다른 학생들의 도움을 받아 청중 학생들에게 평가지를 나눠 줍니다. 그 사이에 사회자와 계시원을 불러서 할 일을 일러 줍니다. 다음 주에 발표할 모둠의 A1과 B1 학생을 사회자와 계시원으로 지정하면 토론 진행 방법을 미리 익히게 되고, 긴장감도 갖게 되어 좋습니다. 사회자에게는 미리 사회자용 진행 시나리오를 인쇄해 줍니다. 계시원은 사회자의 진행에 따라 시간을 재면서, 발언 종료 20초 전에 예비로 종을 한 번 울리고, 발언 시간이 끝나면 종을 두 번 울리도록 지도합니다. 아니면 30초 전에 손가락 세 개, 20초 전에 두 개, 10초 전에 한 개를 펴 보이고 다 끝나면 종을 치는 방법도 좋습니다. 컴퓨터나 TV 모니터를 이용해서 남은 시간을 보여 주면 더욱 좋습니다.

(4) 안내 판서

아래와 같이 토론 안내 판서를 합니다.

(학년) – (반) (　　　　) 모둠 토론 대회

활동 목표

1. 토론 정신 실천　　　　　　　　　논제 : (　　　　　　　　　　　)

2. 경청과 평가

3. 청중 참여 토론에 참가　　　　　사회자 : (　)번 (　　　　　　)

　　　　　　　　　　　　　　　　계시원 : (　)번 (　　　　　　)

긍정팀			부정팀		
3	2	1	1	2	3
(　)번 (　)	(　)번 (　)	(　)번 (　)	(　)번 (　)	(　)번 (　)	(　)번 (　)

(5) 평가지(활동지) 작성 방법 안내

첫 모둠과 둘째 모둠 수업 때까지는 토론 평가지 쓰는 법을 간단히 알려 줍니다. 토론을 들으면서 평가지를 작성하기가 어렵다고 하는 경우가 많은데 실제로 토론을 하거나 토론 대회에 나갈 때에도 기록하지 않으면 토론을 할 수 없습니다. 기록은 필수적이고 당연한 것임을 알려 줍니다.

평가지가 복잡한 것처럼 보이지만 토론의 순서를 따라가면서 짚어 보면 생각보다 간단합니다. 까만 번호로 표시된 것이 토론의 순서입니다. 안내서를 보고 기능을 익히지 않아도 누구나 쉽게 스마트폰을 쓸 수 있는 것처럼, 이 평가지도 조금만 써 보면 금방 어떻게 쓰는지 알게 됩니다. 교사도 이 평가지를 이용해서 학생들의 발표 내용을 기록하면 됩니다.

이 평가지는 논증의 분석을 자세히 할 수 있게, 어느 팀이 잘했는지 집계를 내기 편하게 만들어져 있습니다. 그러나 말하는 내용을 요약해서 받아 적는 일은 쉽지가 않을뿐더러, 토론자의 발음이 불분명하고 목소리가 작은 경우도 많습니다. 그래서 정 알아들을 수 없으면 '잘 안 들린다'거나 '발음이 불분명하다'고 쓰고 내용은 적지 않아도 된다고 합니다. 발언 내용을 '문장'으로 적지 말고 주요 '명사'로만 적으라고도 지도합니다. 그 대신 평가 의견은 반드시 쓰게 합니다. 이 평가지를 걷어서 청중의 태도를 평가합니다. 최고 토론자 추천도 이 평가지를 통해 하면 됩니다. 두 번째 실습 때부터는 이전 평가지를 검사해서 나눠 주어야 합니다.

여기까지 하면 토론을 시작할 준비가 다 됐습니다. '토론 시작 1분 전'임을 안내한 뒤 바로 이어서 사회자가 토론을 진행하게 합니다. 교사도 청중이 되어 토론의 주요 내용을 적습니다. 나중에 생활기록부를 작성할 때 큰 도움이 됩니다. 토론이 진행되는 동안에는 개입하지 않도록 합니다. 개입할 일이 있다면 사회자에게 지침을 주고 사회자가 처리하도록 하는 것이 좋습니다.

(6) 교차조사 토론 진행
사회자가 시나리오에 의해 진행합니다.

(7) 승패 판정

토론이 모두 끝나면 승패를 가립니다. 승패 판정이 꼭 필요한지, 전문가가 판정을 내려야 하는 건 아닌지 등의 이견이 있을 수 있습니다. 그러나 "아카데미식 토론에서는 어차피 토론 참가자들이 찬반 둘 다의 입장을 이해하게 되지만, 그것을 논증하는 과정은 훈련을 통해 상대방을 보다 논리적으로 설득할 수 있는 단계로 나갈 수 있다는 점 때문에 승패를 나누는 것"[*]입니다. 그리고 재판에서도 일반 시민이 참여하는 국민참여재판이 있는 것처럼, 학생들도 나름의 논리로 토론에 대한 판단을 내릴 수 있으며 그 과정도 공부가 될 수 있습니다.

『토론』(한상철. 커뮤니케이션북스)

청중인 학생들은 자기 평가지의 점수를 합산하여 더 점수가 높은 쪽에 손을 듭니다. 이때 동점이 나오면 반대 측이 이긴 것으로 봅니다. 이는 찬성 측이 공격적인 위치에서 먼저 발언함으로써 '닻내림 효과'를 누리기 때문이기도 하고, 마지막으로 발언함으로써 반박 없는 자유로운 주장을 펼칠 수 있기 때문이기도 합니다.

심사 결과를 합산할 시간을 주면서 학생들에게 매번, 반드시 반복해서 강조해야 할 사항이 있습니다. **논리와 사람을 구분하라**는 것입니다. 논리를 평가하는 것이지 사람을 평가하는 것이 아닙니다. 학생들에게 묻습니다. "나와 친한 것하고 토론을 잘하는 것이 상관이 있을까요?" 만약에 있다고 한다면 '사적 관계에 호소하는 오류'를 범하는 것이라고 말해 줍니다. 나와 친해도 잘 못할 수 있고 친하지 않아도 잘할 수 있는 것입니다. 논증의 짜임과 타당성을 평가해야지, 그 사람의 인격을 평가해서는 안 됩니다. 평가를 받는 사람도 승패 결정이 인신공격이나 인기투표 차원에서 이루어진 것이 아님을 받아들이도록 해야 합니다. 그렇지 않으면 심사를 하는 쪽이나 받는 쪽이나 서로 상처가 됩니다. 상당히 민감한 문제입니다. 심사의 객관성이 토론 문화의 수준과도 이어진다고 볼 수 있습니다.

(8) 논술문 제출 안내

토론을 다 마치면 청중 평가단이 점수 계산을 하는 사이 토론자들에게 자신들이 토론한 논제에 대한 논술문을 다음 날까지 써 내도록 안내합니다. 이때는 자신이 맡았던 입장과 상관없이 자기 생각대로 쓰면 됩니다. 자세한 조건은 학생들에게 나누어 준 유인물에 나와 있습니다. 여기까지 마치면 교차조사 토론 실습의 모든 과정이 마무리됩니다. 다음 시간부터 이 학생들은 청중으로서, 다른 친구들이 떠는 모습을 즐길 일만 남았습니다.

(9) 최고 토론자 시상

다시 청중 평가단에게로 시선을 돌려 거수로 승패를 결정합니다. 그다음에는 최고 토론자를 시상합니다. 최고 토론자 시상은 이전 수업 때 학생들의 추천을 가장 많이 받은 학생에게 하면 됩니다. 첫 시간에는 할 수 없으므로 둘째 시간부터 진행합니다. 작은 상품도 준비합니다. 최고 토론자는 나중에 최고 토론자들끼리 토론하는 '왕중왕전'에 나갈 자격을 얻게 됩니다.

(10) 청중 참여 토론 진행, 마무리

최고 토론자 시상이 끝나면 다시 사회자의 진행으로 '청중 참여 토론'을 합니다. 이때가 정말 흥미로운 순서입니다. '청중 참여 토론'이 토론의 수준과 집중도를 매우 높여 줍니다. 묻혀 있던 청중 논객의 예리한 공격이 시작됩니다. 토론하는 학생들도 이때가 더욱 긴장된다고 합니다. 발언할 학생은 꼭 손을 들어 발언권을 얻도록 하고, 질문 전에 반드시 자신의 번호와 이름을 말하게 합니다. 공식적인 말하기에서는 자신을 먼저 소개하는 것이 예의이기도 하고, 학생의 질문을 기록해 두었다가 평가에 반영할 수도 있기 때문입니다. 수업 시간이 3분 정도 남을 때까지 진행한 뒤 토론자들의 토론 소감을 듣고 마치면 됩니다. 전반적으로 매우 바쁘게 진행됩니다.

TIP

- 교사는 개입을 최대한 자제한다. 실수도 공부가 되기 때문이다. 토론 도중 학생들의 감정이 격해질 때도 있는데, 사회자가 자연스럽게 진정시키도록 유도한다.
- '논리와 사람을 구분하라' '메시지와 메신저를 구분하라'는 말을 반복하여 수준 높은 토론 태도를 보여 줄 것을 매회 당부한다.
- 강평은 잘한 점 위주로 하고, 고쳐야 할 점은 조심스럽게 말한다.

수업 후기

토론할 때는 내가 맨 처음 순서라 긴장이 됐지만 다른 조원들이 했던 것처럼 종이를 보지 않고 시선을 맞춰 가면서 말을 하려고 노력했다. 교차조사를 할 때는 개인에게 억한 감정은 없는데 의견이 자꾸 부딪혀서인지 찬찬히 반박해야 하는 마음보다 자꾸 이기고 싶은 마음이 들어서 반대 팀 조원들에게 미안했다. 또, 과연 막힘없이 말을 잘할 수 있을까 걱정했는데, 지금껏 많은 사람들 앞에서 말한 것 중에서 가장 말을 잘한 것 같아 뿌듯했다. 하기 전에는 '나도 할 수 있을까' 걱정이 되었지만 앞서 다른 조들의 토론도 보고 직접 토론 자료를 준비하면서 나도 이제 여러 사람 앞에서 조금은 떨리지만 당당하게 말할 수 있는 용기가 생긴 것 같다. 예전보다 마음과 생각이 많이 자란 것 같음을 느꼈다.

시지고 1-7 윤남령

활동지 모둠별 교차조사 토론 실습 평가지

( )학년 ( )반 ( )번 이름( )

날짜	

활동 목표	목표 달성 정도 평가
1. 토론 정신을 실천할 수 있다.	
2. 토론을 잘 듣고 기준에 따라 평가할 수 있다.	
3. 토론이 끝난 후 청중으로 참여하여 발표할 수 있다.	
4. 자신의 삶을 비판적으로 바라보고 새로운 논리를 만들어 적용할 수 있다.	
5. 나의 목표:	

논제	

긍정 팀 토론자			사회자	계시원	부정 팀 토론자		
3	2	1			1	2	3

			❶ 긍정 팀		❸ 부정 팀	
입론 1	쟁점 1	핵심 용어		이름		이름
		주장		평가 의견		평가 의견
		이유				
		근거				
	쟁점 2	주장				
		이유				
		근거		평가 기준 핵심 용어 정의 명확한 주장 타당한 이유 근거 자료 적절, 프렙 기법 사용		평가 기준 핵심 용어 정의 명확한 주장 타당한 이유 근거 자료 적절, 프렙 기법 사용
	쟁점 3	주장				
		이유				
		근거		내용 평가 1 2 3 4 5 태도 평가 -1 0 +1		내용 평가 1 2 3 4 5 태도 평가 -1 0 +1

교차 조사 1

	답변	A1: A2: A3: A4: 평가 의견	Q1: Q2: Q3: Q4: 평가 의견		❷ 질문 조사
	이름 **평가 기준** 성실·분명한 답변 타당한 근거 **내용 평가** 1 2 3 4 5 **태도 평가** -1 0 +1			이름 **평가 기준** 상대 입론에 대한 핵심적 질문 반론 근거 수집 **내용 평가** 1 2 3 4 5 **태도 평가** -1 0 +1	
❹ 질문 조사	이름 **평가 기준** 상대 입론에 대한 핵심적 질문 반론 근거 수집 **내용 평가** 1 2 3 4 5 **태도 평가** -1 0 +1	Q1: Q2: Q3: Q4: 평가 의견	A1: A2: A3: A4: 평가 의견	이름 **평가 기준** 성실·분명한 답변 타당한 근거 **내용 평가** 1 2 3 4 5 **태도 평가** -1 0 +1	답변

입론 2

		❺ 긍정 팀		❼ 부정 팀
쟁점 1	핵심 용어		이름	이름
	주장		평가 의견	평가 의견
	이유			
	근거			
쟁점 2	주장			
	이유			
	근거			
쟁점 3	주장	**평가 기준** 핵심 용어 정의 명확한 주장 타당한 이유 근거 자료 적절, 프렙 기법 사용		**평가 기준** 핵심 용어 정의 명확한 주장 타당한 이유 근거 자료 적절, 프렙 기법 사용
	이유			
	근거	**내용 평가** 1 2 3 4 5 **태도 평가** -1 0 +1		**내용 평가** 1 2 3 4 5 **태도 평가** -1 0 +1

교차조사 2	답변	이름 **평가 기준** 성실·분명한 답변 타당한 근거 **내용 평가** 1 2 3 4 5 **태도 평가** −1 0 +1	A1: A2: A3: A4: 평가 의견	←	Q1: Q2: Q3: Q4: 평가 의견	이름 **평가 기준** 상대 입론에 대한 핵심적 질문 반론 근거 수집 **내용 평가** 1 2 3 4 5 **태도 평가** −1 0 +1	❻ 질문 조사
	❽ 질문 조사	이름 **평가 기준** 상대 입론에 대한 핵심적 질문 반론 근거 수집 **내용 평가** 1 2 3 4 5 **태도 평가** −1 0 +1	Q1: Q2: Q3: Q4: 평가 의견	→	A1: A2: A3: A4: 평가 의견	이름 **평가 기준** 성실·분명한 답변 타당한 근거 **내용 평가** 1 2 3 4 5 **태도 평가** −1 0 +1	답변

반론	❿ 평가 의견	이름 **평가 기준** 모든 입론 반박 반론 형식(프렙) 조사 내용 활용 **내용 평가** 1 2 3 4 5 **태도 평가** −1 0 +1	❾ 평가 의견	이름 **평가 기준** 모든 입론 반박 반론 형식(프렙) 조사 내용 활용 **내용 평가** 1 2 3 4 5 **태도 평가** −1 0 +1
답변 요약 강조	⓬ 평가 의견	이름 **평가 기준** 상대 반론에 답변 요약, 마지막 강조 **내용 평가** 1 2 3 4 5 **태도 평가** −1 0 +1	⓫ 평가 의견	이름 **평가 기준** 상대 반론에 답변 요약, 마지막 강조 **내용 평가** 1 2 3 4 5 **태도 평가** −1 0 +1

최종 점수	긍정 팀		부정 팀		이긴 팀은?	☐ 긍정 팀 ☐ 부정 팀
오늘의 최고 토론자				이유		

내면 관찰	토론에 참여하면서 관찰한 자신(내면)의 기분, 생각, 행동과 이유, 대책 등을 구체적으로 씁니다.

교차조사 토론 사회자 진행 시나리오 (긍정 팀 2 : 부정 팀 2)

단계(2분씩)	진행 내용
도입	지금부터 ( )학년 ( )반 ( )모둠 토론 대회를 시작하겠습니다. 오늘의 논제는 '( )'입니다. 이 논제는 ( ) 점에서 토론해 볼 필요성이 있다고 생각합니다. 청중으로 참여하는 학생 여러분도 잘 듣고 함께 평가해 주시기 바랍니다.
토론자 소개	먼저 긍정 팀부터 토론자 자기소개해 주세요. 〈긍정 팀 → 부정 팀 모두 자기소개〉 저는 사회자 ( )이고, 계시원은 ( )입니다. 〈박수〉
숙의 시간 안내	숙의 시간은 각 팀에서 1분씩 2(혹은 3)회 요청할 수 있습니다. 이제 토론을 시작하겠습니다.
1. 긍정 팀 입론	1. 그러면 긍정 팀 첫째 토론자가 입론 2분간 진행하겠습니다. 〈긍정 팀 첫째 토론자 2분간 입론〉 지금까지 긍정 팀 입론이었습니다. 주요 주장은 첫째_____, 둘째_____, 셋째_____이었습니다.
2. 부정 팀 교차조사	2. 다음에는 부정 팀 둘째 토론자가 2분간 교차조사 질문을 해 주시기 바랍니다. 〈부정 팀 둘째 토론자의 질문 : 긍정 팀 첫째 토론자의 응답 – 2분간〉 지금까지 부정 팀의 교차조사였습니다.
3. 부정 팀 입론	3. 다음에는 부정 팀 첫째 토론자의 입론을 2분간 진행하겠습니다. 〈부정 팀 첫째 토론자 2분간 입론〉 지금까지 부정 팀 입론이었습니다. 주요 주장은 첫째_____, 둘째_____, 셋째_____이었습니다.
4. 긍정 팀 교차조사	4. 다음에는 긍정 팀 첫째 토론자가 2분간 교차조사 질문을 해 주시기 바랍니다. 〈긍정 팀 첫째 토론자의 질문 : 부정 팀 첫째 토론자의 응답 – 2분간〉 지금까지 긍정 팀의 교차조사였습니다.
5. 긍정 팀 입론	5. 다음엔 긍정 팀 둘째 토론자가 입론 2분간 진행하겠습니다. 〈긍정 팀 둘째 토론자 2분간 입론〉 지금까지 긍정 팀 입론이었습니다. 주요 주장은 첫째_____, 둘째_____, 셋째_____이었습니다.
6. 부정 팀 교차조사	6. 다음에는 부정 팀 첫째 토론자가 2분간 교차조사 질문을 해 주시기 바랍니다. 〈부정 팀 첫째 토론자의 질문 : 긍정 팀 둘째 토론자의 응답 – 2분간〉 지금까지 부정 팀의 교차조사였습니다.
7. 부정 팀 입론	7. 다음에는 부정 팀 둘째 토론자의 입론을 2분간 진행하겠습니다. 〈부정 팀 둘째 토론자 2분간 입론〉 지금까지 부정 팀 입론이었습니다. 주요 주장은 첫째_____, 둘째_____, 셋째_____이었습니다.
8. 긍정 팀 교차조사	8. 다음에는 긍정 팀 둘째 토론자가 2분간 교차조사 질문을 해 주시기 바랍니다. 〈긍정 팀 둘째 토론자의 질문 : 부정 팀 둘째 토론자의 응답 – 2분간〉 지금까지 긍정 팀의 교차조사였습니다.
9. 부정 팀 반론	9. 다음에는 부정 팀의 첫째 토론자가 2분간 반론을 진행하겠습니다. 〈부정 팀 첫째 토론자 2분간 반론〉 지금까지 부정 팀의 반론이었습니다.
10. 긍정 팀 반론	10. 다음에는 긍정 팀의 첫째 토론자가 2분간 반론을 진행하겠습니다. 〈긍정 팀 첫째 토론자 2분간 반론〉 지금까지 긍정 팀의 반론이었습니다.
11. 부정 팀 답변 및 요약	11. 다음에는 부정 팀의 둘째 토론자가 2분간 답변 및 요약, 마지막 강조를 진행하겠습니다. 〈부정 팀 둘째 토론자 2분간 발언〉
12. 긍정 팀 답변 및 요약	12. 다음에는 긍정 팀의 둘째 토론자가 2분간 답변 및 요약, 마지막 강조를 진행하겠습니다. 〈긍정 팀 둘째 토론자 2분간 발언〉
마무리	이것으로 정해진 토론 순서를 모두 마쳤습니다. 토론에 참여해 주신 토론자 여러분 그리고 잘 들어 주신 청중 여러분, 감사합니다. 〈박수〉
청중 참여 토론	〈교사의 토론 승패 결정 후〉 다음에는 청중 여러분이 참여할 수 있는 '청중 참여 토론' 순서입니다. 토론 내용에 대해 토론자들에게서 나오지 않은 '추가 질문'이나 토론자들이 답변하지 못했던 내용에 대한 '보충 답변'을 할 수 있습니다. 아니면 토론을 지켜본 '소감'을 발표해도 좋습니다. 발표하실 분은 손들어 주시기 바랍니다. (먼저 손을 든 사람에게 발언권을 준다. 같은 방법으로 몇몇 사람의 발표를 들어 본다.)

교차조사 토론 사회자 진행 시나리오(긍정 팀 3 : 부정 팀3)

단계(2분씩)	진행 내용
도입	지금부터 ( )학년 ( )반 ( )모둠 토론 대회를 시작하겠습니다. 오늘의 논제는 '( )'입니다. 이 논제는 ( ) 점에서 토론해 볼 필요성이 있다고 생각합니다. 청중으로 참여하는 학생 여러분도 잘 듣고 함께 평가해 주시기 바랍니다.
토론자 소개	먼저 긍정 팀부터 토론자 자기소개해 주세요. 〈긍정 팀 → 부정 팀 모두 자기소개〉 저는 사회자 ( )이고, 계시원은 ( )입니다. 〈박수〉
숙의 시간 안내	숙의 시간은 각 팀에서 1분씩 2(혹은 3)회 요청할 수 있습니다. 이제 토론을 시작하겠습니다.
1. 긍정 팀 입론	1. 그러면 긍정 팀 첫째 토론자가 입론 2분간 진행하겠습니다. 〈긍정 팀 첫째 토론자 2분간 입론〉 지금까지 긍정 팀 입론이었습니다. 주요 주장은 첫째_____, 둘째_____, 셋째_____이었습니다.
2. 부정 팀 교차조사	2. 다음에는 부정 팀 셋째 토론자가 2분간 교차조사 질문을 해 주시기 바랍니다. 〈부정 팀 셋째 토론자의 질문 : 긍정 팀 첫째 토론자의 응답 – 2분간〉 지금까지 부정 팀의 교차조사였습니다.
3. 부정 팀 입론	3. 다음에는 부정 팀 첫째 토론자의 입론을 2분간 진행하겠습니다. 〈부정 팀 첫째 토론자 2분간 입론〉 지금까지 부정 팀 입론이었습니다. 주요 주장은 첫째_____, 둘째_____, 셋째_____이었습니다.
4. 긍정 팀 교차조사	4. 다음에는 긍정 팀 셋째 토론자가 2분간 교차조사 질문을 해 주시기 바랍니다. 〈긍정 팀 셋째 토론자의 질문 : 부정 팀 첫째 토론자의 응답 – 2분간〉 지금까지 긍정 팀의 교차조사였습니다.
5. 긍정 팀 입론	5. 다음엔 긍정 팀 둘째 토론자가 입론 2분간 진행하겠습니다. 〈긍정 팀 둘째 토론자 2분간 입론〉 지금까지 긍정 팀 입론이었습니다. 주요 주장은 첫째_____, 둘째_____, 셋째_____이었습니다.
6. 부정 팀 교차조사	6. 다음에는 부정 팀 첫째 토론자가 2분간 교차조사 질문을 해 주시기 바랍니다. 〈부정 팀 첫째 토론자의 질문 : 긍정 팀 둘째 토론자의 응답 – 2분간〉 지금까지 부정 팀의 교차조사였습니다.
7. 부정 팀 입론	7. 다음에는 부정 팀 둘째 토론자의 입론을 2분간 진행하겠습니다. 〈부정 팀 둘째 토론자 2분간 입론〉 지금까지 부정 팀 입론이었습니다. 주요 주장은 첫째_____, 둘째_____, 셋째_____이었습니다.
8. 긍정 팀 교차조사	8. 다음에는 긍정 팀 첫째 토론자가 2분간 교차조사 질문을 해 주시기 바랍니다. 〈긍정 팀 첫째 토론자의 질문 : 부정 팀 둘째 토론자의 응답 – 2분간〉 지금까지 긍정 팀의 교차조사였습니다.
9. 부정 팀 반론	9. 다음에는 부정 팀의 셋째 토론자가 2분간 반론을 진행하겠습니다. 〈부정 팀 셋째 토론자 2분간 반론〉 지금까지 부정 팀의 반론이었습니다.
10. 긍정 팀 반론	10. 다음에는 긍정 팀의 셋째 토론자가 2분간 반론을 진행하겠습니다. 〈긍정 팀 셋째 토론자 2분간 반론〉 지금까지 긍정 팀의 반론이었습니다.
11. 부정 팀 답변 및 요약	11. 다음에는 부정 팀의 둘째 토론자가 2분간 답변 및 요약, 마지막 강조를 진행하겠습니다. 〈부정 팀 둘째 토론자 2분간 발언〉
12. 긍정 팀 답변 및 요약	12. 다음에는 긍정 팀의 둘째 토론자가 2분간 답변 및 요약, 마지막 강조를 진행하겠습니다. 〈긍정 팀 둘째 토론자 2분간 발언〉
마무리	이것으로 정해진 토론 순서를 모두 마쳤습니다. 토론에 참여해 주신 토론자 여러분 그리고 잘 들어 주신 청중 여러분, 감사합니다. 〈박수〉
청중 참여 토론	〈교사의 토론 승패 결정 후〉 다음에는 청중 여러분이 참여할 수 있는 '청중 참여 토론' 순서입니다. 토론 내용에 대해 토론자들에게서 나오지 않은 '추가 질문'이나 토론자들이 답변하지 못했던 내용에 대한 '보충 답변'을 할 수 있습니다. 아니면 토론을 지켜본 '소감'을 발표해도 좋습니다. 발표하실 분은 손들어 주시기 바랍니다. (먼저 손을 든 사람에게 발언권을 준다. 같은 방법으로 몇몇 사람의 발표를 들어 본다.)

교차조사 토론 사회자 진행 시나리오(긍정 팀 3 : 부정 팀 2)

단계(2분씩)	진행 내용
도입	지금부터 ( )학년 ( )반 ( )모둠 토론 대회를 시작하겠습니다. 오늘의 논제는 '( )'입니다. 이 논제는 ( ) 점에서 토론해 볼 필요 성이 있다고 생각합니다. 청중으로 참여하는 학생 여러분도 잘 듣고 함께 평가해 주시기 바랍니다.
토론자 소개	먼저 긍정 팀부터 토론자 자기소개해 주세요. 〈긍정 팀 → 부정 팀 모두 자기소개〉 저는 사회자 ( )이고, 계시원은 ( )입니다. 〈박수〉
숙의 시간 안내	숙의 시간은 각 팀에서 1분씩 2(혹은 3)회 요청할 수 있습니다. 이제 토론을 시작하겠습니다.
1. 긍정 팀 입론	1. 그러면 긍정 팀 첫째 토론자가 입론 2분간 진행하겠습니다. 〈긍정 팀 첫째 토론자 2분간 입론〉 지금까지 긍정 팀 입론이었습니다. 주요 주장은 첫째_____, 둘째_____, 셋째_____이었습니다.
2. 부정 팀 교차조사	2. 다음에는 부정 팀 둘째 토론자가 2분간 교차조사 질문을 해 주시기 바랍니다. 〈부정 팀 둘째 토론자의 질문 : 긍정 팀 첫째 토론자의 응답 – 2분간〉 지금까지 부정 팀의 교차조사였습니다.
3. 부정 팀 입론	3. 다음에는 부정 팀 첫째 토론자의 입론을 2분간 진행하겠습니다. 〈부정 팀 첫째 토론자 2분간 입론〉 지금까지 부정 팀 입론이었습니다. 주요 주장은 첫째_____, 둘째_____, 셋째_____이었습니다.
4. 긍정 팀 교차조사	4. 다음에는 긍정 팀 셋째 토론자가 2분간 교차조사 질문을 해 주시기 바랍니다. 〈긍정 팀 셋째 토론자의 질문 : 부정 팀 첫째 토론자의 응답 – 2분간〉 지금까지 긍정 팀의 교차조사였습니다.
5. 긍정 팀 입론	5. 다음엔 긍정 팀 둘째 토론자가 입론 2분간 진행하겠습니다. 〈긍정 팀 둘째 토론자 2분간 입론〉 지금까지 긍정 팀 입론이었습니다. 주요 주장은 첫째_____, 둘째_____, 셋째_____이었습니다.
6. 부정 팀 교차조사	6. 다음에는 부정 팀 첫째 토론자가 2분간 교차조사 질문을 해 주시기 바랍니다. 〈부정 팀 첫째 토론자의 질문 : 긍정 팀 둘째 토론자의 응답 – 2분간〉 지금까지 부정 팀의 교차조사였습니다.
7. 부정 팀 입론	7. 다음에는 부정 팀 둘째 토론자의 입론을 2분간 진행하겠습니다. 〈부정 팀 둘째 토론자 2분간 입론〉 지금까지 부정 팀 입론이었습니다. 주요 주장은 첫째_____, 둘째_____, 셋째_____이었습니다.
8. 긍정 팀 교차조사	8. 다음에는 긍정 팀 첫째 토론자가 2분간 교차조사 질문을 해 주시기 바랍니다. 〈긍정 팀 첫째 토론자의 질문 : 부정 팀 둘째 토론자의 응답 – 2분간〉 지금까지 긍정 팀의 교차조사였습니다.
9. 부정 팀 반론	9. 다음에는 부정 팀의 첫째 토론자가 2분간 반론을 진행하겠습니다. 〈부정 팀 첫째 토론자 2분간 반론〉 지금까지 부정 팀의 반론이었습니다.
10. 긍정 팀 반론	10. 다음에는 긍정 팀의 셋째 토론자가 2분간 반론을 진행하겠습니다. 〈긍정 팀 셋째 토론자 2분간 반론〉 지금까지 긍정 팀의 반론이었습니다.
11. 부정 팀 답변 및 요약	11. 다음에는 부정 팀의 둘째 토론자가 2분간 답변 및 요약, 마지막 강조를 진행하겠습니다. 〈부정 팀 둘째 토론자 2분간 발언〉
12. 긍정 팀 답변 및 요약	12. 다음에는 긍정 팀의 둘째 토론자가 2분간 답변 및 요약, 마지막 강조를 진행하겠습니다. 〈긍정 팀 둘째 토론자 2분간 발언〉
마무리	이것으로 정해진 토론 순서를 모두 마쳤습니다. 토론에 참여해 주신 토론자 여러분 그리고 잘 들어 주신 청중 여러분, 감사합니다. 〈박수〉
청중 참여 토론	〈교사의 토론 승패 결정 후〉 다음에는 청중 여러분이 참여할 수 있는 '청중 참여 토론' 순서입니다. 토론 내 용에 대해 토론자들에게서 나오지 않은 '추가 질문'이나 토론자들이 답변하지 못했던 내용에 대한 '보충 답변'을 할 수 있습니다. 아니면 토론을 지켜본 '소감'을 발표해도 좋습니다. 발표하실 분은 손들어 주시기 바랍니다. (먼저 손을 든 사람에게 발언권을 준다. 같은 방법으로 몇몇 사람의 발표를 들어 본다.)

교차조사 토론 사회자 진행 시나리오(긍정 팀 2 : 부정 팀 3)

단계(2분씩)	진행 내용
도입	지금부터 ( )학년 ( )반 ( )모둠 토론 대회를 시작하겠습니다. 오늘의 논제는 '( )'입니다. 이 논제는 ( ) 점에서 토론해 볼 필요성이 있다고 생각합니다. 청중으로 참여하는 학생 여러분도 잘 듣고 함께 평가해 주시기 바랍니다.
토론자 소개	먼저 긍정 팀부터 토론자 자기소개해 주세요. 〈긍정 팀 → 부정 팀 모두 자기소개〉 저는 사회자 ( )이고, 계시원은 ( )입니다. 〈박수〉
숙의 시간 안내	숙의 시간은 각 팀에서 1분씩 2(혹은 3)회 요청할 수 있습니다. 이제 토론을 시작하겠습니다.
1. 긍정 팀 입론	1. 그러면 긍정 팀 첫째 토론자가 입론 2분간 진행하겠습니다. 〈긍정 팀 첫째 토론자 2분간 입론〉 지금까지 긍정 팀 입론이었습니다. 주요 주장은 첫째_____, 둘째_____, 셋째_____이었습니다.
2. 부정 팀 교차조사	2. 다음에는 부정 팀 셋째 토론자가 2분간 교차조사 질문을 해 주시기 바랍니다. 〈부정 팀 셋째 토론자의 질문 : 긍정 팀 첫째 토론자의 응답 – 2분간〉 지금까지 부정 팀의 교차조사였습니다.
3. 부정 팀 입론	3. 다음에는 부정 팀 첫째 토론자의 입론을 2분간 진행하겠습니다. 〈부정 팀 첫째 토론자 2분간 입론〉 지금까지 부정 팀 입론이었습니다. 주요 주장은 첫째_____, 둘째_____, 셋째_____이었습니다.
4. 긍정 팀 교차조사	4. 다음에는 긍정 팀 첫째 토론자가 2분간 교차조사 질문을 해 주시기 바랍니다. 〈긍정 팀 첫째 토론자의 질문 : 부정 팀 첫째 토론자의 응답 – 2분간〉 지금까지 긍정 팀의 교차조사였습니다.
5. 긍정 팀 입론	5. 다음엔 긍정 팀 둘째 토론자가 입론 2분간 진행하겠습니다. 〈긍정 팀 둘째 토론자 2분간 입론〉 지금까지 긍정 팀 입론이었습니다. 주요 주장은 첫째_____, 둘째_____, 셋째_____이었습니다.
6. 부정 팀 교차조사	6. 다음에는 부정 팀 첫째 토론자가 2분간 교차조사 질문을 해 주시기 바랍니다. 〈부정 팀 첫째 토론자의 질문 : 긍정 팀 둘째 토론자의 응답 – 2분간〉 지금까지 부정 팀의 교차조사였습니다.
7. 부정 팀 입론	7. 다음에는 부정 팀 둘째 토론자의 입론을 2분간 진행하겠습니다. 〈부정 팀 둘째 토론자 2분간 입론〉 지금까지 부정 팀 입론이었습니다. 주요 주장은 첫째_____, 둘째_____, 셋째_____이었습니다.
8. 긍정 팀 교차조사	8. 다음에는 긍정 팀 둘째 토론자가 2분간 교차조사 질문을 해 주시기 바랍니다. 〈긍정 팀 둘째 토론자의 질문 : 부정 팀 둘째 토론자의 응답 – 2분간〉 지금까지 긍정 팀의 교차조사였습니다.
9. 부정 팀 반론	9. 다음에는 부정 팀의 셋째 토론자가 2분간 반론을 진행하겠습니다. 〈부정 팀 셋째 토론자 2분간 반론〉 지금까지 부정 팀의 반론이었습니다.
10. 긍정 팀 반론	10. 다음에는 긍정 팀의 첫째 토론자가 2분간 반론을 진행하겠습니다. 〈긍정 팀 첫째 토론자 2분간 반론〉 지금까지 긍정 팀의 반론이었습니다.
11. 부정 팀 답변 및 요약	11. 다음에는 부정 팀의 둘째 토론자가 2분간 답변 및 요약, 마지막 강조를 진행하겠습니다. 〈부정팀 둘째 토론자 2분간 발언〉
12. 긍정 팀 답변 및 요약	12. 다음에는 긍정 팀의 둘째 토론자가 2분간 답변 및 요약, 마지막 강조를 진행하겠습니다. 〈긍정 팀 둘째 토론자 2분간 발언〉
마무리	이것으로 정해진 토론 순서를 모두 마쳤습니다. 토론에 참여해 주신 토론자 여러분 그리고 잘 들어 주신 청중 여러분, 감사합니다. 〈박수〉
청중 참여 토론	〈교사의 토론 승패 결정 후〉 다음에는 청중 여러분이 참여할 수 있는 '청중 참여 토론' 순서입니다. 토론 내용에 대해 토론자들에게서 나오지 않은 '추가 질문'이나 토론자들이 답변하지 못했던 내용에 대한 '보충 답변'을 할 수 있습니다. 아니면 토론을 지켜본 '소감'을 발표해도 좋습니다. 발표하실 분은 손들어 주시기 바랍니다. (먼저 손을 든 사람에게 발언권을 준다. 같은 방법으로 몇몇 사람의 발표를 들어 본다.)

교차조사 토론 사회자 진행 시나리오(긍정 팀 3 : 부정 팀 4)

단계(2분씩)	진행 내용
도입	지금부터 ( )학년 ( )반 ( )모둠 토론 대회를 시작하겠습니다. 오늘의 논제는 '( )'입니다. 이 논제는 ( ) 점에서 토론해 볼 필요성이 있다고 생각합니다. 청중으로 참여하는 학생 여러분도 잘 듣고 함께 평가해 주시기 바랍니다.
토론자 소개	먼저 긍정 팀부터 토론자 자기소개해 주세요. 〈긍정 팀 → 부정 팀 모두 자기소개〉 저는 사회자 ( )이고, 계시원은 ( )입니다. 〈박수〉
숙의 시간 안내	숙의 시간은 각 팀에서 1분씩 2(혹은 3)회 요청할 수 있습니다. 이제 토론을 시작하겠습니다.
1. 긍정 팀 입론	1. 그러면 긍정 팀 첫째 토론자가 입론 2분간 진행하겠습니다. 〈긍정 팀 첫째 토론자 2분간 입론〉 지금까지 긍정 팀 입론이었습니다. 주요 주장은 첫째_____, 둘째_____, 셋째_____이었습니다.
2. 부정 팀 교차조사	2. 다음에는 부정 팀 넷째 토론자가 2분간 교차조사 질문을 해 주시기 바랍니다. 〈부정 팀 넷째 토론자의 질문 : 긍정 팀 첫째 토론자의 응답 – 2분간〉 지금까지 부정 팀의 교차조사였습니다.
3. 부정 팀 입론	3. 다음에는 부정 팀 첫째 토론자의 입론을 2분간 진행하겠습니다. 〈부정 팀 첫째 토론자 2분간 입론〉 지금까지 부정 팀 입론이었습니다. 주요 주장은 첫째_____, 둘째_____, 셋째_____이었습니다.
4. 긍정 팀 교차조사	4. 다음에는 긍정 팀 셋째 토론자가 2분간 교차조사 질문을 해 주시기 바랍니다. 〈긍정 팀 셋째 토론자의 질문 : 부정 팀 첫째 토론자의 응답 – 2분간〉 지금까지 긍정 팀의 교차조사였습니다.
5. 긍정 팀 입론	5. 다음엔 긍정 팀 둘째 토론자가 입론 2분간 진행하겠습니다. 〈긍정 팀 둘째 토론자 2분간 입론〉 지금까지 긍정 팀 입론이었습니다. 주요 주장은 첫째_____, 둘째_____, 셋째_____이었습니다.
6. 부정 팀 교차조사	6. 다음에는 부정 팀 첫째 토론자가 2분간 교차조사 질문을 해 주시기 바랍니다. 〈부정 팀 첫째 토론자의 질문 : 긍정 팀 둘째 토론자의 응답 – 2분간〉 지금까지 부정 팀의 교차조사였습니다.
7. 부정 팀 입론	7. 다음에는 부정 팀 둘째 토론자의 입론을 2분간 진행하겠습니다. 〈부정 팀 둘째 토론자 2분간 입론〉 지금까지 부정 팀 입론이었습니다. 주요 주장은 첫째_____, 둘째_____, 셋째_____이었습니다.
8. 긍정 팀 교차조사	8. 다음에는 긍정 팀 첫째 토론자가 2분간 교차조사 질문을 해 주시기 바랍니다. 〈긍정 팀 첫째 토론자의 질문 : 부정 팀 둘째 토론자의 응답 – 2분간〉 지금까지 긍정 팀의 교차조사였습니다.
9. 부정 팀 반론	9. 다음에는 부정 팀의 셋째 토론자가 2분간 반론을 진행하겠습니다. 〈부정 팀 셋째 토론자 2분간 반론〉 지금까지 부정 팀의 반론이었습니다.
10. 긍정 팀 반론	10. 다음에는 긍정 팀의 셋째 토론자가 2분간 반론을 진행하겠습니다. 〈긍정 팀 셋째 토론자 2분간 반론〉 지금까지 긍정 팀의 반론이었습니다.
11. 부정 팀 답변 및 요약	11. 다음에는 부정 팀의 둘째 토론자가 2분간 답변 및 요약, 마지막 강조를 진행하겠습니다. 〈부정 팀 둘째 토론자 2분간 발언〉
12. 긍정 팀 답변 및 요약	12. 다음에는 긍정 팀의 둘째 토론자가 2분간 답변 및 요약, 마지막 강조를 진행하겠습니다. 〈긍정 팀 둘째 토론자 2분간 발언〉
마무리	이것으로 정해진 토론 순서를 모두 마쳤습니다. 토론에 참여해 주신 토론자 여러분 그리고 잘 들어 주신 청중 여러분, 감사합니다. 〈박수〉
청중 참여 토론	〈교사의 토론 승패 결정 후〉 다음에는 청중 여러분이 참여할 수 있는 '청중 참여 토론' 순서입니다. 토론 내용에 대해 토론자들에게서 나오지 않은 '추가 질문'이나 토론자들이 답변하지 못했던 내용에 대한 '보충 답변'을 할 수 있습니다. 아니면 토론을 지켜본 '소감'을 발표해도 좋습니다. 발표하실 분은 손들어 주시기 바랍니다. (먼저 손을 든 사람에게 발언권을 준다. 같은 방법으로 몇몇 사람의 발표를 들어 본다.)

교차조사 토론 사회자 진행 시나리오 (긍정 팀 4 : 부정 팀 3)

단계(2분씩)	진행 내용
도입	지금부터 ( )학년 ( )반 ( )모둠 토론 대회를 시작하겠습니다. 오늘의 논제는 '( )'입니다. 이 논제는 ( ) 점에서 토론해 볼 필요성이 있다고 생각합니다. 청중으로 참여하는 학생 여러분도 잘 듣고 함께 평가해 주시기 바랍니다.
토론자 소개	먼저 긍정 팀부터 토론자 자기소개해 주세요. 〈긍정 팀 → 부정 팀 모두 자기소개〉 저는 사회자 ( )이고, 계시원은 ( )입니다. 〈박수〉
숙의 시간 안내	숙의 시간은 각 팀에서 1분씩 2(혹은 3)회 요청할 수 있습니다. 이제 토론을 시작하겠습니다.
1. 긍정 팀 입론	1. 그러면 긍정 팀 첫째 토론자가 입론 2분간 진행하겠습니다. 〈긍정 팀 첫째 토론자 2분간 입론〉 지금까지 긍정 팀 입론이었습니다. 주요 주장은 첫째_____, 둘째_____, 셋째_____이었습니다.
2. 부정 팀 교차조사	2. 다음에는 부정 팀 셋째 토론자가 2분간 교차조사 질문을 해 주시기 바랍니다. 〈부정 팀 셋째 토론자의 질문 : 긍정 팀 첫째 토론자의 응답 – 2분간〉 지금까지 부정 팀의 교차조사였습니다.
3. 부정 팀 입론	3. 다음에는 부정 팀 첫째 토론자의 입론을 2분간 진행하겠습니다. 〈부정 팀 첫째 토론자 2분간 입론〉 지금까지 부정 팀 입론이었습니다. 주요 주장은 첫째_____, 둘째_____, 셋째_____이었습니다.
4. 긍정 팀 교차조사	4. 다음에는 긍정 팀 넷째 토론자가 2분간 교차조사 질문을 해 주시기 바랍니다. 〈긍정 팀 넷째 토론자의 질문 : 부정 팀 첫째 토론자의 응답 – 2분간〉 지금까지 긍정 팀의 교차조사였습니다.
5. 긍정 팀 입론	5. 다음엔 긍정 팀 둘째 토론자가 입론 2분간 진행하겠습니다. 〈긍정 팀 둘째 토론자 2분간 입론〉 지금까지 긍정 팀 입론이었습니다. 주요 주장은 첫째_____, 둘째_____, 셋째_____이었습니다.
6. 부정 팀 교차조사	6. 다음에는 부정 팀 첫째 토론자가 2분간 교차조사 질문을 해 주시기 바랍니다. 〈부정 팀 첫째 토론자의 질문 : 긍정 팀 둘째 토론자의 응답 – 2분간〉 지금까지 부정 팀의 교차조사였습니다.
7. 부정 팀 입론	7. 다음에는 부정 팀 둘째 토론자의 입론을 2분간 진행하겠습니다. 〈부정 팀 둘째 토론자 2분간 입론〉 지금까지 부정 팀 입론이었습니다. 주요 주장은 첫째_____, 둘째_____, 셋째_____이었습니다.
8. 긍정 팀 교차조사	8. 다음에는 긍정 팀 첫째 토론자가 2분간 교차조사 질문을 해 주시기 바랍니다. 〈긍정 팀 첫째 토론자의 질문 : 부정 팀 둘째 토론자의 응답 – 2분간〉 지금까지 긍정 팀의 교차조사였습니다.
9. 부정 팀 반론	9. 다음에는 부정 팀의 셋째 토론자가 2분간 반론을 진행하겠습니다. 〈부정 팀 셋째 토론자 2분간 반론〉 지금까지 부정 팀의 반론이었습니다.
10. 긍정 팀 반론	10. 다음에는 긍정 팀의 셋째 토론자가 2분간 반론을 진행하겠습니다. 〈긍정 팀 셋째 토론자 2분간 반론〉 지금까지 긍정 팀의 반론이었습니다.
11. 부정 팀 답변 및 요약	11. 다음에는 부정 팀의 둘째 토론자가 2분간 답변 및 요약, 마지막 강조를 진행하겠습니다. 〈부정 팀 둘째 토론자 2분간 발언〉
12. 긍정 팀 답변 및 요약	12. 다음에는 긍정 팀의 둘째 토론자가 2분간 답변 및 요약, 마지막 강조를 진행하겠습니다. 〈긍정 팀 둘째 토론자 2분간 발언〉
마무리	이것으로 정해진 토론 순서를 모두 마쳤습니다. 토론에 참여해 주신 토론자 여러분 그리고 잘 들어 주신 청중 여러분, 감사합니다. 〈박수〉
청중 참여 토론	〈교사의 토론 승패 결정 후〉 다음에는 청중 여러분이 참여할 수 있는 '청중 참여 토론' 순서입니다. 토론 내용에 대해 토론자들에게서 나오지 않은 '추가 질문'이나 토론자들이 답변하지 못했던 내용에 대한 '보충 답변'을 할 수 있습니다. 아니면 토론을 지켜본 '소감'을 발표해도 좋습니다. 발표하실 분은 손들어 주시기 바랍니다. (먼저 손을 든 사람에게 발언권을 준다. 같은 방법으로 몇몇 사람의 발표를 들어 본다.)

교차조사 토론 사회자 진행 시나리오(긍정 팀 4 : 부정 팀 4)

단계(2분씩)	진행 내용
도입	지금부터 (　)학년 (　)반 (　　　　)모둠 토론 대회를 시작하겠습니다. 오늘의 논제는 '(　　　　　　　　　　　　　　　)'입니다. 이 논제는 (　　　　　　　) 점에서 토론해 볼 필요성이 있다고 생각합니다. 청중으로 참여하는 학생 여러분도 잘 듣고 함께 평가해 주시기 바랍니다.
토론자 소개	먼저 긍정 팀부터 토론자 자기소개해 주세요. 〈긍정 팀 → 부정 팀 모두 자기소개〉 저는 사회자 (　　　)이고, 계시원은 (　　　)입니다. 〈박수〉
숙의 시간 안내	숙의 시간은 각 팀에서 1분씩 2(혹은 3)회 요청할 수 있습니다. 이제 토론을 시작하겠습니다.
1. 긍정 팀 입론	1. 그러면 긍정 팀 첫째 토론자가 입론 2분간 진행하겠습니다. 〈긍정 팀 첫째 토론자 2분간 입론〉 지금까지 긍정 팀 입론이었습니다. 주요 주장은 첫째_____, 둘째_____, 셋째_____이었습니다.
2. 부정 팀 교차조사	2. 다음에는 부정 팀 넷째 토론자가 2분간 교차조사 질문을 해 주시기 바랍니다. 〈부정 팀 넷째 토론자의 질문 : 긍정 팀 첫째 토론자의 응답 – 2분간〉 지금까지 부정 팀의 교차조사였습니다.
3. 부정 팀 입론	3. 다음에는 부정 팀 첫째 토론자의 입론을 2분간 진행하겠습니다. 〈부정 팀 첫째 토론자 2분간 입론〉 지금까지 부정 팀 입론이었습니다. 주요 주장은 첫째_____, 둘째_____, 셋째_____이었습니다.
4. 긍정 팀 교차조사	4. 다음에는 긍정 팀 넷째 토론자가 2분간 교차조사 질문을 해 주시기 바랍니다. 〈긍정 팀 넷째 토론자의 질문 : 부정 팀 첫째 토론자의 응답 – 2분간〉 지금까지 긍정 팀의 교차조사였습니다.
5. 긍정 팀 입론	5. 다음엔 긍정 팀 둘째 토론자가 입론 2분간 진행하겠습니다. 〈긍정 팀 둘째 토론자 2분간 입론〉 지금까지 긍정 팀 입론이었습니다. 주요 주장은 첫째_____, 둘째_____, 셋째_____이었습니다.
6. 부정 팀 교차조사	6. 다음에는 부정 팀 첫째 토론자가 2분간 교차조사 질문을 해 주시기 바랍니다. 〈부정 팀 첫째 토론자의 질문 : 긍정 팀 둘째 토론자의 응답 – 2분간〉 지금까지 부정 팀의 교차조사였습니다.
7. 부정 팀 입론	7. 다음에는 부정 팀 둘째 토론자의 입론을 2분간 진행하겠습니다. 〈부정 팀 둘째 토론자 2분간 입론〉 지금까지 부정 팀 입론이었습니다. 주요 주장은 첫째_____, 둘째_____, 셋째_____이었습니다.
8. 긍정 팀 교차조사	8. 다음에는 긍정 팀 첫째 토론자가 2분간 교차조사 질문을 해 주시기 바랍니다. 〈긍정 팀 첫째 토론자의 질문 : 부정 팀 둘째 토론자의 응답 – 2분간〉 지금까지 긍정 팀의 교차조사였습니다.
9. 부정 팀 반론	9. 다음에는 부정 팀의 셋째 토론자가 2분간 반론을 진행하겠습니다. 〈부정 팀 셋째 토론자 2분간 반론〉 지금까지 부정 팀의 반론이었습니다.
10. 긍정 팀 반론	10. 다음에는 긍정 팀의 셋째 토론자가 2분간 반론을 진행하겠습니다. 〈긍정 팀 셋째 토론자 2분간 반론〉 지금까지 긍정 팀의 반론이었습니다.
11. 부정 팀 답변 및 요약	11. 다음에는 부정 팀의 둘째 토론자가 2분간 답변 및 요약, 마지막 강조를 진행하겠습니다. 〈부정 팀 둘째 토론자 2분간 발언〉
12. 긍정 팀 답변 및 요약	12. 다음에는 긍정 팀의 둘째 토론자가 2분간 답변 및 요약, 마지막 강조를 진행하겠습니다. 〈긍정 팀 둘째 토론자 2분간 발언〉
마무리	이것으로 정해진 토론 순서를 모두 마쳤습니다. 토론에 참여해 주신 토론자 여러분 그리고 잘 들어 주신 청중 여러분, 감사합니다. 〈박수〉
청중 참여 토론	〈교사의 토론 승패 결정 후〉 다음에는 청중 여러분이 참여할 수 있는 '청중 참여 토론' 순서입니다. 토론 내용에 대해 토론자들에게서 나오지 않은 '추가 질문'이나 토론자들이 답변하지 못했던 내용에 대한 '보충 답변'을 할 수 있습니다. 아니면 토론을 지켜본 '소감'을 발표해도 좋습니다. 발표하실 분은 손들어 주시기 바랍니다. (먼저 손을 든 사람에게 발언권을 준다. 같은 방법으로 몇몇 사람의 발표를 들어 본다.)

FL3 모듈 : 왕중왕전

언제	–	각 모둠 최고 토론자 6명이 3:3으로 토론하고자 할 때
목표	–	토론자 – 토론에 적극적으로 참여하여 토론 정신을 실천하고 토론 능력을 키울 수 있다. 청중 – ① 토론 정신을 실천할 수 있다. ② 토론을 잘 듣고 기준에 따라 평가할 수 있다. ③ 토론이 끝난 후 참여하여 발표할 수 있다. ④ 자신의 삶을 비판적으로 바라보고 새로운 논리를 만들어 적용할 수 있다.
수업 대상	–	중학생 이상
교사 준비물	–	타이머, 명패 4개, (시상 상품)
걸리는 시간	–	50분
수업의 흐름	–	토론 준비 ▶ 토론 실습 ▶ 승패 판정 및 청중 참여 토론

진행 순서 –

① 전시 활동지 돌려주기, 제출 확인, 작성 내용 공유
② 학습활동 소개, 활동 목표 확인, 자신의 목표 세우기   3분
▼
③ 토론 대형 갖추기 – 사회자, 계시원 중심으로 좌우 3:3으로 배치
④ 최고 토론자 시상
⑤ 논제 정하기
⑥ 역할 정하고 긍정/부정 입장 나누기(제비뽑기, 혹은 동전 던지기)
⑦ 토론자 자리에 앉아 토론 준비하기   7분
⑧ 이전 주 평가서 돌려주기
⑨ 토론 안내 판서하기
⑩ 사회자, 계시원 역할 안내
▼
⑪ 교차조사 토론 왕중왕전 진행 – 사회자의 진행   30분
▼
⑫ 청중 평가단의 심사 – 거수로 승패 결정
⑬ 청중 참여 토론 – 사회자의 진행   7분
▼
⑭ 교사의 정리
⑮ 토론자의 토론 소감 발표   3분
⑯ 다음 수업 안내

FL3

3차시

5차시

8차시

240 ▶17-15

240 ▶34-21/29

각 반마다 모둠을 여섯 개씩 만들어 실습을 진행하면 최고 토론자 6명이 나옵니다. 이들을 데리고 3:3으로 왕중왕전을 진행합니다. 토론 실습도 다 끝난 뒤고 시험도 얼마 남지 않은 때일 것입니다. 논제는 미리 주지 않고 수업 시작하면서 즉석에서 제시하여 선택하도록 했습니다. 많은 준비가 필요한 전문적인 내용은 피하고 학교생활과 연관된 것으로 골랐습니다. '우리 학교도 남녀 합반을 해야 한다' '심야 자율 학습반을 성적순으로 편성해서는 안 된다' '우리 학교 학생들의 두발과 화장, 복장을 규제하면 안 된다' 등이 후보 논제였습니다. 마지막 논제는 한 반에서도 채택되지 않았고 앞의 두 논제가 반반쯤 선택되었습니다. 올해는 학생들에게 추천을 받아 '하늘 국어 수업(제가 진행하는 국어 수업)은 문제가 많다'로 정했습니다. 학생들이 매우 난감해했고 찬반 주장을 하기가 공평하지 않다고 했으나, 어떤 비판도 할 수 있고 들을 수 있다는 토론 정신을 실천하기 좋은 논제였습니다.

입장과 역할은 모두 제비뽑기로 정해 바로 토론 작전 회의에 들어가도록 합니다. 사회자와 계시원은 희망자를 받아서 정했습니다. 서로 하려고 해서 가위바위보로 정하는 반이 많았습니다. 활동지는 없이 했는데 그래도 연습장에 메모하는 학생이 꽤 있었습니다. 토론 방식은 동일하되 입론 시간을 3분으로, 숙의 시간을 3회로 늘렸습니다. 그 밖의 준비와 진행은 모둠별 토론 실습 때와 똑같이 하면 됩니다. 토론자들의 수준과 집중도가 높아 지켜보는 학생들의 흥미와 감동도 컸습니다.

모둠 짜기에서 시작하여 왕중왕전으로 끝난 모둠별 교차조사 토론 실습에는 총 8주가 걸립니다. 모든 학생이 모둠을 이루어 한 차례씩 실습을 했습니다. 한 번 더 했으면 좋겠다는, 후배들도 꼭 해 보면 좋겠다는 학생들의 반응이 진심이라고 믿고 싶습니다. 이런 일련의 과정을 한 번 더 반복하면 학생들의 토론 정신과 토론 기량은 빠르게 향상될 것이 확실합니다.